党务管理硕士系列教材

党的建设
理论教程

齐卫平 等◎著

华东师范大学出版社
·上海·

图书在版编目（CIP）数据

党的建设理论教程 / 齐卫平等著.—上海：华东
师范大学出版社，2023
ISBN 978 - 7 - 5760 - 4242 - 9

Ⅰ.①党… Ⅱ.①齐… Ⅲ.①中国共产党—党的建设
—教材 Ⅳ.①D26

中国国家版本馆 CIP 数据核字(2023)第 204521 号

党务管理硕士系列教材

党的建设理论教程

著　者　齐卫平　等
项目编辑　刘祖希
责任编辑　李玮慧
责任校对　李琳琳
装帧设计　卢晓红

出版发行　华东师范大学出版社
社　　址　上海市中山北路 3663 号　邮编 200062
网　　址　www.ecnupress.com.cn
电　　话　021 - 60821666　行政传真 021 - 62572105
客服电话　021 - 62865537　门市(邮购)电话 021 - 62869887
地　　址　上海市中山北路 3663 号华东师范大学校内先锋路口
网　　店　http://hdsdcbs.tmall.com

印　刷　者　常熟高专印刷有限公司
开　　本　787 毫米×1092 毫米　1/16
印　　张　18
字　　数　292 千字
版　　次　2023 年 11 月第 1 版
印　　次　2025 年 7 月第 3 次
书　　号　ISBN 978 - 7 - 5760 - 4242 - 9
定　　价　78.00 元

出 版 人　王　焰

(如发现本版图书有印订质量问题,请寄回本社客服中心调换或电话 021 - 62865537 联系)

总　序

国势之强由于人，人才之成出于学。党的十八大以来，随着全面从严治党向纵深发展，社会上亟需一批复合型高素质的专业党务管理人才。教育是立德树人的事业，是明天的希望。时来易失，赴机在速。为适应新时代党务管理新要求新形势，华东师范大学顺势而为，凭借深厚的学术底蕴和优秀的学术传统，获批全国第一家党务管理硕士专业学位授权点。较之于党的建设理论人才，对党务管理人才在实操性上有更高要求，然而现有党的建设相关教材侧重理论层面。适逢党务管理专业硕士招生培养的契机，组织编写"党务管理硕士系列教材"恰与现有党建教材构成补充，相得益彰。以上就是我们组织编写这套丛书的初衷与旨趣所在。

教育是国之大计、党之大计。为党育人、为国育才，培养一批又一批担当民族复兴大任的时代新人，培养一代又一代德智体美劳全面发展的社会主义建设者和接班人，是党和国家赋予大学的崇高使命。作为新中国成立后组建的第一所社会主义师范大学，我们有幸始终与新中国教育事业发展同频共振，面向新时代党和国家事业发展对党务管理专业人才的迫切需要，我们感到使命尤其光荣，责任尤为重大。习近平总书记指出："我国高等教育要立足中华民族伟大复兴战略全局和世界百年未有之大变局。"近年来，华东师范大学马克思主义学院发挥自身学科优势，瞄准国家战略需求，聚焦人才市场需要，借助马克思主义理论、中共党史党建等专业基础，培养了一批能够胜任党务管理实践的专业人才，受到了用人单位的一致好评。这既是对我们教学成绩的肯定，也是对我们继续培养人才的鞭策。

为使这套教材更加完善，如您在阅读使用中有任何建议，均期赐教。经过整体统筹与专家论证，最终确定了首批八本教材，包括《党的建设理论教程》《党内法规建设概论》《基层党建创新案例》《基层党建工作概论》《智慧党建基础教程》《党务公文写作教程》《党务管理简明教程》《党务调研方法与实践》。这八本教材既体现了党务管理的发展脉络,也体现了党务管理的时代要求;既包含着理论沿革的过程,也涵盖了实践铺展的动态;既观照了党务管理实践的基础知识,也兼顾了党务管理发展的技术前沿。这八本教材是统一的整体,体现了华东师范大学培养党务管理专业硕士的整体思路,能够助益读者朋友建立起党务管理的知识体系与话语体系。此外,这八本教材中每一本都是蕴含洞见、经得起学术界检验的精品力作,反映了华东师范大学党务管理专家团队的学识与涵养。这套教材适合高等院校党务管理相关专业研究生使用,也适合党政机关实务人员使用。

人与志共存,言与行呼应。全面从严治党永远在路上,促进全面从严治党走深走实是党务工作者的天职与使命。华东师范大学作为全国第一家党务管理专业硕士培养单位,在人才培养上责无旁贷。志高者必远!以这套教材出版为契机,华东师范大学将力争在党务管理专业人才培养上不断乘风破浪,作出更大贡献!

2023 年 7 月 21 日

目 录

导　论

从1921年建党，到2021年迎来百年华诞，中国共产党在艰辛磨难中不断成长壮大，不懈奋斗的历史实践锻造了一个伟大的马克思主义政党。2022年10月，中国共产党召开第二十次全国代表大会，提出一系列重大创新理论，以科学谋划未来的战略部署，吹响了全面建设社会主义现代化国家、实现第二个百年奋斗目标，以中国式现代化全面推进中华民族伟大复兴的进军号。鸦片战争以来的历史证明，中国共产党之所以能够领导中国、中国人民实现中华民族由不断衰落到根本扭转命运，在实现中华民族伟大复兴的征程中不断从胜利走向胜利，其中一个重要原因就是以高度的历史自觉和主动精神推进党的建设，确保建设坚强有力的政党，使中国共产党始终成为领导中国发展进步的核心力量。读懂今天的中国，必须读懂中国共产党；读懂中国共产党，必须读懂中国共产党建设。

第一节 党的建设是伟大工程

人类社会发展中,各种政治力量结成的团体组织早就存在,只是到世界进入近代历史发展阶段后才建立起政党性质的政治组织。当今世界各国大约有6 000多个大大小小的政党,有执政的党,也有不掌握政权的政党。不管什么样的政党,都存在自身建设的问题,只是各个国家、各种政党的思想认识程度和管党治党方式存在差异而已。中国共产党是马克思主义性质的政党,对加强自身建设始终保持高度的思想和实践自觉。

马克思和恩格斯创立的科学社会主义,是无产阶级政党建立的思想武器。从他们最早在欧洲创建无产阶级政党开始,社会主义发展史上涌现了许许多多共产党。虽然各国共产党生存和发展的情况与境遇差别很大,但只要是坚持以马克思主义为指导,加强党的建设就是一项重大任务。凡是管党治党取得成绩的共产党就能够不断兴旺发达,凡是忽视和松懈自身建设的共产党就会遭遇挫折甚至失败。

中国共产党自1921年成立后就高度重视加强自身建设,她从建党之初仅有50多名党员的弱小政党,历经100多年的淬炼,至今已发展为有9 800万名党员的强大政党,这样规模性发展的数据直接说明了党的组织建设的成就。但发展规模只是体现党的建设的一个侧面,更具有实质意义的是实践锻造了一个经受住大风大浪考验的马克思主义政党。中国共产党在领导革命、建设、改革和新时代伟大实践中历久弥坚,始终保持旺盛的强大生命力,很重要的原因是她始终坚持并不断推进党的建设,以刚健有力的强壮肌体和身板使党成为引领中国发展进步的核心力量,成为风雨来袭时中国人民最可靠、最可信、最可依托的主心骨。

党的建设是一个动态过程,不同历史时期和不同发展阶段,党的建设面临的社会环境不一样,工作中心、任务和目标也不一样。在不断深入发展的历史实践中,党始终以高度的思想自觉推动党的自身建设与时俱进地发展,管党治党贯穿于党的发展壮大全过程。党的建设发展构成中国共产党历史的重要组成部分,了解和把握党的建设理论和实践,要和学习党史密切相结合。

在奋斗实践深入发展中,党不断深化加强自身建设的思想认识,形成了内容丰富的理论,提出了一系列重大的创造性论断,积累了许多经验。其中一个具有标识性的论断就是党的建设是一项伟大工程。这个重大论断是毛泽东在1939年首先提出来的,对马克思主义党建思想具有原创性贡献,因此成为中国共产党加强自身建设的始终遵循。改革开放后,这个重大论断发展为"新时期党的建设新的伟大工程"。党的十八大以来,党中央又以"新时代党的建设新的伟大工程"提法赋予这个重大论断以新内涵。历史实践证明,坚持以"伟大工程"定位党的建设,体现中国共产党人思想的一脉相承和实践的一以贯之,党的建设也随着实践深入发展而不断向前推进。

把工程思维植入党的建设,深刻意义在于把管党治党当作具有多方面建设要件组成的一个系统架构。党的建设不是一项简单的工作,而是具有内在结构、各方面关联并形成互动的重大项目。从纵向看,党的建设伟大工程不是一时一刻能够完成的,党的发展全部过程都贯穿这个伟大工程而具有长期性。从横向看,党的建设伟大工程在各个时段形成不同的要求和任务,党的建设理论和实践发展面临艰巨性。坚持把党的建设系统性地全面推进,是中国共产党管党治党历史实践的显著特点,党的建设理论运用工程思维形成系统发展的历史实践,结出了党的建设丰硕的理论成果。

在党的建设是伟大工程重大论断的指导下,从20世纪40年代延安整风运动开始,加强党的思想建设、组织建设、作风建设的实践就体现了工程建设的部署和布局,由此创造的经验始终被运用于党全面执政后管党治党的实践中。改革开放后,党的制度建设、反腐倡廉建设、政治建设、纪律建设又先后被纳入管党治党的布局之中,拓展了党的建设领域,丰富和发展了党的建设是一项伟大工程的思想内涵和实践途径。党的建设理论的丰富展开和创新发展,建立在党中央坚持"伟大工程"定位的思想自觉基础上,正因为始终用工程思维推进管党治党实践不断发展,党的建设理论才形成体系性的丰富内容。

习近平指出,党的事业发展"有许多成功经验值得认真总结。其中,最根本的就是两条,一条是必须把党建设好,一条是必须把道路坚持好。把党建设好了,我们的国家、我们的人民、我们的事业就有了主心骨"。"什么时候我们党自身坚强有力,什么时候党和人民事业就能无往而不胜。""要教育引导全党通过总结历史经验教训,着眼于解决党的建设的现实问题,不断提高党的领导水平和执政水平、增强拒腐防变和抵御风险能力,确保我们党在世界形势深刻变化的历史进程中始终走在时代前列,在应对国内外各种风险挑战的历史进程中始终成为全国人民的主心骨,在坚持和发展中国特色社会主义的历史进程中始终成为坚强领导核心。"①这些重要论述,为我们深刻认识党的建设重大意义和党的建设是一项伟大工程重大论断的丰富内涵提供了思想指南。

第二节　党的建设学科特点

党的建设成为一门学科,意味着它是科学知识。学习和掌握党的建设理论,必须深刻认识党的建设规律,了解管党治党是怎样进行的、用什么样的理念开展的、如何深入发展的。从科学认知出发,学习党的建设理论需要把握这门学科的特点,知道党的建设本身具有哪些特点。

一、意识形态性

任何政党都是一定阶级、阶层或社会群体的利益代表,具有鲜明的政治属性。

① 《习近平关于全面从严治党论述摘编(2021年版)》,中央文献出版社2021年版,第23、27、48—49页。

政党与一般社会团体组织的不同之处就是体现政治性，不讲政治就失去了政党存在的意义和价值。至于讲什么样的政治、怎样讲政治、讲政治的目的是什么，则受政党性质制约而形成不同的态度和认知，也因此形成不同的政治立场、政治理念、政治观点。从这个意义上说，任何政党都有意识形态，政党的组织纲领、宗旨诉求、价值取向、行为准则、实践目标都体现其政治思想。中国共产党是无产阶级性质的政党，以马克思主义为指导，有鲜明的思想旗帜和政治原则，相比其他性质的政党而言更加突出自身的政治属性。党的建设是一门意识形态很强的学科，体现思想性和政治性是鲜明的特点。一般而言，凡是涉及政治的学科都具有意识形态性的特点，而党的建设这门学科尤其突出。因为党的建设研究的主体对象是政党，政党的政治属性决定了认识和把握党的建设离不开意识形态。意识形态本身就是科学，尽管有各种各样的意识形态，本质都是政治的思想表现。有人渲染"去意识形态化"是绝对错误的，完全不适用于政党，否定意识形态的存在，政党就失去了存在的根据。中国共产党加强自身建设具有鲜明的思想指导，体现意识形态的政治引领。从具有意识形态性的学科特点认识党的建设理论和实践，必须坚持运用马克思主义基本原理，把马克思主义中国化时代化的创新发展与党的建设深入推进相结合，深刻认识中国共产党按照什么样的意识形态进行马克思主义政党的建设。

二、学理性

学科以理论为支撑，学理性体现学科的科学性。无论是自然科学还是社会科学，都建立在科学理论的基础上。党的建设具有很强的理论性，具体的思想观点、重大结论以及基本原理构成具有内在逻辑关系的理论框架。马克思主义认为，实践是理论的来源，由此演绎，只要有实践的发生就一定有相应理论的产出。实践的多维性提供理论生成和发展的宽阔空间，理论的丰富性反映实践的复杂性。党的建设实践在相应理论指导下深入推进，学习党的建设理论有助于正确认识党的建设实践的发展逻辑。党的建设学理性的学科特点，要求掌握基本的理论，包括马克思主义建党思想、中国共产党加强自身建设的基本理论、党的建设实践形成的重大命题和概念、党的建设学理的基本范畴等。注重学理性是认知党的建设学科性的必然要求,没有、弱化或缺失学理性都难以体现理论的科学性。马克思主义突出意识形态和讲政治不是空洞的,有实践也有理论,党的建设的意识形态性和政治性以学理性为支撑。加强党的建设学科建设,掌握党的建设学科知识,需要在深入把握学理方面下功夫。

三、应用性

党的建设是理论性课程,更是实践性课程。理论不是空谈,学习党的建设理论不是为学习而学习,而是为了解决实践中党的建设存在的问题和遇到的障碍。毛泽东指出:"对于马克思主义的理论,要能够精通它、应用它,精通的目的全在于应用。""真正的理论在世界上只有一种,就是从客观实际抽出来又在客观实际中得到了证明的理论,没有任何别的东西可以称得起我们所讲的理论……空洞的理论是没有用的,不正确的,应该抛弃的。"①党的建设贯穿于党的全部历史实践,每时每刻都在出现新的情况,都需要应对新的局面,都必须解决新的问题。党不断丰富加强自身建设的理论,目的就是把理论运用于实践,从而推进党的建设发展。把握应用性的学科特点,就要学习研究历史上和现实中党的建设发展中究竟面对什么样的新情况、怎样解决存在的各种问题、如何推进实践深入发展。强调党的建设的应用性特点,尤其要注重把学习党的建设理论与解决现实中遇到的问题紧密结合,着眼于正在做的事情,突出理论指导实践的现实发展,为党和国家事业不断前进提供保证。

四、交叉性

党的建设是一门交叉性学科。从学科起源上看,党建立后就有一些党内理论工作者开始研究党的建设。毛泽东在1939年为延安出版发行的《共产党人》杂志写的发刊词,就是一篇研究党的建设的光辉文献。党早期创办的各类党校为培养党的干部,已经开设党的建设课程,特别是在延安整风运动期间,党的建设更加

---

① 《毛泽东选集》(第三卷),人民出版社1991年版,第815、817页。

受到高度重视,全党范围开展马克思主义教育为党的建设创造了成功经验。新中国成立后,在高校、科研机构尤其是党校系统里,党的建设研究和教学都在进行。改革开放后,硕士、博士学位点建设包含党的建设研究方向,国务院公布的学科目录上列有中共党史(含党建)学科。长期以来,党的建设研究成果丰硕,打下了学科建设的厚实基础。中国特色社会主义进入新时代以来,以习近平同志为核心的党中央把加强党史学习教育提到前所未有的高度,以大力推进全面从严治党实践凸显对党的建设的高度重视。2022 年,国务院学位办公室在调查研究基础上正式设立中共党史党建学,明确了党的建设的学科地位。这是党中央从党的建设作为党和国家重大战略需求出发作出的重大决策,为推进党的建设学科发展创造了有利条件。党的建设既有自身学科的独立性,又与一些相关学科有着紧密的关联。中国共产党历史包含党的建设,学习党的建设理论,认识党的建设实践,必须从大类学科角度把握与中共党史的交融。另外,党的建设学科与马克思主义理论学科有着直接的关联,马克思主义基本原理、马克思主义中国化等学科都对党的建设学科具有支撑意义。学科交叉性特点,要求学习党的建设理论和把握党的建设实践必须把这些相关学科的原理、知识有机地融入进去和结合起来。

第三节　党的建设研究对象

　　任何学科都有自己的研究对象,党的建设既有普遍意义上的学科研究对象,也有体现自身学科特点的研究对象。党的建设学科研究对象是抽象和具体、理论和实践、宏观和微观、原理和范畴的统一。

一、研究党的建设思想理论

党的建设的理论不是碎片性的思想观点和独立的原理呈现,历史发展进程中党的思想理论一脉相承的继承和创新,演绎了一部完整的党的建设思想理论发展史。中国共产党加强自身建设的实践中,有永恒的主题,有贯穿的主线,有发展的脉络,有重点的突破,有整体的推进,反映思想理论的创新和创造。党的建设思想理论沿着不断深化的规律向前发展,历史前进中的每个时期和阶段都有新的思想理论产生。如党的性质宗旨、党的群众路线、党的作风建设贯穿于党的建设全部实践,但思想表达的话语和理论的意蕴则随着形势变化、党的中心工作转变、奋斗任务的更新而形成新的含义。把党的建设思想理论作为研究对象,要以把握马克思主义党建思想为基础,深入研究在历史发展各个时期各个阶段中国共产党如何把马克思主义基本原理同党的建设实际相结合,形成了哪些重要的思想理论,如何指导实践发展,对马克思主义党建思想作出了什么样的贡献。

二、研究党的建设实践发展历程

理论建立在实践基础上,学习党的建设理论需要深入了解党的建设实践。党的建设实践史是学习党的建设课程的必要基础,只有对党的建设实践是怎样一步步发展过来的有全面的了解,才能对党的建设理论形成深刻的认识。中国共产党已经走过了一百多年的历程,党在新民主主义革命时期、社会主义革命和建设时期、改革开放和社会主义现代化建设新时期、中国特色社会主义新时代的奋斗,记录了党的建设深入发展的历史轨迹。党的建设实践按照客观规律在不断探索中深入发展,既有取得成功的经验,又有遭遇挫折的教训。研究党的建设实践发展历程,有助于深入了解马克思主义政党加强自身建设的长期性和艰巨性。把党的建设实践史作为研究对象,要深入研究各个历史时期和发展阶段党的建设在什么样的环境下开展、针对哪些突出问题、取得了哪些成绩、具有什么意义。

三、研究党的建设现实问题

基于党的建设的应用性特点,需要重点关注现实发展中遇到的问题。任何问题都是历史的、具体的、现实的,只有把党的建设各种问题放到特定的历史条件下加以认识,才能形成深刻的把握。因为不同历史时期和发展阶段党的实践环境、党的中心工作、党的奋斗任务不同,党的建设有着不同的要求。用党的建设理论审视党的建设实践,就需要把具体问题切入其中。研究党的建设实践问题,一方面要了解历史发展中曾经产生的问题,另一方面更要关注当下的现实问题。党的建设面对的问题是历史与现实的统一,许多问题的存在有历史的原因,又有现实发展涌现新情况的因素。党的建设中有些同样的问题在不同历史时期和发展阶段形成不同的表现,比如脱离人民群众的不良作风不仅在党执政之前和之后的表现不同,而且在改革开放之前和之后的表现也不一样。现实中,许多新情况新问题不断涌现,如社会深刻变动中农民进城务工形成的流动党员管理、"两新组织"党的建设、楼宇党建创新、党支部建立在产业链上、党建引领基层治理等,都是以往历史实践中没有遇到的新情况新问题。这些问题不加以切实解决,党的建设就难以向前推进,党和人民事业发展就会受到阻碍。把现实问题作为研究对象,有助于增强党的建设这门学科的现实感,提升研究党的建设的价值。

四、党的建设基本研究范畴

任何学科研究都要从一系列研究范畴入手,把握好研究范畴是掌握学科知识的入门路径。国内外学术界和理论工作者在政党理论研究中提出了许多重要概念,这些概念形成研究政党的基本范畴。例如,一些学者对政党概念作出界定,对政党进行分类型研究,对政党制度开展比较研究,对政党功能加以概括。这些研究为析出党的建设基本研究范畴奠定了基础。深刻认识中国共产党建设实践的发展规律,必须把握党的指导思想、党的性质宗旨、党的领导地位、党的建设目标、党的建设主线、党的建设布局、党的建设路线、党的建设法规等。这些基本研究范畴既有政党建设规律的普遍性,又彰显出中国共产党建设规律的特殊性。把基本范畴作为研究对象,有助于厘清党的建设理论和实践发展的遵循,全面把握中国共产党建设各个层面的不断深入开展和创造性贡献。

第四节　党的建设理论学习方法

掌握学习方法是思维能力的训练。解决问题需要方法,学习也要讲究方法。方法得当,事半功倍。有人总感觉自己学习很认真,但知识水平提高的效果不明显,这往往与没有掌握好学习方法有关。学习党的建设这门课程,必须把辩证唯物主义和历史唯物主义作为根本方法,以马克思主义基本原理和党建思想为指导,坚持理论与实践相结合。同时,还需要从一些具体方法入手学习和研究党的建设理论和实践的系统知识。

一、问题导向

党的建设学科特点凸显了问题意识的重要性。任何实践都是由问题产生的,任何理论都是奔着解决问题而去的。毛泽东指出:"什么叫问题? 问题就是事物的矛盾。哪里有没有解决的矛盾,哪里就有问题。"[1]习近平指出:"要有强烈的问题意识,以重大问题为导向,抓住关键问题进一步研究思考,着力推动解决我国发展面临的一系列突出矛盾和问题。我们中国共产党人干革命、搞建设、抓改革,从

---

① 《毛泽东选集》(第三卷),人民出版社 1991 年版,第 839 页。

来都是为了解决中国的现实问题。"①一个时代有一个时代的问题，一代人有一代人的问题，党的建设历史实践发展中，面临的问题和遭遇的经历是不断变化的。党中央反复要求必须牢固树立问题意识，发现问题，提出问题，解决问题，不断把党和人民的事业推向前进。老的问题解决了，新的问题出现了，有的情况下是新老问题叠加，这在党的建设中经常明显地表现出来。存在问题是必然的、客观的，糟糕的是看不到问题或者看到问题却熟视无睹。任何事物都是在矛盾和问题的解决中发展的，开展具体工作是这样，学习党的建设也是如此。结合实际存在的问题，在正确的思想指导下找到解决矛盾和问题的方法，才能深入把握党的建设理论。

二、理论关切

理论是实践的先导，思想是行动的指南，实践发展的深度取决于理论认知的高度。党的建设的科学性在于理论的科学性，学习党的建设理论要把握两个内在的逻辑。其一，中国共产党是以马克思主义思想为指导建立的先进政党，在历史实践中加强理论学习始终是党的建设的一项重要任务。其二，马克思主义从来不把理论当作教条来束缚自己的手脚，不断推进理论创新，进行理论创造，在马克思主义中国化时代化进程中丰富发展理论，是党的建设深入发展的显著特点。在党的建设发展史上，中国共产党人坚持把马克思主义基本原理同中国具体实际相结合、同中华优秀传统文化相结合，结出新的理论成果，实现了一次次飞跃。党的建设实践积累了丰富的理论，在加强党的政治建设、思想建设、组织建设、作风建设、纪律建设和制度建设、反腐倡廉建设等方面形成了系统性的思想。掌握这些思想是学好党的建设理论这门课程的前提条件。党的建设理论是实践经验的结晶，通过理论学习，可以深入认识和了解党的建设是沿着什么样的轨迹和规律发展的，为什么会提出和形成这样那样的理论，理论又是如何在实践中运用和得到验证的。同时，只有关切党的建设理论尤其是理论创新成果，才能提高学习效能，更加全面地掌握党的建设相关知识。

---

① 《十八大以来重要文献选编》（上），中央文献出版社 2014 年版，第 497 页。

三、原著学习

党的建设的科学性建立在事实基础上,认识只有真实反映客观实际才是正确的。党的建设已经历了一百多年的发展,是一个真实发生的实践过程,无论是成功的还是受到挫折的,都记载于史册,留下痕迹。这就需要从把握历史事实出发,认真研究党的建设发展中发生过哪些重大事件,面临过什么样的问题以及又是怎样解决的。学好党的建设,要把建构历史认知建立在正确认识和评价党史上的重大事件、重要任务、重要会议的基础上。加强原著的阅读是学习党的建设理论课程打基础的工作,在这方面下功夫一定会有收获。党中央反复强调要读原著悟原理,党的建设理论都是在具体实践中形成和发展的,对历史事实了解得越多越全面,才能对党的建设认识得越准确越深刻。马克思主义经典著作、中国共产党领导人的著作、党的历史文献,是深入学习党的建设的重要素材,党的建设理论集中体现在这些著作和文献资料之中。因此,本教材有一章专门对党的建设文献作了介绍,虽然限于篇幅,这些介绍比较简单,但学习党的建设理应了解有哪些主要的和重要的文献资料,并努力通过原著阅读加强对党的建设理论的深刻把握。

四、实证方法

把学习与研究结合起来是个有效的方法,仅仅满足于老师教学环节的听课,对学习党的建设理论课程是远远不够的。课堂教学无疑很重要,老师的讲授可以帮助学生入门,但真正深入进去则需要自己去钻研。从近些年理论研究情况看,注重实证研究成为党的建设深入研究的趋势。实证研究就是结合一个或一些具体案例进行社会调查,带着特定的问题,摸清案例发生和解决的真实情况。党的建设中任何事情都不是无缘无故发生的,也不是毫无规律可循的,运用实证研究方法,就是要从事实上把握事情的缘由和规律。实证方法是宽泛的,可以以党的建设现实中发生的典型案例为主,也可以结合历史资料,对以往发生的案例进行剖析。注重调查研究是党的优良传统,从历史资料可以看到,党的建设许多重大问题都是通过深入调查研究才得到了成功解决。个案研究是具体研究方法,麻雀虽小,五脏俱全,通过某个具体案例可以窥见党的建设中共同性的问题和普遍性的规律。党的建设具有应用性的特点尤其决定了个案研究的重要性和实践价值,在学习中运用实证研究方法,有助于对党的建设形成深入和深刻的认识。

五、比较研究

社会科学运用比较研究方法十分普遍,对提高人们认识世界的水平很有帮助。任何事物都存在着联系,既有内部相互影响的关系,也有外部周围影响的原因,这是马克思主义认识论的一个基本原理。因此,认识和把握事物发展的规律不能只局限于事物本身,而要从普遍联系中进行把握。中国共产党人把党的建设视为一项伟大工程,学习党的建设理论就需要形成普遍联系的思维方式。事物的特点可以在相同事物和不同事物的比较中得到体现,学习党的建设可以在比较研究中发现普遍规律和特殊规律的存在,从而对事物发展形成透过现象看本质的深刻认识。就党的建设而言,有资产阶级性质的政党和无产阶级性质的政党在自身建设方面的差异,也有社会主义国家共产党建设存在的差异,从性质、类型、区域以及历史角度进行政党比较研究,既有助于开阔视野,又有助于对中国共产党建设的一系列重大问题和理论创新形成深刻认识。

六、国际视野

政党建设具有普遍规律,世界各国政党建设虽然差异显著,情况完全不同,但面临的治理问题还是有共同性的一面。中国共产党不是关起门来搞建设,加强党的建设不仅为了把自己建设得更加坚强有力,而且也能为世界政党治理提供中国方案和智慧。中国共产党立足本国国情加强自身建设,形成的理论和实践体现中国特色和马克思主义政党先进性质,但"坚持胸怀天下"的历史经验体现党始终以世界眼光关注人类前途命运,从人类发展大潮流、世界变化大格局、中国发展大历史正确认识和处理同外部世界的关系。党中央一贯倡导和坚持学习人类文明的一切优秀成果,在党的建设上,积极汲取国外政党建设的经验,借鉴其他国家政党建设好的做法,始终是党的鲜明态度和秉持的实践原则。他山之石,可以攻玉。认真研究国外政党研究的理论成果,从各种不同政党研究中得到加强党的建设的深刻启示,从各国政党建设实践中汲取有益经验,是全面提高党的建设科学化水平的要求,也是学习党的建设理论的有效方法。

第一章

党的建设理论创新

马克思主义理论的形成并不是真理的终结,而是深化认识真理、认知新道路的开辟,不断丰富和发展马克思主义理论,为人们认识和改造世界提供了强大动力。中国共产党在领导革命、建设、改革和新时代实践中,坚持把马克思主义基本原理同中国具体实际相结合,同中华优秀传统文化相结合,实现了马克思主义中国化的三次飞跃。中国共产党在百年奋斗实践尤其是 70 多年全面执政实践中,紧紧围绕"建设什么样的党、怎样建设党"这个根本问题,以马克思、恩格斯、列宁等经典作家们的党建理论为指导,立足中国国情,不断推进党的建设理论创新发展,形成了中国化的马克思主义党建理论体系,创造了半殖民地半封建国家共产党建设理论,构建了内容丰富的社会主义国家执政党建设理论体系。

第一节　党的建设理论来源

一、马克思恩格斯建党学说

　　马克思恩格斯的建党学说产生于 19 世纪 40 年代,当时的欧洲在享受资本主义经济快速发展带来的巨大财富的同时,社会基本矛盾即生产力与生产关系、经济基础和上层建筑的矛盾也日渐激化,并引发了周期性的经济危机。无产阶级和资产阶级的矛盾日益尖锐起来,工人运动此起彼伏,阶级斗争白热化。19 世纪三四十年代,欧洲爆发了三大工人运动,即法国里昂工人起义、英国宪章运动、德国西里西亚纺织工人起义。马克思恩格斯在创建马克思主义学说的同时,也积极投身工人运动,总结工人运动经验,从理论上阐述工人阶级政党的先进思想,为马克思主义建党学说的生成发展奠定理论和实践基础。马克思恩格斯在建党实践中,强调了建立无产阶级政党的必要性,阐明了无产阶级政党的性质、特征、革命纲领、组织原则等一系列重要问题,主要内容包括以下几个方面。

　　强调建立无产阶级政党的必要性。马克思恩格斯积极投身于工人运动的洪流当中,并深刻总结工人运动的经验教训,提出工人阶级要想完成推翻资本主义,实现共产主义的奋斗目标,就必须建立自己独立的政党组织。在经历了 1848 年欧洲革命以后,1850 年 3 月,马克思恩格斯在《共产主义者同盟中央委员会告同盟书》中指出:"工人,首先是共产主义者同盟,不应再度降低自己的地位,去充当资产阶级民主派的随声附和的合唱队,而应该谋求在正式的民主派旁边建立一个秘密的和公开的独立工人政党组织,并且应该使自己的每一个支部都成为工人协会的中心和核心。"[①]巴黎公社起义爆发之前,恩格斯就意识到当时的法国没有肩负起领导核心重任的工人阶级政党并为此而感到担忧,他在给马克思的信中就写

---

① 《马克思恩格斯选集》(第一卷),人民出版社 2012 年版,第 558 页。

道:"巴黎一旦发生真正的革命运动,由谁来领导呢?"马克思在《国际工人协会共同章程》中旗帜鲜明地揭示了建立无产阶级政党的必要性,他指出:"无产阶级在反对有产阶级联合力量的斗争中,只有把自身组织成为与有产阶级建立的一切旧政党不同的、相对立的政党,才能作为一个阶级来行动。为保证社会革命获得胜利和实现革命的最高目标——消灭阶级,无产阶级这样的组织成为政党是必要的。"①

阐明无产阶级政党的指导思想、性质和宗旨。恩格斯指出:"我们党有个很大的优点,就是有一个新的科学的世界观作为理论的基础。"②这个新的科学的世界观就是马克思主义的辩证唯物主义和历史唯物主义,有了马克思主义作为指导思想,无产阶级政党在领导革命和建设的实践中才能够把握正确的前进方向,成为共产主义革命和建设事业的领导核心。马克思恩格斯宣称共产党是工人阶级中最先进和最坚决的部分,这种先进性主要体现在党的性质和宗旨上面。无产阶级政党宣称自己代表整个无产阶级的利益,马克思恩格斯认为,在无产阶级和资产阶级的斗争所经历的各个发展阶段上,共产党人始终代表整个运动的利益,他们没有任何同整个无产阶级的利益不同的利益;在实践方面,无产阶级政党具有远大政治前途和牺牲精神,愿意为建设共产主义事业而奋斗,这就是共产党的根本宗旨。

确立无产阶级政党的组织原则。无产阶级政党是按照"民主集中制"原则创建的,马克思恩格斯虽然没有明确提出"民主集中制"的概念,但是从他们制定的《共产主义者同盟章程》《国际工人协会共同章程》来看,对党的组织制度、组织机构、活动原则等都作出了具体的规定,充分体现了"民主集中制"的精神。比如《共产主义者同盟章程》中规定代表大会是全盟的立法机关,有权修改章程;中央委员会是全盟的权力执行机关,向代表大会报告工作。这些规定都表达了"民主集中制"的思想。有些工人组织带有独裁性、家长制的作风,马克思恩格斯表示坚决反对,他们在论述党的组织原则时更多地强调民主的内容,但在强调民主的同时也强调坚持集中的原则,强调党的纪律问题。马克思指出:"我们必须绝对保持党的纪律,否则将一事无成。"要正确开展党内斗争,不允许有机会主义和宗派主义分

---

① 《马克思恩格斯选集》(第三卷),人民出版社2012年版,第173—174页。
② 《马克思恩格斯选集》(第二卷),人民出版社2012年版,第10页。

子存在,要维护党的团结和统一,维护党的权威和加强纪律建设,以民主集中制的原则来建设党。

制定无产阶级政党的纲领和策略。马克思恩格斯都认为无产阶级政党必须制定自己的纲领,作为一面公开树立起来的旗帜,提高无产阶级的思想自觉和行动自觉。《共产党宣言》作为无产阶级政党的第一个纲领,明确规定:共产党最近的目的是推翻资产阶级的统治,由无产阶级夺取政权,党的最终目标是消灭私有制,消灭阶级,消灭剥削,实现共产主义社会。为此,无产阶级必须通过暴力革命的方式,推翻资本主义制度,实现无产阶级专政,并同传统的所有制和传统观念彻底决裂,以求实现党的最终目标。为了实现党的纲领,无产阶级政党要坚持正确的斗争策略,坚持眼前利益和长远利益相结合,坚持原则的坚定性和策略的灵活性相结合,坚持经济斗争和政治斗争相结合,尽可能团结一切可以团结的力量,建立最广泛的统一战线,最大限度孤立和打击敌人,最终实现党的纲领和目标。

二、列宁党建理论

列宁的党建理论形成于帝国主义和无产阶级革命时代,当时的社会历史条件出现重大变化,资本主义从自由资本主义发展到帝国主义阶段,资本主义社会的矛盾进一步激化,无产阶级与资产阶级之间的矛盾空前尖锐。恩格斯逝世以后,伯恩斯坦、考茨基等把持着第二国际的领导权,奉行改良主义,丧失了马克思主义的基本原则立场。列宁在马克思恩格斯建党学说的指导下,创建了布尔什维克党,并在革命实践中逐渐形成和发展了党的建设理论。列宁在俄国创建和建设无产阶级政党的实践中,留下了大量有关执政党建设的经典著作,如《进一步,退两步》《怎么办?(我们运动中的迫切问题)》《共产主义运动中的"左派"幼稚病》《苏维埃政权的当前任务》等。列宁对共产党在执掌政权的条件下如何加强自身建设进行了探索,并提出了一些重要的思想,主要内容体现在以下几个方面。

关于执政党的领导地位和根本任务。十月革命胜利以后,在俄国出现了是否要继续坚持无产阶级政党领导的争论,意见不一。列宁曾设想在坚持布尔什维克党领导下实现多党合作并共同参与政权建设,但是一些反对派认为应该把经济的领导权交给"全俄生产代表大会",一些人甚至主张实行无政府主义等。针对诸多错误思想,列宁明确提出,"党是直接执政的无产阶级先锋队,是领导者"①,"国家政权的一切政治经济工作都由工人阶级觉悟的先锋队共产党领导"②。关于执政党的根本任务,列宁认为无产阶级在取得革命成功之后,最根本的任务就是推动经济发展,为建立社会主义制度奠定物质基础。此外,为了防止国内残余势力死灰复燃和帝国主义列强干涉,巩固新生的人民政权,需要大力发展国民经济,充分展现社会主义制度的优越性。对于共产党人来说,经济领域的斗争甚至比军事、政治斗争更加复杂,因此要加强学习,提高本领,发展好生产力。

关于民主集中制的组织原则。民主集中制的思想在马克思恩格斯的著作中就有所体现,列宁党建理论中明确提出了要坚持民主集中制原则,建设无产阶级政党。列宁在建党时期就非常重视党的组织建设,尤其强调无产阶级政党是一个严密的组织,要有统一的纪律,既强调集中,也主张发扬民主,提出要实现彻底的集中制和坚决扩大党组织内的民主制,并在1906年俄国社会民主工党第四次代表大会上首次把民主集中制原则写入了党章,在《组织章程》第二条中规定:"党的一切组织是按民主集中制原则建立起来的。"③随着世界无产阶级革命的蓬勃发展,民主集中制原则成为世界各国工人阶级政党的组织活动原则。民主集中制的内容十分丰富,包含少数服从多数,部分服从整体,下级服从上级;党员必须参加党的一个组织,服从党的决议;党内实行讨论自由和行动一致的纪律等。在贯彻民主集中制原则的实践中,不同时期侧重点有所不同,根据实践需要,有时突出集中的要求,有时需要更侧重民主的发扬,但无论如何,民主和集中不可偏废,缺一不可。

关于执政党党内民主和党内监督。十月革命后,随着苏俄三年国内战争的结束,国家步入正常的社会主义事业建设时期。列宁认为要有意识地逐步扩大民主,充分发挥全党同志的创造力、想象力和积极性,1921年俄共(布)十大上通过的《关于党的建设问题》决议中强调,随着新经济政策的实行,必须由"战斗命令制"改成实现"工人民主制",充分发挥党内民主,调动劳动积极性。发扬党内民主有利于促进党内团结,但必须反对党内派别活动,维护党的统一。党内监督问题也

① 《列宁选集》(第四卷),人民出版社2012年版,第423页。
② 《列宁选集》(第四卷),人民出版社2012年版,第624页。
③ 《苏联共产党代表大会、代表会议和中央全会决议汇编》(第一分册),人民出版社1964年版,第165页。

是列宁一直关注的重要问题,在无产阶级政党全面执掌国家政权之后,加强监督就成为保持党的先进性的重要任务。从 1920 年开始,俄共(布)就设立了党的监察机关,党内监督的重要性随着实践的发展愈加受到重视,监察委员会由具有威信的同志担任,监察机关保持独立性,与同级党委平级,享受同等权力。

关于党与人民群众的关系。党和人民群众之间的关系是党的建设的重要内容,尤其是取得执政地位以后,共产党治国理政必须依靠人民群众,服务人民群众,与人民群众保持密切联系。列宁指出:"只有相信人民的人,只有投入生气勃勃的人民创造力泉源中去的人,才能获得胜利并保持政权。"①对于苏联共产党来说,只靠 20 万党员就能够取得政权,其根本原因就是相信人民、依靠人民,并获得人民的支持。为了防止脱离群众现象的出现,列宁告诫全党同志,要防止因为胜利而骄傲自大,要同官僚主义现象作斗争,要防范脱离实际的主观主义等,认为只有这样才能降低执政党脱离群众的风险,始终保持与人民群众的密切联系,从而筑牢执政基础,巩固政权。

关于党员质量和纯洁党的队伍。列宁自始至终非常强调党员的质量,取得执政地位以后,对执政党的党员质量提出了更高的期许和要求。他强调:"徒有其名的党员,就是白给,我们也不要。世界上只有我们这样的执政党,即革命工人阶级的党,才不追求党员数量的增加,而注意党员质量的提高和清洗'混进党里来的人'。"②因为共产党处于执政地位,就会产生入党不纯、不正、不良的动机,有些人混进党内来就是为了获取一定的权力以谋求私利。为提高党员的质量,一方面要严把入党质量关,考察他们的入党动机和是否达到入党标准;另一方面,要加强对党员的思想教育,将党员置于法律和纪律的严格约束之下,把欺骗分子、官僚主义分子、不忠诚分子清除出党的队伍,保持党的队伍纯洁。

三、中国共产党建设理论的实践基础

马克思恩格斯建党学说和列宁党建理论是中国共产党建设的重要理论源泉,

---

① 《列宁全集》(第三十三卷),人民出版社 2017 年版,第 61 页。
② 《列宁选集》(第四卷),人民出版社 2012 年版,第 51 页。

党在领导中国革命、建设、改革和新时代实践中,创造性地将马克思主义党建思想同党的建设实际相结合,不断积累经验,不断推进理论创新,进行理论创造,形成了马克思主义中国化党建理论。100多年发展历程中,中国共产党建设理论的丰富发展以本国具体实践为依托,形成的成果打上了中国特色的鲜明烙印。

1921年,在马克思主义与中国工人运动相结合基础上诞生的中国共产党,以鲜明的马克思主义党建思想为指导登上了历史舞台,从一开始就显示了她与此前中国其他政党的区别。虽然成立之初50多人规模的小型政党组织,力量单薄,实践稚嫩,还无法展现共产党的威力,但马克思主义党建思想赋予其先进性的潜质,使她具备强大生命力的因子,中国共产党后继散发出来的能量贮存于马克思主义党建思想的武器宝库。100多年来,中国共产党在新民主主义革命时期、社会主义革命和建设时期、改革开放和社会主义现代化建设新时期以及中国特色社会主义新时代取得的每一个成就,都是加强党的建设的结果,马克思主义党建思想在中国实践中的每一步推进,都留下了中国共产党人的杰出创造。

新民主主义革命时期是将马克思主义党建思想运用于中国实践的第一个阶段。党建立后首先思考的是自身定位问题。党的一大宣告组织成立,确定纲领,树立起了奋斗目标。党的二大区分了最高纲领和最低纲领,明确了革命分两步走的任务。党的三大形成了统一战线策略,明白了联合其他力量共同反帝反封建的道理。党的四大通过了一系列民族革命运动议决案,提出了无产阶级革命领导权的问题。从党的建设角度看,这些进展所解决的问题是共产党以什么样的思想指导、任务担当、斗争方式和社会角色立足中国社会,是马克思主义党建思想中国化实践留下的初步脚印。1927年,国共合作的破裂使革命形势发生了骤变,国民党政权实行白色恐怖使中国共产党的发展面临极其恶劣的环境。以毛泽东同志为主要代表的中国共产党人进行秋收起义,带领革命队伍退往农村,以发动、组织、武装农民,建立农村革命根据地为活动方式,开始了领导中国革命的新探索。从党的建设角度看,如何在落后的农村和以农民为主体的环境中建设无产阶级先进政党成为核心问题,马克思主义党建思想中国化的实践围绕这个核心问题取得的成果,集中表现为许多具有中国特色的党的建设思想观点的提出。这些思想观点在抗日战争、解放战争时期开展的整风、整党实践中进一步发展,使党的建设理论逐渐成熟,标志着革命阶段马克思主义党建思想中国化的实践收获了丰硕的成果。

社会主义革命和建设时期是在执政条件下马克思主义党建思想中国化的探索阶段。新中国的成立创造了党的建设的崭新环境,在领导人民完成了从新民主主义向社会主义的转变后,全面建设社会主义的任务为党的建设提供了新的历史舞台。1966年"文化大革命"发生之前的17年里,党出于巩固执政地位的需要,努力展现共产党领导新中国的先进性,保证了党的建设正常开展。这17年里,党中央先后于1950年、1951—1954年、1957年、1963—1966年领导开展了4次整风运动。这些整风运动时间长短不一,具体背景不同,主题和内容也有差别,取得的效果当然也不一样。其中,1957年的整风运动在开展过程中发生了反右派斗争,未能取得整风的预期效果。1963—1966年的社会主义教育运动受"左"倾错误思想的影响出现了偏差。十年"文化大革命"是党的建设经历磨难的一个非常时期。这场运动不仅造成了国家和民族的"劫难",对党的建设也造成了极大的破坏。在"以阶级斗争为纲"的错误指导下,党的建设遭遇的曲折留下了沉痛的历史教训。

改革开放和社会主义现代化建设新时期是通过拨乱反正恢复正常和健康发展的阶段。1978年底,党的十一届三中全会以改革开放的抉择,翻开了社会主义现代化建设新时期的扉页,党的建设也由此进入了新阶段。邓小平理论中,"党风问题关系到党的生死存亡""中国的问题,关键在党"等重要观点奠定了新阶段党建思想的基础。1989年,党的十三届四中全会后,以江泽民同志为主要代表的中国共产党人"聚精会神地抓党的建设",形成"三个代表"重要思想的理论成果,成为新世纪指导党的建设新纲领。2002年,党的十六大后,以胡锦涛同志为主要代表的中国共产党人面对新情况新问题的严峻挑战,谋党的建设全局,求应对考验和战胜危险之策,努力开创党的建设新局面,为丰富发展党的建设理论作出了重大贡献。

中国特色社会主义新时代,党的建设提升到新高度新境界。以习近平同志为核心的党中央坚持和加强党的全面领导,坚持党要管党、全面从严治党,以加强党的长期执政能力建设、先进性和纯洁性建设为主线,以党的政治建设为统领,以坚定理想信念宗旨为根基,以调动全党积极性、主动性、创造性为着力点,全面推进党的政治建设、思想建设、组织建设、作风建设、纪律建设,把制度建设贯穿其中,深入推进反腐败斗争,不断提高党的建设质量,把党建设成为始终走在时代前列、人民衷心拥护、勇于自我革命、经得起各种风浪考验、朝气蓬勃的马克思主义执政党。提出推进学习型、创新型、服务型马克思主义政党建设的新任务,开展群众路线教育实践、"两学一做"学习教育、"不忘初心、牢记使命"主题教育、"党史学习教育"、学习贯彻习近平新时代中国特色社会主义思想主题教育等活动,加强建设制度化、规范化、程序化的党建长效机制,形成标本兼治、重点转变党风的新谋略,推出党的建设制度改革的新举措,这些重大实践进展在马克思主义党建思想中国化实践的历程中具有划时代的意义。新时代党的建设以高度的历史自觉和精神主动向前推进,一系列新思想新观点的形成收获了马克思主义党建思想的丰硕成果,在党的建设发展史上写下了浓墨重彩的一笔。

第二节　马克思主义党建思想的中国化

一、毛泽东关于党的建设思想

　　毛泽东党建思想是毛泽东思想科学体系的重要组成部分,其内容十分丰富,包含党的思想建设、组织建设、作风建设等诸多方面,是马克思列宁主义党建理论在中国的运用和发展,为中国化的马克思主义党建理论体系奠定了重要基础。毛泽东明确提出建设一个全国范围的、广大群众性的、思想上政治上组织上完全巩固的布尔什维克化的中国共产党,开创了党的建设"伟大工程"。

　　强调从思想上建党。半殖民地半封建社会的中国以农业为主体,农业人口占全国人口的大多数,产业工人的数量相对较少,且中国共产党的工作重心长期聚焦在农村,特殊的国情决定了中国共产党吸纳农民和小资产阶级的先进分子进入党的队伍的必要性和合理性,但也不可避免地将各种非无产阶级思想带到党内。因此,毛泽东认为首先必须解决思想建党问题,才能从根本上保持党的工人阶级先锋队性质。1928 年,毛泽东在《井冈山的斗争》一文中提出无产阶级思想领导的问题,他指出:"我们感觉无产阶级思想领导的问题,是一个非常重要的问题。边界各县的党,几乎完全是农民成分的党,若不给以无产阶级的思想领导,其趋向是会要错误的。"[①]1929 年 12 月,毛泽东在为红四军党的第九次代表大会起草的《古田会议决议》中阐述了纠正党内错误思想的问题,这标志着毛泽东着重从思想理论上建党的思想基本形成。党的思想建设的任务就是用马克思主义去改造各种非无产阶级思想,提高党员的思想觉悟和理论水平,使广大党员不但在组织上入党,而且首先在思想上入党,进而实现全党在思想上组织上的统一。首先和着重从思想上建是毛泽东党建思想的重要内容,也是中国共产党成功的党建经验之一。

　　密切联系党的政治路线加强党的建设。党的政治路线关系到党的建设的全局和党的事业的兴衰成败,党必须拥有一条正确的政治路线。1939 年 10 月,毛泽东在《〈共产党人〉发刊词》中明确提出了密切联系党的政治路线推进党的建设的思想,他指出:"党的建设过程,党的布尔什维克化的过程,是这样同党的政治路线密切地联系着,是这样同党对于统一战线问题、武装斗争问题之正确处理或不正确处理密切地联系着的。"[②]执行党的政治路线的过程实质上也就是党的自身建设的过程,如果偏离了党的正确的政治路线,党的建设就会失去方向,甚至党的性质宗旨等都会受到破坏。长期以来,制定和执行党的政治路线一直是党的中心任务,必须加强对党员干部的思想政治教育,使全党在政治上保持高度统一和绝对忠诚。

　　坚持和发展民主集中制加强党的组织建设。民主集中制是马克思主义政党的根本组织原则,中国共产党一直坚持这一原则,并不断发展完善民主集中制理论。毛泽东认为,民主集中制既是民主的又是集中的,是民主基础上的集中和集

① 《毛泽东选集》(第一卷),人民出版社 1991 年版,第 77 页。
② 《毛泽东选集》(第二卷),人民出版社 1991 年版,第 605 页。

中指导下的民主,不能离开民主谈集中,也不能离开集中谈民主,否则都会影响到党的团结和统一。毛泽东指出:"红军的物质生活如此菲薄,战斗如此频繁,仍能维持不敝,除党的作用外,就是靠实行军队内的民主主义。"①充分发扬军队的民主才能提高军队战斗力和坚定战士们的信仰。但必须反对极端民主化,党的纪律之一是少数服从多数,少数人在自己的意见被否决之后,必须拥护多数人所通过的决议。要依靠民主集中制,扩大党内民主,反对家长制作风,造成一个既有集中又有民主,既有纪律又有自由的个人心情舒畅、生动活泼的政治局面。

加强党的作风建设。把培养优良的党风作为中国共产党自身建设的一项重要内容,这是毛泽东党建思想的一个伟大创造。1941 年 9 月 10 日,毛泽东在《反对主观主义和宗派主义》中明确提出"党风"这一重要概念。1945 年 4 月 24 日,毛泽东在党的七大上作了《论联合政府》的报告,提炼总结了党的三大优良作风,即理论和实际相结合的作风、和人民群众紧密地联系在一起的作风以及自我批评的作风,这是中国共产党区别于其他政党的最为显著的标志之一。在党的七届二中全会上,毛泽东提出了"两个务必"的要求,成为党的作风建设的座右铭。新中国成立后,党的作风建设不断深入推进,艰苦奋斗的作风和群众路线得到发扬。党中央针对党内出现的不正之风,及时采取举措,既抓思想教育,又通过组织和纪律等手段整顿党的作风,反对主观主义、官僚主义,促进党员干部和人民群众打成一片。

加强干部队伍建设。毛泽东指出,中国共产党是在一个几万万人的大民族中领导伟大革命斗争的党,没有多数德才兼备的领导干部,是不能完成其历史任务的。当政治路线确定之后,干部就是决定的因素,因此要有计划地培养大批新干部,提出"任人唯贤"的干部路线、"德才兼备"的干部标准和"又红又专"的干部要求。提出要搞"五湖四海",不搞山头主义和宗派主义,要识别干部、爱护干部、团结干部,提高干部的能力,正确对待犯错误的干部,加强对干部的教育和培养,不断增强干部的思想素质、政治素质和业务素质,在革命和建设实践中考验干部。

坚持党的根本宗旨和群众路线。全心全意为人民服务是党的根本宗旨,集中体现了马克思主义政党的先进本质。毛泽东在多个场合阐释"为人民服务"的思

---

① 《毛泽东选集》(第一卷),人民出版社 1991 年版,第 65 页。

想,提出为人民服务要全心全意,不能三心二意,反复强调中国共产党人除了人民的利益没有自身的利益。"共产党人的一切言论行动,必须以合乎最广大人民群众的最大利益,为最广大人民群众所拥护为最高标准。"①任何共产党员想谋取特殊利益的行为都是违反党的根本宗旨的。1945 年 4 月召开的中共七大正式把"为人民服务"确立为党的宗旨,是对党成立以来党的建设实践经验的精辟总结。坚持党的根本宗旨就必须贯彻党的根本工作路线即群众路线,坚持"一切为了群众,一切依靠群众,从群众中来,到群众中去",把党的正确主张变为群众的自觉行动。

正确开展党内斗争和处理党内矛盾。毛泽东指出:"党内不同思想的对立和斗争是经常发生的,这是社会的阶级矛盾和新旧事物的矛盾在党内的反映。党内如果没有矛盾和解决矛盾的思想斗争,党的生命也就停止了。"毛泽东分析了党内矛盾和斗争产生的根源,指出历史上的党内斗争出现过严重的错误,提出了"惩前毖后、治病救人"的方针,强调要通过党内正确的斗争方式,实现既弄清思想又达到团结的目的,创造出在全党通过批评和自我批评的方式开展思想教育的整风方式,运用"团结—批评—团结"的公式,以思想教育为主,以团结为出发点和最终目标,在正确开展党内斗争过程中化解矛盾,解决矛盾,从而在新的基础上达到新的团结。

二、邓小平关于党的建设思想

党的十一届三中全会以后,以邓小平同志为主要代表的中国共产党人科学分析时代特征,精准把握时代发展脉搏,深刻总结无产阶级政党建设正反两方面的经验和教训,解放思想,实事求是,解决了改革开放和社会主义现代化建设条件下执政党建设的一系列重大问题,形成了邓小平党建思想,在开创中国特色社会主义新道路的实践中引领党的建设健康发展。

把党建设成为领导中国特色社会主义事业的坚强核心。改革开放以后,中国共产党重新恢复确立起马克思主义的思想路线、政治路线和组织路线,建党目标问题重新成为大家关注的重要议题。邓小平把执政党应该是一个什么样的党、执政党的党员应该怎样才算合格的问题提到全党面前。1982 年,党的十二大明确提

---

① 《毛泽东选集》(第三卷),人民出版社 1991 年版,第 1096 页。

出把党建设成为社会主义现代化建设的领导核心。1983 年 10 月,邓小平提出:"把我们党建设成为有战斗力的马克思主义政党,成为领导全国人民进行社会主义物质文明和精神文明建设的坚强核心。"①这一目标的确立,是对"文化大革命"时期党的建设受到破坏的拨乱反正,为改革开放沿着正确的方向和轨道发展提供党的领导的根本保证。

加强和改进党的领导。中国共产党的领导地位是在长期的革命和建设实践中形成的,得到广大人民群众的拥护和支持。邓小平指出:"在中国这样的大国,要把几亿人口的思想和力量统一起来建设社会主义,没有一个由具有高度觉悟性、纪律性和自我牺牲精神的党员组成的能够真正代表和团结人民群众的党,没有这样一个党的统一领导,是不可能设想的,那就只会四分五裂,一事无成。"②改革开放以后,为了保证社会主义的正确方向,邓小平提出要坚持四项基本原则,其中核心问题就是坚持党的领导。在中国特色社会主义事业中,党的领导不能削弱,只能加强。坚持和加强党的领导,也要不断改善党的领导,改进党的领导方式、组织方式、工作方式、活动方式等,以适应新时期社会主义现代化建设的需要。

坚持解放思想、实事求是的思想路线。实事求是是党坚持辩证唯物主义的思想路线和重要原则,是毛泽东思想的精髓,"文化大革命"时期党的实事求是的思想路线没有得到很好的坚持,党的十一届三中全会以后,邓小平领导党中央重新确立实事求是的思想路线。他强调:"实事求是,一切从实际出发,理论联系实际,坚持实践是检验真理的标准,这就是我们党的思想路线。"③计划经济时代,党领导社会主义建设走了弯路,从思想上探究原因,就是用教条主义的态度对待马克思列宁主义。邓小平指出:"不解决思想路线问题,不解放思想,正确的政治路线制定不出来,制定了也贯彻不下去。"④党中央不仅重新确立了实事求是的原则,而且将解放思想和实事求是结合在一起,在那个思想还受到严重束缚的时期,在邓小平等领导人的支持下,全国开展了真理标准问题的大讨论,冲破了"两个凡是"的思想束缚,为推动改革开放的伟大事业释放出巨大思想活力。

---

① 《邓小平文选》(第三卷),人民出版社 1993 年版,第 39 页。
② 《邓小平文选》(第二卷),人民出版社 1994 年版,第 341—342 页。
③ 《邓小平文选》(第二卷),人民出版社 1994 年版,第 278 页。
④ 《邓小平文选》(第二卷),人民出版社 1994 年版,第 191 页。

加强党的制度建设。鉴于沉痛的历史教训,党中央深刻认识到制度建设对党和国家事业发展的极端重要性。1980 年 8 月 18 日,邓小平在《党和国家领导制度的改革》的讲话中指出:"领导制度、组织制度问题更带有根本性、全局性、稳定性和长期性。这种制度问题,关系到党和国家是否改变颜色,必须引起全党的高度重视。"①党的制度建设是改革开放后党的建设的重要领域,健全民主集中制是加强党的制度建设的一项重要任务。邓小平认为,没有民主就没有集中统一,没有集中统一党就没有战斗力,必须大力发扬民主,但同时也要加强集中。完善的制度可以促进党和国家的生活正常化,能够避免因个人主观意志而妨碍党的事业健康发展的不正常现象发生。

加强干部队伍建设。在干部队伍建设方面,改革开放以后面临的一个重大问题就是解决领导职务终身制的问题。很多在反右派斗争和"文化大革命"中被错误批判的人在 1978 年以后逐步恢复了工作,继续为党和人民服务。但同时,这些干部存在年龄普遍偏大、精力有限等情况,很难有足够的时间和精力去高质量完成党和人民交给他们的工作任务。因此,培养和选拔优秀的年轻干部,逐步废除领导职务终身制,建立干部退休制度势在必行。党中央坚持革命化、年轻化、知识化和专业化的方针,努力建设高质量的干部队伍,为开创中国特色社会主义事业打造了一支骨干力量。

三、江泽民关于党的建设思想

党的十三届四中全会以后,以江泽民同志为主要代表的中国共产党人面对风云变幻的国际形势和繁重艰巨的国内任务,紧紧围绕建设一个什么样的党、怎样建设党这个根本问题,解放思想、实事求是、与时俱进、开拓创新,在实践中创造了许多新经验,丰富和发展了马克思主义建党理论。

丰富发展党的性质的内涵。江泽民在庆祝中国共产党成立八十周年大会上的讲话中指出,"我们党要始终成为中国工人阶级的先锋队,同时成为中国人民和中华民族的先锋队,成为中国先进生产力的发展要求、中国先进文化的前进方向、

---

① 《邓小平文选》(第二卷),人民出版社 1994 年版,第 333 页。

中国最广大人民的根本利益的忠实代表,成为建设有中国特色社会主义事业的领导核心"①,强调了党的工人阶级先锋队性质,进一步扩大了党所代表的阶级基础和群众基础,巩固了党的领导核心地位。

加强党的思想理论建设。江泽民指出:"抓党的建设,首先要抓好党的思想政治建设,因为解决思想政治问题是做好其他各项工作的前提和基础。党的这个优良传统和重要经验,任何时候都不能丢。"②从思想建党的要求出发,针对改革开放新情况新问题,党中央形成了"中国共产党始终代表中国先进生产力的发展要求、始终代表中国先进文化的前进方向、始终代表中国最广大人民的根本利益"的新要求。"三个代表"重要思想成为进入新世纪之初党的建设理论创新的重大成果。

加强党的组织制度和领导制度建设。随着改革开放和社会主义现代化建设新时期党的建设新的伟大工程不断推进,民主集中制建设也得到了新的发展。江泽民指出:"在改革开放和发展社会主义市场经济的条件下,民主集中制不仅不能削弱,而且必须完善和发展。"③一方面,要进一步发扬民主,保障党员的民主权利,拓宽发扬党内民主的渠道,充分发挥党员的积极性和创造性;另一方面,必须维护党中央权威和集中统一领导,全党在思想上、行动上与党中央保持一致,保证党的路线、方针、政策不打折扣地贯彻实施。

加强干部队伍建设。江泽民提出建设一支能够担当重任、经得起风浪考验的高素质的领导干部队伍,特别是培养造就大批善于治党治国治军的优秀领导人才,是党和国家长治久安的根本大计。加强干部队伍建设,关键要抓好领导班子建设,把各级领导班子建设成为坚决贯彻党的基本理论、基本路线、基本纲领、基本经验,全心全意为人民服务、具有领导现代化建设能力、团结坚强的领导集体。强调建设一支适应社会主义现代化建设需要的高素质干部队伍,是党的事业不断取得胜利的关键。

加强党的基层组织建设。改革开放后,由于建立和完善社会主义市场经济体制的创新探索,经济领域的变革催生的新社会阶层不断涌现,民营科技企业的创业人员和技术人员、受聘于外资企业的管理技术人员、个体户、私营企业主、中介

---

① 《江泽民文选》(第三卷),人民出版社2006年版,第292页。
② 《江泽民文选》(第三卷),人民出版社2006年版,第94—95页。
③ 《江泽民文选》(第二卷),人民出版社2006年版,第44页。

组织的从业人员、自由职业人员等新的群体形成,给党的建设带来新的发展空间。一方面,党的工作要覆盖到新的社会阶层,要把承认党的纲领和章程,自觉为党的宗旨、目标和纲领而奋斗,经过长期考验,符合党员标准的先进分子吸收到党组织中来;另一方面,要在新的经济组织和新的社会组织中建立党的工作机构。这是加强党的基层组织建设的新任务。

加强党的作风建设。江泽民指出:"党风是关系到党的生死存亡的问题,如果听任腐败现象发展下去,党就会走向自我毁灭。"[1]密切联系群众必须着力解决党的思想作风、学风、工作作风、领导作风等方面的问题,防止官僚主义、形式主义,毫不动摇地将作风建设进行到底。

加强党内监督。江泽民指出,从严治党是我们党的优良传统和宝贵经验,也是党的一贯方针。坚定不移地贯彻好这个方针,是保持党的先进性、增强党的凝聚力和战斗力的重要保证。提高党内监督能力关键要加强对领导干部的监督,要健全党内民主监督的制度和机制,保证正确运用手中的权力。

四、胡锦涛关于党的建设思想

党的十六大以后,以胡锦涛同志为主要代表的中国共产党人在新世纪新阶段全面建设小康社会的征程中,积极推进党的执政能力建设和先进性建设,在丰富发展党的建设理论方面迈出了新的步伐。

加强党的思想理论建设。改革开放促进我国发展的多样化、多元化,各种社会思潮带来复杂的影响,对坚定党的理想信念造成冲击。加强党的思想理论建设在新形势新情况下显得尤其紧迫。胡锦涛指出,对马克思主义的信仰、对社会主义和共产主义的信念,是共产党人的政治灵魂,要深入学习实践科学发展观,加强学习型政党建设,加强对党员的教育,为中国特色社会主义共同理想而奋斗。党中央形成的科学发展观成为党的思想理论建设的新成果,与邓小平理论、"三个代表"重要思想一起构成整体,形成中国特色社会主义理论体系,在实现马克思主义中国化新的飞跃中推动党的建设向前发展。

---

[1]　江泽民:《论党的建设》,中央文献出版社 2001 年版,第 35 页。

　　加强党的先进性建设。党的先进性建设是党的建设的永恒课题。2005 年 1 月 14 日,胡锦涛在新时期保持共产党员先进性专题报告会上发表讲话,指出党的先进性建设是马克思主义政党自身建设的根本任务。2006 年 6 月 30 日,在庆祝中国共产党成立 85 周年暨总结保持共产党员先进性教育活动大会上,胡锦涛在讲话中再次强调:"先进性是马克思主义政党的本质属性,是马克思主义政党的生命所系、力量所在。党的先进性是历史的具体的,既是一以贯之的,又是与时俱进的。这就决定了保持和发展党的先进性是马克思主义政党自身建设的根本任务和永恒课题。"①党的先进性建设是一个系统性、综合性的工程,全体共产党员都要积极投身先进性教育活动,领导干部尤其要发挥表率作用,将先进性建设融入党的建设各方面和全过程。

　　加强党的执政能力建设。在东欧剧变和苏联共产党垮台后,提高党的执政能力被提到党的工作重要议程上来。2004 年 9 月,党的十六届四中全会通过了《中共中央关于加强党的执政能力建设的决定》,胡锦涛在全会第三次全体会议的讲话中指出:"加强党的执政能力建设,是我们党应对严峻挑战、完成历史使命的迫切需要,是时代的要求、人民的要求。"②按照社会主义物质文明、政治文明、精神文明协调发展的要求,必须不断提高驾驭社会主义市场经济的能力、发展社会主义民主政治的能力、建设社会主义先进文化的能力、构建社会主义和谐社会的能力、应对国际局势和处理国际事务的能力。党中央推进党的执政能力建设和先进性建设,在新形势下成功坚持和发展了中国特色社会主义。

　　加强党风廉政建设。2002 年 12 月,胡锦涛在西柏坡考察时重点强调了毛泽东"两个务必"思想的重要性,并号召全党同志特别是领导干部大力发扬艰苦奋斗的作风。求真务实是科学发展观的应有之义,胡锦涛指出,全党要大力弘扬求真务实的精神,大兴求真务实之风,要求各级领导干部倡导勤奋好学、学以致用,心系群众、服务人民,真抓实干、务求实效等良好风气。密切联系群众,与人民群众保持血肉联系是我们党在革命、建设和改革实践中建立起来的政治优势,脱离群众是我们党全面执政后面临的最大危险。新形势下领导干部要坚持为民、务实、

---

① 《十六大以来重要文献选编》(下),中央文献出版社 2011 年版,第 525 页。
② 《胡锦涛文选》(第二卷),人民出版社 2016 年版,第 242 页。

清廉的政绩观,旗帜鲜明地反对腐败,建设廉洁政治,抓好反腐倡廉制度建设,推进惩治腐败和预防腐败体系建设,深入推进党风廉政建设和反腐败斗争。

五、习近平关于党的建设的重要思想

中国特色社会主义新时代,以习近平同志为主要代表的中国共产党人运用马克思主义的立场观点方法,落实新时代党的建设总要求,加强党的全面领导和党的建设,大力推进全面从严治党,坚决改变管党治党宽松软状况,紧紧围绕建设什么样的长期执政的马克思主义政党、怎样建设长期执政的马克思主义政党这个重大时代课题,提出了一系列具有原创性的党建新思想新战略新理念,形成新时代党的建设新的伟大工程的标志性思想理论成果。党的十九大提出了新时代党的建设总要求,党的二十大在此基础上进一步作出部署和安排,指出:“我们要落实新时代党的建设总要求,健全全面从严治党体系,全面推进党的自我净化、自我完善、自我革新、自我提高,使我们党坚守初心使命,始终成为中国特色社会主义事业的坚强领导核心。”①

坚持和加强党的全面领导。习近平指出:“我国社会主义政治制度优越性的一个突出特点是党总揽全局、协调各方的领导核心作用,形象地说是‘众星捧月’,这个‘月’就是中国共产党。”②坚持党的领导是党的百年奋斗首要历史经验,在实践中一以贯之。习近平以强烈的使命感和责任心,在认识党的领导问题上形成许多新的重大论断。他强调,中国共产党领导是中国特色社会主义最本质的特征,是中国特色社会主义制度的最大优势,党是最高政治领导力量,等等。这些重大论断,深刻揭示了党的领导与中国特色社会主义事业的内在逻辑。党的全面领导是当代中国全部事业发展进步的根基与前提,无论是毛泽东强调的“工、农、商、学、兵、政、党这七个方面,党是领导一切的”,还是习近平提出的“党政军民学,东西南北中,党是领导一切的”,这些话语表达都体现出坚持党的领导对国家建设和社会进步具有不可或缺的根本性和决定性意义。

---

① 《习近平著作选读》(第一卷),人民出版社 2023 年版,第 52 页。
② 《习近平关于全面从严治党论述摘编(2021 年版)》,中央文献出版社 2021 年版,第 58 页。

发挥党的政治建设统领作用。党的十九大提出以党的政治建设为统领,把党的政治建设摆在首位,从根本性建设作出新的定位,是基于历史经验和现实新鲜经验而形成的创新理论成果。作为政治组织,政治当然就是政党的本质属性,加强党的建设首先必须突出政治。不讲政治就不成其为政党,掩盖政治立场、政治倾向,政党就没有前进的方向。从把思想建设摆在党的建设首要地位,到把党的政治建设摆在首要地位,体现出新时代党中央深刻把握共产党执政规律、社会主义建设规律、人类社会发展规律的思想升华和理论创造。习近平就加强党的政治建设作出一系列重要论断,成为党的建设思想理论创新的重大成果。正是由于把党的政治建设摆在首要地位加以推进,党的领导权威得以牢固树立起来,党的建设正确方向得到保证,党的政治建设在思想建设、组织建设、作风建设、纪律建设,以及制度建设和反腐败斗争中发挥出统领作用,收到显著效果。

全面从严治党永远在路上。从治国必先治党、治党务必从严,到把全面从严治党提升为战略布局,是新时代党的建设新的伟大工程形成的重大举措。党的二十大报告指出:"全面建设社会主义现代化国家、全面推进中华民族伟大复兴,关键在党。"①以习近平同志为核心的党中央结合时代特征和现实要求,以高度的思想自觉和精神主动开创了全面从严治党崭新局面。但是,我们党一度出现管党不力、治党不严的问题,腐败现象滋生,危害着我们党健康的肌体,形式主义、官僚主义、享乐主义和奢靡之风盛行,特权思想和特权现象较为普遍存在。新时代全面从严治党明确了标本兼治、注重治本之策的方针,强化了管党治党的问题意识,提出了深挖党内不正之风背后深层次问题的要求,形成了思想建党和制度治党相结合、依法治国和依规治党相结合的发展理路,树立了零容忍高压反腐败的坚定决心,强调了不断提高党的建设质量的任务。

纠治党内不正之风。在党的历次整党整风运动中,尽管主题不同,但端正党的作风总是贯穿其中。发扬党的优良作风始终不变,而各种不同时期和发展阶段党内不正之风则有不同的表现。新时代党的建设新的伟大工程首先从转变党的作风入手,形成反对形式主义、官僚主义、享乐主义和奢靡之风的集中整治。习近平指出,"这'四风'是违背我们党的性质和宗旨的,是当前群众深恶痛绝、反映最

<hr />

① 《习近平著作选读》(第一卷),人民出版社 2023 年版,第 52 页。

强烈的问题,也是损害党群干群关系的重要根源","对'四风'问题,必须下大气力惩治"。① 习近平作出的一系列重要论述形成系统性思想,极大地丰富了马克思主义关于党的作风建设理论。

严肃党内政治生活和净化党内政治生态。作为党的建设一个重要环节,党内政治生活是党组织教育管理党员和党员进行党性锻炼的主要平台,从严治党必须从党内政治生活严起。习近平在继承历届党中央的思想基础上,创造性地提出"党内政治生态"重大概念,强调:"我们一定要深刻认识到,严肃党内政治生活、净化党内政治生态,是党的建设中带有根本性、基础性的问题,关乎党的团结统一,关乎党的生死存亡。"②要求全党严肃党内政治生活,营造风清气正的党内政治生态。

勇于自我革命。习近平指出:"勇于自我革命,从严管党治党,是我们党最鲜明的品格。"③发扬自我革命精神为党永葆青春活力提供了强大支撑,是党长盛不衰的重要原因所在。因此,习近平深刻揭示具有自我革命能力是"我们党区别于世界上其他政党的显著标志"。④ 习近平提出了刀刃向内、自剜腐肉,以正风肃纪激浊扬清,以严明纪律强化约束,以"打虎""拍蝇""猎狐"惩治腐败,实现党的自我净化、自我完善、自我革新、自我提高,完善党的自我革命制度规范体系,坚持自我革命,"确保党永远不变质、不变色、不变味"⑤,坚持以自我革命引领社会革命等一系列重要思想,作出自我革命是党继毛泽东在延安窑洞里给出跳出历史周期率的第一个答案之后找到的第二个答案新论断。

传承党的红色基因。加强党的建设肩负着党的事业代代相传的历史使命,促进党始终保持青春焕发的精神状态。习近平把生命科学的概念引入党的建设,创造性地提出"红色基因"重大概念,为激发党的生命力与永葆党的先进性和纯洁性注入新的时代内涵。习近平反复强调,中国共产党人必须牢记为中国人民谋幸福、为中华民族谋复兴的初心使命,不能忘记我们党是什么、要干什么这个根本问题,不能忘记我们从哪里出发的、要到哪里去,必须传承红色基因,发扬光荣传统,赓续革命血脉。

① 《习近平关于全面从严治党论述摘编(2021年版)》,中央文献出版社2021年版,第309、311页。
② 《习近平关于全面从严治党论述摘编》,中央文献出版社2016年版,第31、37页。
③ 《习近平谈治国理政》(第三卷),外文出版社2020年版,第20页。
④ 《十八大以来重要文献选编》(下),中央文献出版社2018年版,第589、590页。
⑤ 《习近平著作选读》(第一卷),人民出版社2023年版,第12页。

弘扬伟大建党精神。精神是政党重要的软实力,在党的奋斗实践中具有不可替代的作用。人无精神则不立,国无精神则不强,政党无精神则不兴。有强大精神支撑,马克思主义政党才能在历史洪流中屹立不倒,挺立潮头。习近平深刻揭示了"伟大建党精神"重大概念,指出:"一百年来,中国共产党弘扬伟大建党精神,在长期奋斗中构建起中国共产党人的精神谱系,锤炼出鲜明的政治品格。"①伟大建党精神在中国共产党的先驱们创建中国共产党时形成,在全部奋斗实践中滋养培育出各种革命精神,成为彰显马克思主义政党先进本质的精神标识。

第三节　中国共产党丰富发展马克思主义党建思想的贡献

一、创造了半殖民地半封建国家共产党建设理论

1840年鸦片战争爆发,清王朝战败,被迫签订丧权辱国的《南京条约》,中国开始沦为半殖民地半封建社会,国家蒙辱、人民蒙难、文明蒙尘,中华民族遭受了前所未有的劫难。为了拯救民族危亡,中国人民奋起反抗,各阶层的仁人志士奔走呐喊,太平天国运动、洋务运动、戊戌变法、义和团运动、辛亥革命接连而起,各种救国方案轮番出台,但都以失败而告终。中国迫切需要新的思想引领民族救亡运动,迫切需要新的组织凝聚革命力量。在历史和人民的呼唤、救亡图存的社会需

---

① 《习近平谈治国理政》(第四卷),外文出版社2022年版,第7页。

要下,无产阶级登上历史舞台,中国共产党应运而生,从此中国革命的面貌焕然一新。具有马克思主义先进本质的新型政党,在担负起从根本上扭转中国人民和中华民族命运的同时,对如何建设具有凝聚力、战斗力和创造力的政党进行了探索。

1921年诞生的中国共产党,虽然与19世纪欧洲建立的无产阶级政党组织以及列宁领导的俄国共产党组织本质完全相同,但进行革命斗争的历史环境却完全不一样。中国共产党诞生于半殖民地半封建社会,帝国主义和封建主义的严酷统治、落后的生产力、遭受外来侵略、丧失主权、国内四分五裂、军阀割据等具体国情,决定了中国共产党不能机械照搬马克思主义建党理论进行自身建设。历史证明,中国共产党既坚持以马克思主义建党理论为指导,又从本国实际出发,紧密结合具体革命实践,在探索出一条独立自主的中国革命道路的同时,也形成了富有中国特色的共产党建设新路。

中国共产党成立后就对加强自身建设保持高度自觉,在努力发展壮大组织的过程中,提出加强马克思主义理论学习的要求,并通过制定党章和党内法规,形成严密纪律。1927年6月1日,中共中央政治局根据党的五大的精神通过了《中国共产党第三次修正章程决案》,首次将"党的建设"作为一章进行阐述,重点论述了党的民主集中制原则、党的组织系统、组织制度等内容,凸显了党的建设的重要性。1939年10月,毛泽东同志发表《〈共产党人〉发刊词》,提出了党的建设的总目标、总任务,把一直"进行之中"的党的建设称为一项"伟大的工程",强调党的建设要紧密围绕党的政治路线进行。1941年,整风运动作为加强党的建设伟大工程的一项伟大创造在全党上下广泛开展起来,取得了巨大成效,全党上下实现了高度的团结和统一,为抗日战争和新民主主义革命的胜利奠定了思想基础和政治基础。在全国革命即将取得最终胜利之际,毛泽东在党的七届二中全会上针对党执政后可能出现的问题提出了"两个务必"思想,告诫全党同志在胜利面前要保持清醒头脑,在夺取全国政权后要经受住执政的考验。以毛泽东同志为主要代表的中国共产党人提出着重从思想上建党的原则,坚持民主集中制,坚持理论联系实际、密切联系群众、批评和自我批评三大优良作风,形成统一战线、武装斗争、党的建设三大法宝,努力建设全国范围的、广大群众性的、思想上政治上组织上完全巩固的马克思主义政党。

中国共产党党建理论为马克思主义党建学说作出了独特的贡献。"在无产阶级人数很少而战斗力很强,农民和其他小资产阶级占人口大多数的国家,建设一个具有广大群众性的、马克思主义的无产阶级政党,是极其艰巨的任务。毛泽东同志的建党学说成功解决了这个问题。"①无论是马克思恩格斯,还是列宁,都没有,也不可能为半殖民地半封建社会条件下怎样建设共产党提供现成的答案,中国共产党党建理论在马克思主义党建学说中独树一帜。

二、进行了领导社会主义建设条件下加强共产党建设的理论探索

1949年新中国成立,中国共产党走上全面执掌国家政权的道路,迈出了领导社会主义建设过程中加强党的建设的实践探索步伐,形成的思想认识和理论成果丰富了马克思主义建党学说。

领导中国革命和领导社会主义建设,党的社会角色不同,使命和任务也不一样。马克思主义政党先进本质要求党必须继续保持革命本色,革命战争年代党的建设思想理论仍然具有指导价值。然而,历史条件和社会环境变了,党的建设就需要适应新的要求进行新的探索,创造新的经验。

新中国成立70多年以来,党围绕执政条件下党的建设的重大课题,从思想上组织上作风上加强自身建设、巩固党的领导,不断推进党的建设伟大工程深入发展。以毛泽东同志为主要代表的中国共产党人首先明确提出中国共产党是领导社会主义事业的核心力量,党的八大着重对执政党建设问题进行了研究。党开展整风整党,加强党内教育,整顿基层党组织,提高党员入党标准,反对官僚主义、命令主义和贪污浪费。党高度警惕并着力防范党员干部腐化变质,坚决惩治腐败。在进行改革开放和社会主义现代化建设过程中,以邓小平、江泽民、胡锦涛等同志为主要代表的中国共产党人高度重视党的建设,强调治国必先治党,治党务必从严,聚精会神抓好党的建设,开创和推进党的建设新的伟大工程,着力解决党内思想不纯、作风不纯、组织不纯问题,围绕解决好提高党的领导水平和执政水平、增强拒腐防变和抵御风险能力这两大历史性课题,以执政能力建设和先进性建设为

---

① 《三中全会以来重要文献选编》(下),人民出版社1982年版,第831—832页。

主线,加强党同人民群众联系,加强和改进党的作风建设,加强党的执政能力建设。中国特色社会主义新时代,以习近平同志为主要代表的中国共产党人对新时代党的建设事业发展的一系列重大理论和实践问题进行了深邃思考和科学判断,以伟大的历史主动精神和巨大的政治勇气开创新时代党的建设新的伟大工程新局面,推动党的建设事业在新时代取得历史性成就。

社会主义是全新的事业,马克思恩格斯领导欧洲各国共产党进行的是推翻资本主义的革命斗争,苏联共产党搞了一段时间的社会主义建设,但在中国搞社会主义建设则情况完全不同。中国共产党成为领导社会主义事业的核心力量,面对的是大国国情,长期遭遇战争破坏,生产力低下,区域差异形成发展很不平衡等情况。在这样的特殊条件下,要把拥有数千万党员的大党建设好,显然不是一件容易的事情,其难度是世界上其他共产党难以想象的。在实践探索中,由于缺乏经验,党领导社会主义建设也遭遇了曲折,党的建设也走过弯路,在付出代价的过程中淬炼成长。中国共产党善于及时总结经验,吸取教训,修正错误,经历磨难使党越来越坚强。就党的建设理论来说,坚持和发展党的全面领导、脱离群众是党执政的最大危险、执政党作风关系党的生死存亡、思想建党和制度治党相结合、发挥党的各方面建设合力作用、以党的政治建设统领党的建设、提高党的建设质量、建设学习型创新型服务型政党等重要思想和重大结论,都丰富和发展了马克思主义党建学说。

三、构建了内容丰富的执政党建设理论体系

在马克思主义党建学说发展史上,中国共产党形成的执政党建设理论体系具有填补空白的重大意义。马克思恩格斯没有共产党执掌政权的经历,他们创立的党建学说虽然从立场和方法上为无产阶级政党建设提供了具有普遍意义的根本原则,但侧重于推翻旧政权的革命思想还难以具体回答在执掌政权条件下共产党如何加强自身建设的问题。列宁领导俄国十月革命取得胜利后,思考过执政党建设的问题,也提出了一些重要思想,但时间不长,因过早逝世而没有能够深化下去。斯大林及其后任的苏联共产党领导人长期忽视执政党建设问题,接连发生的失误导致党的建设走上歧途,最后以丧失执政地位的代价毁掉了曾经非常强大的

苏联共产党。

中国共产党在领导新民主主义革命时就进行了执政探索,有过两段局部实践的经历。一段是从 1931 年 11 月到 1937 年 9 月的中华苏维埃政府执政实践,另一段是从 1937 年 9 月到 1950 年 1 月的陕甘宁边区政府执政实践。在蒋介石国民党执掌全国政权的政治架构中,局部执政的实践虽然还不能体现党的全面领导,但探索中形成的思想和积累的经验为党全面执政奠定了基础。从新中国成立之初为巩固新生政权而斗争,到党的八大研究执政党建设,到 20 世纪末 21 世纪初把加强党的执政能力建设摆到突出位置,再到中国特色社会主义新时代取得执政党建设突破性成就,中国共产党不断深化对执政党建设规律、社会主义建设规律、人类社会发展规律的认识,实践日益自觉,思想日益升华,理论日渐丰富。

促使中国共产党警醒执政党建设重要性认识的一个直接原因是 20 世纪后期世界政党舞台上发生的一系列重大事件。首先是东欧剧变和苏联解体导致共产党丧失政权,这在以前的国际共产主义运动中从来没有出现过。其次是在资本主义国家也发生了不少大党老党遭遇竞选失败的事件,有的政党把延续几十年的长期执政的地位丢失了。这些事件集中在一段时间内接踵发生,犹如一场"政治地震",引起世界震撼,给长期执政的中国共产党敲响了警钟。

为了避免重蹈东欧国家和苏联共产党的覆辙,党中央不断总结经验教训,在推进党的建设过程中聚焦提高党的执政能力,作出全面部署,采取一系列举措,对加强党的执政能力建设进行思考和研究。2004 年,党的十六届四中全会通过了《中共中央关于加强党的执政能力建设的决定》,总结了 55 年来党执政的主要经验,提出了加强党的执政能力建设的指导思想、总体目标和主要任务,提出不断提高驾驭社会主义市场经济的能力,不断提高发展社会主义民主政治的能力,不断提高建设社会主义先进文化的能力,不断提高构建社会主义和谐社会的能力,不断提高应对国际局势和处理国际事务的能力。2004 年 6 月 29 日,胡锦涛在中共中央政治局第十四次集体学习时强调:"党的执政理论建设是一项系统工程,包括执政理念、执政基础、执政方略、执政体制、执政方式、执政资源等主要方面。"同年 8 月 22 日,胡锦涛在邓小平同志诞辰 100 周年纪念大会的讲话中论述党的执政理论时又加上了"执政环境"这一条,这七个方面的内容形成了比较全面的党的执政理论框架。

党的十八大以来，以习近平同志为核心的党中央以全面从严治党深化加强党的执政能力建设实践，有力地巩固了党的执政地位，夯实了党的执政基础。习近平以强烈的忧患意识提出立党兴党强党的要求，在关系党的执政能力问题上进行了深入思考，一系列重要论述丰富了执政党建设理论。党对一切工作的领导、构建党的领导制度体系、发挥党的领导最大优势、理顺党政军机构职能关系、维护党中央权威、提高应对风险挑战能力、走好"赶考"之路、破解历史周期率难题等党治国理政新理念新思想新战略，推进执政党理论形成系统的思想体系。党的十九届六中全会提出"建设什么样的长期执政的马克思主义政党、怎样建设长期执政的马克思主义政党"重大时代课题，鲜明揭示了新时代加强执政党建设的历史使命。习近平在庆祝中国共产党成立100周年大会上提出的"九个必须"以及党中央总结百年奋斗的十条历史经验，都构成执政党建设理论体系的重要内容。

经过70多年长期执政，中国共产党已经对执政党建设规律有了深刻的认识和把握。遵循客观规律加强执政党建设，是党推进党的建设伟大工程深入发展的行动准则。虽然党的执政有了时间上的长期性，但由于认识和把握规律总在不断深化中演进，加强执政党建设必然还会面临新情况新问题下不断创新的艰巨任务，执政党建设理论发展没有止境。在党的建设向纵深推进的实践中，把已经构建起来的执政党建设理论体系作为宝贵财富，持之以恒地推进理论创新，进行理论创造，是中国共产党为丰富发展马克思主义党建思想作出更多更大贡献的努力方向。

💬 本章思考题

1. 怎样理解马克思主义党建思想对中国共产党的指导价值？
2. 中国共产党是如何将马克思主义党建思想中国化的？
3. 中国共产党对马克思主义党建思想作出了什么样的贡献？
4. 中国共产党党建思想是怎样丰富发展的？

第二章

党的建设实践历程

1921 年 7 月中国共产党成立,是中国历史上开天辟地的大事变。中国革命有了凝聚力量的领导核心,中国革命面貌从此焕然一新。中国共产党从小到大,由弱到强,从挫折中奋起,在战胜困难中不断成熟,成功的法宝就是不断加强党的建设,始终保持了马克思主义政党的先进性和纯洁性。在新民主主义革命时期,提出了党的建设"伟大的工程",解决了在半殖民地半封建社会如何建设一个马克思主义的、思想上政治上组织上完全巩固的无产阶级政党的问题。在社会主义革命和建设时期,提出执政条件下党的建设的重大课题,从思想上组织上作风上加强党的建设、巩固党的领导。在改革开放和社会主义现代化建设新时期,按照党的建设总目标要求,围绕提高领导水平和执政水平、增强拒腐防变和抵御风险的能力两大历史性课题,围绕执政能力建设和先进性建设的主线,以改革创新精神全面推进党的建设新的伟大工程。中国特色社会主义进入新时代,坚持和加强党的全面领导,开创全面从严治党崭新局面,以党的政治建设为统领,推进新时代党的建设新的伟大工程,使党的建设水平得到大幅度提升。党的建设理论的丰富发展建立在党的建设长期实践基础之上。

第一节　新民主主义革命时期党的建设

一、党的建设概述

1840年鸦片战争爆发以后，西方列强对中国发动了多次侵略战争。代表地主阶级和买办资产阶级的清政府，成为外国资本主义统治中国的工具，成为一个卖国的、腐朽无能的、扼杀中国生机的政权。帝国主义和中华民族的矛盾、封建主义和广大人民大众的矛盾，成为近代中国社会的主要矛盾。争取民族独立、人民解放和实现国家富强、人民幸福成为中国人民的历史任务。太平天国运动、洋务运动、戊戌变法、义和团运动等形成的各种救国方案都以失败告终，孙中山先生领导的辛亥革命推翻了君主专制制度，但未能改变中国半殖民地半封建社会性质和中国人民的悲惨命运。十月革命一声炮响，给中国送来了马克思列宁主义。五四运动促进了马克思主义在中国的传播。在马克思列宁主义同中国工人运动紧密结合的过程中，1921年7月，中国共产党第一次全国代表大会在上海开幕。中国产生了共产党，这是开天辟地的大事变，中国革命面貌从此焕然一新。

中国共产党成立以后，致力于组织领导工人运动，1921年8月成立领导职工运动的总机关——中国劳动组合书记部，先后组织了香港海员罢工、安远路矿工人罢工、京汉铁路工人罢工，显示了工人阶级组织起来的力量。党的三大以后，国共两党开始第一次合作，以广州为中心，汇集了全国革命力量，开创了反帝反封建军阀革命新局面。国共合作破裂后，中国共产党又掀起了土地革命风暴，开始独立领导中国革命。

1931年"九一八"事变后，日本帝国主义加紧侵略我国，民族危机空前严重。党率先高举武装抗日旗帜，广泛开展抗日救亡运动，促成国共再次合作。进入全面抗战阶段后，党的活动范围逐渐扩大。为了适应全民族抗日战争需要，1938年3月，中共中央发出《关于大量发展党员的决议》，指出"大量的十百倍的发展党员，成为党目前迫切与严重的任务"。党员数量的迅速增加,各种非无产阶级成员出身的人进入党内,带来了许多问题。1938 年 9 月,在党的扩大的六届六中全会上,毛泽东明确提出了"马克思主义中国化"问题,要求全党将丰富的中国革命实践马克思主义化,将马克思主义与中国革命实际相结合,以更好地指导抗日战争和中国革命,回答中国革命何去何从的问题。1939 年 10 月,毛泽东发表《〈共产党人〉发刊词》,提出了党的建设是一项"伟大的工程"的重大论断,指出党的建设要紧密围绕党的政治路线进行,提出党在中国革命中的基本问题是统一战线问题、武装斗争问题、党的建设问题。

为了加强党的思想建设,清除长期以来党内存在的各种非无产阶级思想,在马克思主义思想的基础上达成一致,1941 年 5 月,在延安开始全党范围的整风运动。1945 年 4 月,党的六届七中全会通过了《关于若干历史问题的决议》,整风运动顺利结束。通过整风运动,全党思想高度统一,党性空前提高,为党的七大胜利召开创造了条件。1945 年 4 月,党的七大通过的党章确立毛泽东思想为党的指导思想。毛泽东思想将马克思列宁主义的理论与中国革命实践相统一,是中国化的马克思主义。党的七大形成的路线方针政策,不仅对抗日战争取得胜利具有重要意义,而且也为夺取全国政权的胜利、建立新中国奠定了思想政治基础。新民主主义革命实践历程表明,历史和人民选择了中国共产党,没有中国共产党领导,民族独立、人民解放是不可能实现的。

二、党的建设实践中的重要会议

中国共产党第一次全国代表大会。1921 年 7 月 23 日,党的一大在上海租界望志路 106 号(今兴业路 76 号)召开。参加会议的代表有李达、李汉俊、张国焘、刘仁静、毛泽东、何叔衡、董必武、陈潭秋、王尽美、邓恩铭、陈公博、周佛海等,陈独秀派遣包惠僧出席了会议,他们代表着全国 50 多名党员。共产国际代表马林和尼克尔斯基出席会议。最后一天的会议在浙江嘉兴南湖的游船上举行。大会确定党的名称为"中国共产党",通过了中国共产党第一个纲领,设立中央局作为中央的临时领导机构,选举产生以陈独秀为书记的中央局。

中国共产党第二次全国代表大会。1922 年 7 月 16 日至 23 日,党的二大在上海举行。大会分析了中国经济政治现状,揭示了中国社会的半殖民地半封建性质,确立党的最高纲领是实现社会主义、共产主义,但现阶段纲领是打倒军阀,推翻国际帝国主义的压迫,统一中国为真正的民主共和国,即最低纲领。为了实现反帝反军阀的革命目标,大会提出要联合全国一切革命党派,联合资产阶级,组成"民主主义的联合战线"。大会通过了第一个党章,对党员条件、各级组织和党的纪律作出了具体规定,体现了民主集中制原则,这对于加强党的自身建设具有重要意义。二大以后,为了开展工人运动,党成立领导工人运动的机关,出版《劳动周刊》,举办工人学校,组织产业工会,开展罢工斗争,在工人中和社会上的政治影响日益扩大。

中国共产党第三次全国代表大会。1923 年 6 月 12 日至 20 日,党的三大在广州举行。会上正确分析了孙中山革命立场和国民党进行改组的可能性,决定共产党员以个人身份加入国民党,但必须在政治上、思想上、组织上保持自己的独立性。面对强大的帝国主义和封建势力,党意识到建立最广泛的统一战线的重要性。在共产国际推动下,中国共产党与孙中山领导的中国国民党进行合作。党的三大对党章进行修改,规定新党员候补期,规定党员可以"自请出党"。

中国共产党第四次全国代表大会。1925 年 1 月 11 日至 22 日,党的四大在上海举行。大会第一次明确提出了无产阶级在民主革命中的领导权和农民同盟军问题,初步形成了中国共产党关于民主革命总路线的基本思想,为新的革命高潮到来作了理论上、思想上、组织上的准备。大会全面分析了中国社会各阶级状况及其在民主革命中的态度,对于工人阶级、农民、小资产阶级等在革命中的作用进行了客观分析,提出了党在革命中的领导权问题,把革命领导权与工农联盟问题相结合,以壮大中国革命力量。

中国共产党第五次全国代表大会。1927 年 4 月 27 日至 5 月 9 日,党的五大在武汉举行。会议选举出了党的中央委员会,在随后的五届一中全会上选举产生了中央政治局和中央政治局常务委员会,选举产生了党的历史上第一个中央纪律检查监督机构——中央监察委员会。通过了修改党章的决议,正式提出在党内实行民主集中制组织原则。党的五大提出了争取无产阶级对革命的领导权,建立革命民主政权和实行土地革命等一系列正确原则,但对如何争取领导权、如何领导农民实行土地革命、如何建立党领导的革命武装等问题,没有提出有效的具体措施,也就难以承担起挽救革命的任务。

八七会议。1927 年 8 月 7 日,中共中央在湖北武汉秘密召开紧急会议(即八七会议)。会议总结了大革命失败的教训,确立了土地革命和武装斗争的总方针。明确土地革命是中国资产阶级民主革命的中心问题,现实的任务主要是用"平民式"的革命手段来解决土地问题,没收大中地主土地、公产的祠族庙宇等土地,分配给佃农或无地的农民,对小地主实行减租。提出党必须有系统、有计划、尽可能地在广大区域内准备农民的总暴动,将工人运动和农民武装暴动相结合,组织工农革命军队,建立工农革命政权。毛泽东第一次提出了"枪杆子里出政权"的重要论断。土地革命和武装反抗国民党反动派总方针的确立,给正处在思想混乱和组织被打散状态中的中国共产党指明了新的出路,为挽救党和革命作出了重大贡献。

中国共产党第六次全国代表大会。1928 年 6 月 18 日至 7 月 11 日,党的六大在莫斯科近郊举行。大会科学地分析了中国社会性质,指出当前中国的政治形势是处于两个革命高潮之间,党的总路线和首要任务是争取群众,把"左"倾作为主要危险来反对。大会通过党章修正案,详细规定民主集中制,并在党员管理制度和组织机构等方面作出新规定。党的六大确定的政策是党的工作方针的一次重要调整,在党内思想混乱情况下统一了全党思想,保证了中国革命走向恢复和发展。但党的六大仍把城市工作放在中心地位,没有认识到建立农村根据地在中国革命中的作用,从而影响了中国革命的顺利发展。

古田会议。1929 年 12 月 28 日至 29 日,红四军党的第九次代表大会(即古田会议)在福建上杭县古田村中的廖家祠堂召开。会议总结了党同各种错误思想斗争的经验,通过了毛泽东为大会起草的《中国共产党红军第四军第九次代表大会决议案》(即古田会议决议)。会议决议的中心思想是用无产阶级思想进行军队和党的建设,明确规定了红军的性质、宗旨和任务,着重强调加强党的思想建设和组织建设的重要性,强调坚持马克思列宁主义和民主集中制。古田会议决议是党和人民军队建设史上的纲领性文献,解决了如何在以农民和小资产阶级为主要成分的党组织中永远保持无产阶级先锋队性质的问题,初步回答了如何在农村游击战争环境中建立一支新型人民军队的问题,大大加快了人民军队建设的历史进程。

遵义会议。1935年1月15日至17日,中央政治局在长征途中召开扩大会议(即遵义会议),事实上确立了毛泽东同志在党中央和红军的领导地位,开始确立以毛泽东同志为主要代表的马克思主义正确路线在党中央的领导地位,开始形成以毛泽东同志为核心的党的第一代中央领导集体,开启了党独立自主解决中国革命实际问题的新阶段,在最危急关头挽救了党,挽救了红军,挽救了中国革命,并且在这以后使党能够战胜张国焘的分裂主义,胜利完成长征,打开中国革命新局面。这在党的历史上是一个生死攸关的转折点。

瓦窑堡会议。日本扩大对华北的侵略,中华民族陷入空前严重的民族危机。1935年12月17日至25日,刚刚结束长征到达陕北的中央红军在陕北安定县瓦窑堡召开中共中央政治局扩大会议。会议根据毛泽东关于军事战略问题的报告起草并通过了《中央关于目前政治形势与党的任务决议》,分析当前的形势特点,确定建立最广泛的抗日民族统一战线的策略。瓦窑堡会议是从第五次反"围剿"失败到全民族抗战兴起过程中召开的一次重要会议,是遵义会议的继续和发展,解决了遵义会议没有解决的党的政治路线问题,制定了抗日民族统一战线的策略,有力推动了全国抗日民主运动的发展。

中国共产党第七次全国代表大会。在遵义会议、党的六届六中全会后,党内存在的主观主义、教条主义错误未能从思想上进行认真清理,随后开展整风运动才得以解决这些问题。1945年4月23日至6月11日,党的七大在延安举行。大会把党长期以来的优良作风概括为理论与实践相结合的作风、和人民群众紧密联系在一起的作风、自我批评的作风三个方面,这是中国共产党区别于其他政党的显著标志。大会选举产生了新的中央委员会,使全党在组织上达到了空前的团结和统一。刘少奇在《关于修改党章的报告》中指出:"毛泽东思想,就是马克思列宁主义的理论与中国革命的实践之统一的思想,就是中国的共产主义,中国的马克思主义。"毛泽东思想被确立为党的指导思想并写入党章,是党的七大的历史性贡献。毛泽东思想是中国共产党集体智慧的结晶,以独创性理论丰富和发展了马克思主义,实现了马克思主义中国化的第一次历史性飞跃。

党的七届二中全会。1949年3月5日至13日,中共七届二中全会在河北省平山县西柏坡村举行。会议的主题是商讨制定夺取全国胜利和胜利后组建新中国的有关事项。明确党的工作重心由乡村转移到城市,努力学会管理城市和建设城市,把恢复和发展城市的生产作为城市工作的中心任务。强调加强党的思想建设,务必继续保持谦虚、谨慎、不骄、不躁的作风,务必继续保持艰苦奋斗的作风。这次全会实际上是一次为新中国奠基的党的重要会议,制定了一系列关于解放全中国,建立新中国的带有全局性、长期性的战略、方针和政策,为迅速夺取民主革命在全国的彻底胜利,实现由新民主主义向社会主义的转变,从政治上、思想上和理论上作了充分的准备与指导。

三、延安整风运动创造党的建设历史实践的典范

1941年5月,毛泽东在延安高级干部会议上作《改造我们的学习》的报告,要求党的高级干部学习和研究党的历史、总结历史经验,以求从政治路线上分清是非,达到认识基本一致,为全党开展整风作了准备。

1942年2月1日,毛泽东在延安中共中央党校开学典礼上作《整顿党的作风》的演说,提出"反对主观主义以整顿学风,反对宗派主义以整顿党风,反对党八股以整顿文风"的任务。1942年4月3日,中共中央宣传部发出《关于在延安讨论中央决定及毛泽东整顿三风报告的决定》,标志着延安整风运动开始。4月20日,毛泽东在中央学习组会议上作报告指出,"一定要整顿三风,来一个彻底的思想转变。这个转变已经准备很久了,从遵义会议以来就在准备",如果不进行这样的整风,"那就难以应付时局困难,打起仗来,把延安失掉,就要哇哇叫,鸡飞狗跳……将来的光明也就很难到来,即使到来,也掌握不了它"。[①] 延安整风运动因毛泽东提出以反对三风整顿党的作风而得名。

延安整风运动是把党的建设作为伟大工程开展的一次成功实践,在党的建设历史上具有标志性的意义。党中央评述认为:"整风是中国共产党建党的一个重要关键","是二十二年来我党历史中一个大的创造事件"。[②] 延安整风运动中,学风、党风、文风的建设是紧密联系在一起的,构成加强党的建设的总体要求。延安

---

① 《建党以来重要文献选编(一九二一——一九四九)》(第十九册),中央文献出版社2011年版,第233—234页。

② 《建党以来重要文献选编(一九二一——一九四九)》(第二十册),中央文献出版社2011年版,第274页。

整风运动以思想建设、组织建设和作风建设的系统格局,为党的建设科学化实践提供了成功的经验。从思想建设看,延安整风运动确立了党的实事求是思想路线。以反对主观主义整顿学风,坚持一切从实际出发,紧密地将马克思主义与中国国情相结合,形成党的思想建设根本准则。从组织建设看,延安整风运动纯洁了党的队伍,增强了党组织的先进性。以反对宗派主义整顿党风,巩固了党的团结统一,关于党支部成为领导群众斗争的核心、党员的质量重于数量、培养忠实于无产阶级事业忠实于党的干部等重要思想,奠定了加强党的组织建设的基本理论。从作风建设看,延安整风运动的成效体现在党的作风建设上,取得的标志性成果是提炼概括了党的三大优良作风。以反对党八股整顿文风,其意义不是简单解决写文章的风格问题,而是关乎党的工作作风重大问题。"以马克思列宁主义的理论思想武装起来的中国共产党,在中国人民中产生了新的工作作风,这主要的就是理论和实践相结合的作风,和人民群众紧密地联系在一起的作风以及自我批评的作风。"这三大优良作风成为党的作风建设的圭臬。

延安整风运动创造了党的建设典范。通过在党内进行一次普遍的、生动的、理论联系实际的、运用批评和自我批评方式的马克思主义教育活动,达到了党内思想上、组织上的高度团结统一。通过认真阅读文件、自我反省、总结经验的过程,达成了思想认识一致,增强了党性,改进了工作目标,创造了解决党内矛盾的新方法,纠正了以往发生"残酷斗争""无情打击"的错误。通过整风运动学习与教育,总结建党以来,特别是六届四中全会至遵义会议前这一段历史及基本经验教训,形成了《关于若干历史问题的决议》,确立毛泽东思想为党的指导思想,以毛泽东同志为核心的第一代党中央领导集体得以形成。整风运动既是一次全党范围内的马克思主义思想教育运动,也是伟大的思想解放运动,破除了党内把马克思主义教条化、把共产国际决议和苏联经验神圣化的错误倾向。整风运动坚持马克思主义同中国实际相结合的正确方向,以科学态度对待马克思主义,是无产阶级政党的建设成功实践和伟大创举。

四、党的建设取得的主要成绩

新民主主义革命时期,中国共产党着眼于完成反帝反封建的历史使命,坚持把马克思主义基本原理与中国实际相结合,探索了一条中国特色的革命道路,积累了在农村和革命战争环境下进行党的建设的经验,取得了多方面的成绩。

第一,加强了党的理论建设。把党的理论建设作为党的思想建设的根本,密切联系政治路线加强党的建设,这是毛泽东党建思想的一个重要特点。历史经验证明,党的政治路线、军事路线、组织路线是正确还是错误,取决于是否坚持马克思主义与中国实际相结合的理论指导。政治路线决定了革命事业的成败,决定了党的建设方向。不断提高马克思主义理论水平,为党制定并贯彻执行正确的路线方针政策提供了坚实的思想基础。

第二,明确了思想建党原则。强调共产党员不仅仅要从组织上入党,更重要的是真正掌握马克思主义理论,自觉地以无产阶级思想克服各种非无产阶级思想。当革命中心从城市转向农村的时候,党的建设也从城市转向农村,必须解决如何在农村革命根据地建党建军的问题。党中央提出思想建党原则,要求把思想建设放在首位,以党内教育为主要形式,强调思想上入党,教育非无产阶级出身的党员实现革命化。

第三,揭示了马克思主义中国化的任务。深刻认识马克思主义不是教条而是行动的指南,坚持把马克思主义基本原理同中国革命具体实际相结合,用活的而不是死的马克思主义加强党的建设,才能确保党的事业健康发展。马克思主义中国化的深刻理念,为推进党的建设科学发展提供了强大思想武器。

第四,提出了党的建设"伟大工程"重大论断。把党的建设视为一项"伟大工程",体现对加强共产党建设的深刻认识。这个重大论断表明,党的建设不是工作意义上的任务,而是像工程那样有着内在的结构和总体的布局,各个方面紧密联系,相辅相成。这在马克思主义建党思想上是独创性的论断,体现党的建设的系统性。党的建设"工程论"思维始终贯穿党的历史实践,党的建设在结构和布局不断完善中不断向前推进。

第五,淬炼了党的三大作风。毛泽东在党的七大政治报告《论联合政府》中,在总结党的历史实践基础上提炼了党的三大作风,揭示这三大作风是中国共产党区别于其他任何政党的显著标志。理论联系实践、和人民群众紧密联系在一起、批评与自我批评这三大优良作风确立起密切联系群众的群众路线,从根本工作路线上彰显了党的性质宗旨。

第六,确定了民主集中制组织原则。实行民主集中制原则,必须严格遵守党的纪律:个人服从组织,少数服从多数,下级服从上级,全党服从中央。否则党无法做到统一领导、统一指挥、统一行动。坚持民主集中制必须加强党委集体领导,反对个人专制独断。民主集中制原则为党的建设制度化奠定了基础。

第七,提出了"两个务必"思想。在党的七届二中全上,毛泽东在报告中要求全党务必继续地保持谦虚、谨慎、不骄、不躁的作风,继续地保持艰苦奋斗的作风,为党走好"赶考"之路提供了一帖清醒剂。党全面执政实践中始终牢记"两个务必"思想,对保持党的先进性和纯洁性具有重要意义。

第八,壮大了党的组织。新民主主义革命的胜利是无数先烈和全党同志长期牺牲奋斗的结果,长期的革命战争也锻炼并壮大了党组织。从成立初的50多名党员到新中国成立前的448.8万名党员、19.5万个基层党组织,党员数量取得巨大增长,党的组织体系建设日趋严密。中国共产党人以实际行动成为最有远见、最富于牺牲精神、最坚定,而又最能虚心体察民情并依靠群众的坚强革命者,从而赢得了广大中国人民的衷心拥护。

第二节 社会主义革命和建设时期党的建设

一、党的建设概述

新中国成立标志着中国共产党执掌全国政权,开始进行治国理政的崭新实践。党面临的主要任务是,实现从新民主主义到社会主义的转变,进行社会主义革命,推进社会主义建设,为实现中华民族伟大复兴奠定根本政治前提和制度基础。如何实现党对国家的正确领导,如何发挥党在社会中的作用,各项工作如何适应党的历史方位变化,如何在执政条件下加强自身建设等问题,成为这一时期党的建设核心问题。

新中国成立初期,在革命战争年代形成的艰苦奋斗作风和同人民群众的密切关系得到继续保持,党的领导在执政条件下不断巩固,成为各项工作取得顺利进展的重要保证。执政以后,党员对党的宗旨和党的权力认识会发生变化,会影响到对党的纪律的遵守。1949 年 11 月,中共中央政治局通过了《关于成立中央及各级党的纪律检查委员会的决定》,成立了专门负责监督执行情况的纪律检查委员会。为了巩固党群关系、监督干部谨慎行使权力、加强在执政环境下党的自身建设,1950 年 4 月,中共中央发出《关于在报纸刊物上展开批评和自我批评的决定》,要求"在一切公开的场合,在人民群众中,特别在报纸刊物上开展对我们工作中一切错误和缺点的批评与自我批评"。[①] 在党的工作重心从农村转移到城市后,党的建设也要适应城市工作需要。1950 年 5 月,中共中央发出《关于发展和巩固党的组织的指示》,提出要有步骤地吸收有觉悟的工人入党,采取谨慎发展党的组织方针,坚决阻止投机分子入党,妥善地清除投机分子出党。1950 年 6 月,党的七届三中全会上决定开展一次全党整风运动。

1951 年 3 月 28 日至 4 月 9 日,中共中央召开第一次全国组织工作会议。会议通过了《关于整顿党的基层组织的决议》,决定对全党的基层组织进行一次普遍的整顿,在全体党员中进行一次关于共产党员必须具备的八项条件的教育,特别是关于社会主义、共产主义的教育。《决议》指出:为了领导与团结全国人民完成新的历史任务,必须在对全体党员进行共产党员标准八项条件教育的基础上,对党的基层组织进行一次普遍的整顿,克服党在某种程度上的组织不纯与思想不纯现象。根据这个决议进行的整党运动从 1951 年下半年开始,分期分批进行,1952 年又结合"三反"运动进行,至 1954 年春基本结束。经过整顿,党的队伍建

---

① 《建国以来重要文献选编》(第一册),中央文献出版社 1992 年版,第 190 页。

设取得明显成效,组织结构和党员素质有了明显改善,思想建设和作风建设得到加强,更加密切了党和人民群众的联系,提高了党的威信。

1956 年 9 月,中国共产党第八次全国代表大会召开,对加强执政党建设问题进行了研究。会议正确分析国内外形势和国内主要矛盾的变化,明确提出了党和全国人民在新形势下的主要任务,保证全面建设社会主义的顺利进行。该年 10 月,国际共产主义运动中爆发"波匈事件",苏联采取干涉的处理方式,引起了中国共产党的高度警惕。从 1956 年 9 月到 1957 年 3 月,国内也发生了范围大小不一的数十起罢工、请愿事件。国内外各种现象表明,在党的工作重心转向经济文化建设的时候,努力教育党员干部从习惯于主要搞阶级斗争转向主要搞经济建设和学会正确处理人民内部矛盾,是非常重要的。1957 年 2 月,在国务会议第十一次(扩大)会议上,毛泽东作了《如何正确处理人民内部的矛盾》的报告,重点讨论人民内部矛盾的性质及其处理方式。毛泽东发表了一系列讲话,阐述了通过整风创造新局面的思想以及处理人民内部矛盾的一系列方针,把正确处理人民内部矛盾作为国家政治生活的主题,以解决党自身的思想作风问题为着眼点,深刻的思想丰富了执政党建设理论。由于"左"倾思想滋生,党内对国内外形势发生误判,导致在政治、经济和文化建设上发生失误,影响了党的建设健康发展,实践遭遇了曲折。

1976 年 10 月,党中央领导粉碎"四人帮",标志"文化大革命"的结束。但"左"倾错误思想的彻底纠正有一个过程。一段时间里,"两个凡是"(即"凡是毛主席作出的决策,我们都坚决维护,凡是毛主席的指示,我们都始终不渝地遵循")的观点成为政治上思想上拨乱反正的阻碍。1978 年 5 月,《光明日报》发表了《实践是检验真理的唯一标准》一文。该文引起强烈反响,全国开展了关于真理标准的大讨论。这场思想战线上的大讨论是一次思想解放运动,为党的十一届三中全会召开奠定了思想基础,促进了正确的思想路线、政治路线和组织路线重新确立。

二、开展整党整风运动

新中国成立初期,党中央就清醒地认识到,执政党地位容易在党内滋生脱离群众倾向，由此产生的危害比执政前还要严重。党的建设好不好，直接关系到新生政权的稳固性。当时党内面临的情况主要表现在：一是党员数量激增，但总体质量有所下降。从1949年310万人，到1950年6月发展到450万人，短时间里吸收了100多万党员。许多党员入党审查不严、手续不规范，一些党员入党动机不纯，缺乏必要的党员教育训练。二是对于革命胜利后新形势、新任务认识不足，对于未来斗争缺乏应有的准备，出现思想退化、纪律松弛现象。三是和平环境下部分党员出现骄傲自满、官僚主义、命令主义倾向，滋长各种不正之风。1950年5月，中央发布《关于在全党全军开展整风运动的指示》，重点是整顿干部作风，加强党群联系。主要通过自上而下地召开不同形式整风会议，学习毛泽东在中共七届三中全会上的报告和其他文件，结合当时任务，分析、检查工作，查找问题，制定改进办法。

当国家从革命时期进入社会主义建设时期，党面临的任务是调动一切积极力量，团结一切可能团结的人，为建设一个伟大的社会主义国家而奋斗。党的工作重心转移到城市以后，很多党员干部思想跟不上，对党的政策理解不深，习惯于用过去的方法对待新情况、新问题。进入城市以后，官僚主义开始蔓延，对工作不负责任，不关心群众疾苦，一般性号召多，深入细致的组织工作较少。中央决定开展一次整风运动，1951年3月，第一次全国组织工作会议决定以提高共产党员标准教育为基础，对党员进行审查和登记。

1957年4月，中共中央发布《关于整风运动的指示》，部署在党内开展一次既严肃认真又和风细雨的思想教育活动，发动群众向党提出批评建议，是发扬社会主义民主的正常步骤。整风运动中，查找工作中官僚主义、命令主义等问题，对暴露党内存在的问题具有积极意义。但在对一些错误观点进行批判时开展了反右派斗争，犯了严重扩大化的错误。

1963年至1966年，在部分农村和少数城市基层开展了社会主义教育运动，以"清政治、清经济、清组织、清思想"为主要任务。这次整风受日益增长的"左"倾错误思想影响，"虽然对于解决干部作风和经济管理等方面的问题起了一定的作用，但由于把这些不同性质的问题都认为是阶级斗争或者是阶级斗争在党内的反映，在一九六四年下半年使不少基层干部受到不应有的打击，在一九六五年初又错误地提出了运动的重点是整所谓'党内走资本主义道路的当权派'",①这就埋下了党的建设偏离正确轨道的隐患。1966 年至 1976 年发生的"文化大革命",不仅造成了国家和民族的劫难,而且对党的建设造成了极大的破坏,留下了深刻的教训。

三、党的八大与执政党建设

1956 年 9 月 15 日至 27 日,中国共产党召开第八次全国代表大会。这是党执政以来第一次全国党代会,大会认为社会主义改造基本完成以后,国内主要矛盾已经是人民对经济文化迅速发展的需要同当前经济文化不能满足人民需要的状况之间的矛盾。党和全国人民当前的主要任务是尽快把落后的农业国变为先进的工业国。② 这需要加强党对经济工作的领导。党的八大围绕着经济建设作出了一系列正确决策,对苏共二十大暴露出来的问题进行了深刻反省,提出了加强执政党思想上组织上的纯洁性建设、组织建设、党内民主建设等要求,保证了社会主义建设良好的开端。

首先,高度重视思想理论建设,保持执政党思想纯洁性。刘少奇在党的八大作的政治报告中指出,党的高级干部具有较高的马克思主义理论素养对保持马克思主义政党本色具有非常重要的作用。加强执政党思想理论建设,必须将党的干部尤其是高级干部系统学习马克思主义理论放在首位。重要的是掌握马克思主义理论精神实质,提高运用马克思主义基本原理分析解决实际问题的能力和水平。党的八大提出,党的建设基本任务就是提高全党马克思列宁主义水平,坚持理论联系实际、实事求是的原则,把马克思列宁主义普遍真理同中国革命具体实际密切结合,反对主观主义、官僚主义和宗派主义。刘少奇强调,广大党员特别是党的高级干部能否坚持用马克思列宁主义的立场、观点和方法总结经验,修正错误,是考验其马克思列宁主义觉悟水平高低的主要标志。

其次,加强党与人民群众的密切联系,保持执政党作风纯洁性。因为党处于执政地位,中国共产党人意识到党的自身建设必须更加严格地遵循权为民所用的

---

① 《三中全会以来重要文献选编》(下),人民出版社 1982 年版,第 807 页。
② 《建国以来重要文献选编》(第九册),中央文献出版社 1994 年版,第 341—342 页。

原则,探索怎样实现党对国家的领导、怎样更好为人民群众谋利益的新途径。邓小平在修改党章的报告中指出,作为执政党,脱离群众的危险,比以前大大增加了,而脱离群众对于人民可能产生的危害,也比以前大大地增加了。这需要执政党在建设中认真宣传和贯彻执行党的群众路线。共产党的先进性就表现在"它是人民群众的全心全意的服务者,它反映人民群众的利益和意志,并且努力帮助人民群众组织起来,为自己的利益和意志而斗争"。[①]

再次,加强民主集中制建设,巩固党的团结统一,维护党的组织纯洁性。党的八大报告指出,在党内仍有少数党组织负责人存在个人包办行为,以及会议过多、时间过长等现象,这是违背党的集体领导原则的。党中央强调要坚持党的集体领导原则,健全党的民主集中制,加强对党的组织和党员监督,发展党内民主,反对个人崇拜。党内监督要尊重党员权利,保障其向党组织提出建议的权利。巩固党的团结统一,这是党和全国人民共同利益所在。要加强党的思想和组织建设,要正确处理好党和国家机关之间的关系,要积极正确地开展党内斗争。为了提高党的战斗力,报告中提出了更高的党员标准,规定党员必须是从事劳动而不剥削他人劳动,要求党员划清劳动与剥削之间的界限,增加了党员维护党的团结、巩固党的统一和对党忠诚的义务,要求每个党员必须遵守党章和国家法律及共产主义道德,加强对每个党员的教育和管理。

四、党的建设经验教训

在执政条件下如何以恢复与发展生产为中心展开党的建设,是中国共产党人全新的课题。虽然经历了严重曲折,但仍取得了独创性理论成果和巨大成就。

从1956年9月党的八大到1966年5月"文化大革命"前的十年,在党的建设方面着重强调要坚持民主集中制和集体领导制度,反对个人崇拜,加强党内监督,发展党内民主,加强党和人民群众的联系。提出执政党要始终重视思想建设,确立正确的指导思想,采用正确的思想教育方法。在战场上没有取得胜利的帝国主义,试图利用另外一种方式来瓦解新生政权。毛泽东及时察觉到帝国主义"和平

[①]　《邓小平文选》(第一卷),人民出版社1994年版,第218页。

演变"的战略企图,号召共产党人要提高警惕,同潜在的危险作斗争。毛泽东对执政后可能出现的理想信念滑坡现象有着高度的警觉。他提出,共产党员必须坚持共产主义远大理想,务必继续保持谦虚、谨慎、不骄、不躁的作风,继续保持艰苦奋斗的作风;各级领导干部必须自觉地运用人民赋予的权力为人民服务,依靠人民群众行使这个权力,并接受人民群众的监督;必须以普通劳动者的姿态出现,平等待人;必须防止在党内、在干部队伍中形成特权阶层、贵族阶层,坚决反对党内和干部队伍中的腐败现象;必须切实解决"培养无产阶级革命事业的接班人"的问题。

党的建设的曲折经历留下了深刻的教训。执政党必须重视思想建设,必须始终坚持马克思主义的指导地位,科学地对待马克思主义,坚持正确的思想路线和正确的思想教育方法。执政党要加强党的组织建设,健全党的民主集中制和集体领导原则,禁止任何形式的个人崇拜。维护党的领袖人物的威信,同时保证他们的活动处于党和人民的监督之下,真正落实民主集中制的要求。密切党群之间的关系,深入群众,深入实际,克服官僚主义。要保持党和国家稳定的政治局面,防止任何形式的社会动乱。

以毛泽东同志为主要代表的中国共产党人所进行的探索,对在执政条件下建设什么样的党、怎样建设党的基本问题进行了艰辛探索,积累了重要经验。党在全国执政的时间不长,对于如何治国理政和全面建设社会主义缺乏足够的思想认识和经验。对于如何正确处理领袖和党的关系问题,如何防止党内发生个人专断和个人崇拜现象,如何在党内和国家政治生活中建立制度化、法律化的机制等问题的认识不足,导致"文化大革命"的发动。在经历了曲折磨难后,党和国家以崭新的姿态迎来了改革开放的创造性实践,把工作重点转移到社会主义现代化建设上来,把社会主义伟大事业继续推向新世纪。

第三节　改革开放和社会主义现代化建设新时期党的建设

一、党的建设概述

1978 年 12 月 18 日至 22 日,党的十一届三中全会在北京召开。党中央提出把工作重点转移到现代化建设上来,以经济建设为中心,实现由封闭半封闭到对外开放、由传统计划经济到社会主义市场经济的历史性转变。这一时期,国际形势风云变幻,一些大党老党纷纷垮台,尤其是苏联解体、东欧剧变,国际共产主义运动跌入低谷。中国共产党深刻总结国际共产主义运动经验教训,开始系统研究执政党建设问题。

思想上拨乱反正是党的十一届三中全会后首先进行的重要工作。1979 年 3 月,邓小平在党的理论工作务虚会议上发表《坚持四项基本原则》的讲话。他指出,在思想上政治上坚持社会主义道路、坚持无产阶级专政、坚持共产党的领导、坚持马克思列宁主义毛泽东思想,是"实现四个现代化的根本前提",是改革开放沿着正确的社会主义方向前进的保障。为了维护党规党法,切实搞好党风,党的十一届三中全会选举产生了中央纪律检查委员会。1980 年,党的十一届五中全会通过的《关于党内政治生活的若干准则》,总结了历史上党内政治生活的经验教训,把党章有关规定和原则具体化。1981 年 6 月,党的十一届六中全会通过了《关于建国以来党的若干历史问题的决议》,对新中国成立以来中国共产党的重大历史问题作出结论,统一全党和全国人民思想,团结一致向前看。

为了推动党和国家领导制度的改革,以坚持党的领导、改善党的领导、提高党的战斗力为主题推进党和国家领导制度的改革。1980 年 8 月 18 日,邓小平在《党和国家领导制度的改革》的讲话中指出,领导制度、组织制度问题,更带有根本性、全局性、稳定性和长期性。改革党和国家的领导制度,不是削弱党的领导,涣散党的纪律,而是坚持和加强党的领导和党的纪律。1982年2月,党中央作出《关于建立老干部退休制度的决定》,废除干部领导职务上存在的终身制,解决了特殊情况下干部队伍老化问题。

加强党的作风建设,严肃党的纪律,是改革开放初期党的建设重点。在1980年11月中央纪委召开的座谈会期间,陈云指出,"执政党的党风问题是有关党的生死存亡的问题",强调了加强党风建设的极端重要性。党的十二大、十三大围绕着建设中国特色社会主义,加强党的领导,不断加强党的组织建设、作风建设、纪律建设等。针对党内存在的党政职责不清、党委包办一切,以及效率不高、机构臃肿、人浮于事、作风拖拉等问题,在扩大基层民主权利、健全党规党法、整顿党的作风等方面,取得了积极的效果。

随着冷战时代的结束,世界向多极化趋势发展,国际形势总体趋缓,但社会主义在世界范围内的实践却陷入低潮,我国社会主义事业发展面临着巨大的挑战和压力。党的十三届四中全会以后,党中央下大力气聚精会神抓党的建设。在全党进行了"做合格共产党员"教育活动,开展全体党员重新登记工作。严格党员标准,培养吸收企业、农村生产一线的优秀分子入党,不断优化党员结构。

1992年1月至2月,邓小平先后到武昌、深圳、珠海、上海等地视察,发表了一系列重要谈话。邓小平指出,解决中国发展问题,必须坚持党的基本路线不动摇。关键是我们共产党内部要搞好,不出事。邓小平南方谈话之后,中国改革迈出了新步伐。同年10月召开的党的十四大提出要建立社会主义市场经济体制,加强党的建设。

以江泽民同志为主要代表的中国共产党人,带领全党坚持不懈抓党建,围绕在长期执政、改革开放和社会主义市场经济条件下建设一个什么样的党和怎样建设党这个根本问题,进行深入思考和积极探索。1994年9月,党的十四届四中全会作出《中共中央关于加强党的建设几个重大问题的决定》,把新时期党的建设作为"新的伟大工程",明确提出了党的建设总目标。党的十五大强调要按照党的建设新的伟大工程的总目标,不断提高领导水平和执政水平,不断增强拒腐防变的能力。2000年1月,江泽民在十五届中央纪委第四次全会上强调,治国必先治党,治党务必从严,提出了"提高领导水平和执政水平,增强拒腐防变和抵御风险的能力"两大历史性课题。1997年9月,党的十五大确立邓小平理论在全党的指导地位。2001 年 7 月,在庆祝中国共产党成立八十周年大会上的讲话中提出党要"始终成为中国工人阶级的先锋队,同时成为中国人民和中华民族的先锋队"的要求。

新世纪新阶段全面建设小康社会,对党的执政能力提出了新要求。2002 年 11 月,党的十六大强调必须"加强党的执政能力建设"。2004 年 9 月,党的十六届四中全会通过中共中央《关于加强党的执政能力建设的决定》,明确提出执政能力建设包括驾驭社会主义市场经济的能力、发展社会主义民主政治的能力、建设社会主义先进文化的能力、构建社会主义和谐社会的能力、应对国际局势和处理国际事务的能力等五个方面要求。强调紧紧围绕为谁执政、靠谁执政、怎样执政等问题,开展全面系统的研究,努力使党的执政方略更加完善、执政体制更加健全、执政方式更加科学、执政基础更加巩固。2009 年 9 月,党的十七届四中全会通过《关于加强和改进新形势下党的建设若干重大问题的决定》,提出了提高党的建设科学化水平这个重大命题和重大任务。此后,着力于科学理论、科学制度、科学方法构成了这一时期党的建设的主要内容。

党的十六大以后,围绕着加强党的执政能力建设和先进性建设这条主线,全面开展党的建设。2003 年 10 月,党的十六届三中全会提出建立健全与社会主义市场经济体制相适应,教育、制度、监督并重的惩治和预防腐败体系的目标。2007 年,党的十七大着眼于中国特色社会主义条件下执政党建设的本质要求,提出把党的执政能力建设和先进性建设作为主线,坚持党要管党、从严治党,全面贯彻为民、务实、清廉的要求,把党建设成为立党为公、执政为民,求真务实、改革创新,艰苦奋斗、清正廉洁,富有活力、团结和谐的马克思主义执政党。

二、党的建设实践中的重要会议

中央工作会议。1978 年 11 月 10 日至 12 月 15 日,中共中央工作会议在北京召开,参加会议的有各省、市、自治区和各大军区负责人等共 212 人,华国锋主持开幕式。会议原定议题是:一、讨论《关于加快农业发展速度的决定》和《农村人民公社工作条例(试行草案)》;二、讨论 1979 年和 1980 年的国民经济计划安排;三、讨论李先念在国务院务虚会上的讲话。会议的中心思想是把全党工作重点转移到社会主义现代化建设上来。但在分组讨论时，会议议题被突破，陈云等老一辈革命家提出要解决历史遗留问题，如"二月逆流"等。11 月 25 日，中央工作会议召开第三次全体会议，华国锋代表中央政治局向会议宣布对"文化大革命"前和"文化大革命"中遗留的重大政治事件和一些重要领导人平反的决定。会议还对"两个凡是"和"实践是检验真理的唯一标准"问题作出了定论。12 月 13 日，邓小平在中央工作会议闭幕式上作了题为《解放思想，实事求是，团结一致向前看》的重要讲话。他指出，解放思想是当前一个重大的政治问题。民主是解放思想的必要条件。处理历史遗留问题是为了顺利实现全党工作重心的转变，是为了向前看。要善于学习，要研究新问题。这次会议经过长达三十多天讨论统一了思想，为即将召开的中共十一届三中全会奠定了思想基础。

党的十一届三中全会。1978 年 12 月 18 至 22 日，中国共产党第十一届中央委员会第三次全体会议在北京举行。出席会议的中央委员有 169 人，候补中央委员有 112 人。全会冲破长期"左"倾错误思想的束缚，彻底否定"两个凡是"的错误方针，高度评价关于真理标准的讨论，重新确立了党的实事求是的思想路线。全会停止使用"以阶级斗争为纲"的口号，决定将全党的工作重点和全国人民的注意力转移到社会主义现代化建设上，提出了改革开放的任务，发扬经济民主，肯定权力下放原则，大力精简各级经济行政机构，按经济规律办事，重视价值规律的作用。全会强调要充分发扬民主，健全党的民主集中制，健全党规党法，正确评价毛泽东的历史地位和毛泽东思想的科学体系。全会增选了中央领导机构成员，邓小平实际上成为党的中央领导集体的核心。在邓小平的领导和其他老一辈革命家的支持下，党的十一届三中全会作出了一系列变革举措，党的思想、政治、组织等领域的拨乱反正从此全面展开，伟大的社会主义改革开放事业从此拉开序幕，党领导全国各族人民在新的历史方位下开始了新的伟大社会革命。

党的十一届六中全会。1981 年 6 月 27 日至 29 日，中国共产党第十一届中央委员会第六次全体会议在北京举行。出席会议的中央委员有 195 人，候补中央委员有 114 人，列席的有 53 人。这次会议最重要的贡献就是审议通过了《关于建国以来党的若干历史问题的决议》。《决议》运用马克思主义的辩证唯物论和历史唯物论，彻底否定了"文化大革命"和"无产阶级专政下继续革命"的理论，对新中国成立三十二年来一些重大历史事件作出了正确的总结，科学地分析了在这些事件中党的指导思想的正确和错误,分析了产生错误的主观因素和社会原因,实事求是地评价了毛泽东同志在中国革命中的历史地位,充分论述了毛泽东思想作为我们党的指导思想的伟大意义。《决议》的通过标志着党在指导思想上拨乱反正历史任务的完成。

中国共产党第十二次全国代表大会。1982 年 9 月 1 日至 11 日,中国共产党第十二次全国代表大会在北京召开,参加这次大会的正式代表有 1 600 人(出席开幕式 1545 人),候补代表有 160 人(出席开幕式 145 人),代表着全国 3 965 万党员。邓小平致开幕词,胡耀邦代表第十一届中央委员会作题为《全面开创社会主义现代化建设的新局面》的报告。这次会议的主要议程是:审议第十一届中央委员会的报告,确定党为开创社会主义现代化建设新局面而奋斗的纲领;审议和通过新的《中国共产党章程》;按照新党章的规定,选举新一届中央委员会、中央顾问委员会和中央纪律检查委员会。邓小平在开幕词中明确提出"建设有中国特色的社会主义"的重大命题,这次大会的使命是通过对过去六年历史性胜利的总结,为进一步肃清"文化大革命"遗留的消极影响,全面开创社会主义现代化建设新局面,确定继续前进的正确道路、战略步骤和方针政策。党的十二大是进入新时期后党召开的第一次全国代表大会,自这次大会起,按照党章规定,党的全国代表大会每五年召开一次,实现了制度化。党的十二大召开和制定的新的奋斗纲领,标志着拨乱反正任务的基本结束和全面开创社会主义现代化建设新局面的开始。

党的十二届二中全会。1983 年 10 月 11 日至 12 日,中国共产党第十二届中央委员会第二次全体会议在北京举行,会议专题研究整党问题,一致通过了《中共中央关于整党的决定》。《决定》的主体内容包含三个方面:第一,关于整党的任务。明确此次整党的任务是统一思想、整顿作风、加强纪律、纯洁组织。第二,关于整党的步骤和基本方法。步骤是从中央到基层组织,自上而下、分期分批地整顿。第三,关于整党中的组织处理和党员登记。对于党员的组织处理,一般要放在整党后期进行,坚持实事求是的原则,严格遵守党章规定的程序,不要事先定比例、定数字。《中共中央关于整党的决定》提出的思想,是对我们党的历史上历次正确整党运动的继承与发展,关于整党的一系列要求所蕴含的理论创新和制度创新精神,推动了党的建设方式由"运动建党"向"制度建党"转型,在党的制度建设史上具有举足轻重的地位。在这次会议上,邓小平还提出加强思想战线工作的问题,会议决定中央召开专门会议讨论此问题,并作出相关决定。

中国共产党第十三次全国代表大会。1987年10月25日至11月1日,中国共产党第十三次全国代表大会在北京举行,参加这次大会的正式代表有1 936人,特邀代表有61人(出席大会开幕式的共1 953人),代表着全国4 600多万名党员。大会审议通过了《沿着有中国特色的社会主义道路前进》的报告和《中国共产党章程部分条文修正案》,批准了中央顾问委员会和中央纪律检查委员会的工作报告。党的十三大的中心任务是坚持和发展党的十一届三中全会以来的路线,加快和深化改革,进一步确定经济建设、经济体制改革和政治体制改革的大政方针,确定在改革开放中加强党的建设的基本方针。这次大会突出的贡献在于系统阐述了社会主义初级阶段的理论,明确概括了党在社会主义初级阶段的基本路线,提出了我国实现现代化的"三步走"发展战略,提出了社会主义有计划的商品经济体制的重大理论,设立了政治体制改革的近期和长期目标。党的十三大给全党以坚定的信心,相信建设有中国特色的社会主义的道路必将越走越宽广。党的十三大以后,邓小平不再担任中央政治局常委职务,他作为中国改革开放和社会主义现代化事业的总设计师,仍以高度的使命担当关注着改革开放和现代化事业,在党领导的中国特色社会主义伟大事业中继续发挥重要作用。

中国共产党第十四次全国代表大会。1992年10月12日至18日,党的十四大在北京召开,系统总结了十多年改革开放和经济建设的实践经验。江泽民作了《加快改革开放和现代化建设步伐,夺取有中国特色社会主义事业的更大胜利》的报告,高度赞扬了邓小平同志对建设有中国特色社会主义理论的创立作出的重大贡献;全面阐述了建设有中国特色的社会主义理论的主要内容,指出推进有中国特色的社会主义,最根本的是坚持党的基本路线,加快改革开放,集中精力把经济建设搞上去;确立了社会主义市场经济的体制目标,要正确认识和处理计划与市场的关系,进一步解放、发展生产力。大会通过了关于《中国共产党章程》(修改)的决议,将建设有中国特色社会主义理论和党在社会主义初级阶段的基本理论写入党章。

党的十四届四中全会。1994年9月25日至28日,中国共产党第十四届中央委员会第四次全体会议在北京举行,会议集中讨论了党的建设问题。大会通过了《中共中央关于加强党的建设几个重大问题的决定》。《决定》指出,党的建设新的伟大工程的总目标和总任务是"把党建设成为用建设有中国特色社会主义理论武装起来、全心全意为人民服务、思想上政治上组织上完全巩固、能够经受住各种风险、始终走在时代前列的马克思主义政党"。《决定》要求在继续贯彻落实中央关于思想建设和作风建设部署的同时,着重解决好党的组织建设这个中心环节,特别是要解决好三个问题:坚持和健全民主集中制,特别要注重制度建设;加强和改进党的基层组织建设;培养和锻炼数以万计的党的中高级领导干部,特别是培养和选拔大批德才兼备的年轻干部,从而形成了新形势下加强党的建设的整体部署。党的十四届四中全会以后,党的建设新的伟大工程得到进一步推进。

中国共产党第十五次全国代表大会。1997 年 9 月 12 日至 18 日,党的十五大在北京召开,着重阐述了邓小平理论的历史地位和指导意义。江泽民作题为《高举邓小平理论伟大旗帜 把建设有中国特色社会主义事业全面推向二十一世纪》的报告,建议在党章中把邓小平理论确立为党的指导思想,中国共产党要以马克思列宁主义、毛泽东思想、邓小平理论作为自己的行动指南。同时,党的十五大进一步深化了社会主义初级阶段这一理论命题,江泽民指出,初级阶段就是不发达阶段,在这个阶段,集中力量发展生产力是首位,改革是推动建设中国特色社会主义事业的动力,要正确处理改革、发展、稳定的关系。大会报告还提出了党在社会主义初级阶段的基本纲领,即建设有中国特色社会主义的经济、政治、文化的基本目标和基本政策。经济方面,坚持和完善社会主义公有制为主体,多种所有制经济共同发展的基本经济制度;政治方面,在中国共产党领导下,在人民当家作主的基础上,依法治国,发展社会主义民主政治;文化方面,以马克思主义为指导,以培育有理想、有道德、有文化、有纪律的公民为目标,发展面向现代化、面向世界、面向未来的,民族的、科学的、大众的社会主义文化。

中国共产党第十六次全国代表大会。2002 年 11 月 8 日至 14 日,党的十六大在北京召开,江泽民作了《全面建设小康社会 开创中国特色社会主义事业新局面》的报告,总结了党的十三届四中全会以来的奋斗历程和基本经验,科学阐述了"三个代表"重要思想,论述了党在新世纪新阶段全面建设小康社会的奋斗目标。大会通过了《中国共产党章程(修正案)》,明确规定了党的性质,中国共产党是中国工人阶级的先锋队,同时是中国人民和中华民族的先锋队,是中国特色社会主义事业的领导核心,代表中国先进生产力的发展要求,代表中国先进文化的前进方向,代表中国最广大人民的根本利益,党的最高理想与最终目的是实现共产主义;明确规定了中国共产党以马列主义、毛泽东思想、邓小平理论和"三个代表"重要思想作为指导思想;将全面建设小康社会的奋斗目标写入党章,即在本世纪头二十年,集中力量,全面建设惠及十几亿人口的更高水平的小康社会,在 2021 年,中国共产党成立 100 周年之际,我国已经全面建成小康社会。

党的十六届四中全会。2004 年 9 月 16 日至 19 日,中国共产党第十六届中央委员会第四次全体会议在北京举行,表决通过了《中共中央关于加强党的执政能力建设的决定》。《决定》明确指出执政能力建设的几个重要方面:坚持党的指导思想、保持党同人民群众的血肉联系、建设高素质干部队伍、改革和完善党的领导体制和工作机制、加强党的基层组织和党员队伍建设。《决定》第一次明确提出党要重点加强五个方面的能力建设,即驾驭社会主义市场经济的能力、发展社会主义民主政治的能力、建设社会主义先进文化的能力、构建社会主义和谐社会的能力、应对国际局势和处理国际事务的能力;第一次把科学执政、民主执政、依法执政作为执政党建设的目标之一。《决定》是中国共产党历史上第一份关于加强党的执政能力建设的纲领性文件,是中国共产党更加成熟、自信、坚强的重要标志,党的十六届四中全会结束后,党中央提出了一系列改革领导方式和执政方式的重大举措,促进了中国共产党的自我革命。

中国共产党第十七次全国代表大会。2007 年 10 月 15 日至 21 日,党的第十七次代表大会在北京召开,胡锦涛作了《高举中国特色社会主义伟大旗帜 为夺取全面建设小康社会新胜利而奋斗》的报告。在报告中,胡锦涛对改革开放的伟大历史进程进行了回顾和总结,系统阐述了科学发展观,对继续推进改革开放和社会主义现代化建设、实现全面建设小康社会的宏伟目标作出了全面部署,对以改革创新精神全面推进党的建设新的伟大工程提出了明确要求。依据时代发展,大会修改了《中国共产党章程》,增加了论述中国特色社会主义道路和中国特色社会主义理论体系的重要内容,增写了论述科学发展观、论述中国特色社会主义事业总体布局和论述构建社会主义和谐社会等重要内容。

党的十七届四中全会。2009 年 9 月 15 日至 18 日,中国共产党第十七届中央委员会第四次全体会议在北京举行,大会审议通过了《中共中央关于加强和改进新形势下党的建设若干重大问题的决定》,深刻总结了加强党的自身建设的基本经验，即坚持把思想理论建设放在首位，提高全党马克思主义水平；坚持把推进党的建设伟大工程同推进党领导的伟大事业紧密结合起来，保证党始终成为社会主义事业的坚强领导核心；坚持以执政能力建设和先进性建设为主线，保证党始终走在时代前列；坚持立党为公、执政为民，保持党同人民群众的血肉联系；坚持改革创新，增强党的生机活力；坚持党要管党、从严治党，提高管党治党水平。提出新形势下加强党的建设的历史任务，将建设马克思主义学习型政党作为全党的战略任务，党员干部要起模范带头作用，带动广大党员学习。坚持和健全民主集中制，积极发展党内民主，深化干部人事制度改革，做好基层打基础工作，保持党同人民群众血肉联系，深入开展反腐败斗争，形成执政党建设的科学布局。

三、党内集中教育活动的开展

党历经革命、建设和改革，已经从领导人民为争夺全国政权而奋斗的党，成为领导人民掌握全国政权并长期执政的党；已经从受到外部封锁和实行计划经济条件下领导国家建设的党，成为对外开放和发展社会主义市场经济条件下领导国家建设的党。为了克服党内存在的思想僵化、纪律松弛、组织涣散等现象，党中央先后开展了新时期的整党、"三讲"教育、"三个代表"重要思想学习教育等保持党的先进性等系列教育活动，促进了改革开放和现代化建设事业在经受风险挑战之后继续前进，把中国特色社会主义推进到新的发展阶段。

党的十二大报告指出："我们要通过整党，使党内政治生活进一步正常化，切实纠正不正之风，大大加强党同群众的密切联系。这样，我们就一定能够实现党风的根本好转。"①党的十二届二中全会通过《中央中央关于整党的决定》，提出从1983年10月到1987年5月，全党分期分批开展以统一思想、整顿作风、加强纪律、纯洁组织为基本任务的全面整党。全面整党，对解决"文化大革命"遗留下来的党内思想、作风、组织不纯洁和纪律松弛等问题发挥了重要作用。通过整党，全党从高级干部到广大党员澄清了一些模糊认识，明确了改革开放的必要性，提高了贯彻落实党的方针政策的自觉性；通过整党，纯洁了党的队伍，达到了党内的团

---

① 《十二大以来重要文献选编》（上），人民出版社1986年版，第57页。

结统一；通过普遍的党性、理想、宗旨教育，提高了马克思主义理论修养，增强了抵制资本主义、封建主义思想侵蚀的能力。整党之后，党群关系得到了改善，党的作风有了根本性的好转，党的纪律建设、组织纯洁方面也取得了显著效果。

1995年11月，江泽民在北京考察工作时，向各级领导干部提出了"讲学习、讲政治、讲正气"的要求。讲学习、讲政治、讲正气，三者是紧密相连、相互统一的，核心是讲政治，讲政治必须坚持学习，必须体现在讲正气上。1998年11月到2000年底，中央决定在全党领导班子和领导干部中分期分批开展以讲学习、讲政治、讲正气为主要内容的党性党风教育。"三讲"教育是新的历史条件下加强党的建设特别是领导班子建设、领导干部思想政治建设的一次重要实践，是延安整风精神和党的"三大作风"在新时期的丰富和发展。"三讲"教育活动找准了党的建设存在的党性不足、作风不正等主要问题，推进了党的作风建设发展。通过"三讲"教育，广大党员普遍受到了一次深刻的马克思主义教育，经受了一次党内政治生活的严格锻炼。

2000年11月30日，中共中央办公厅制定了《关于在农村开展"三个代表"重要思想学习教育活动的意见》，要求全党用两年左右时间开展"三个代表"重要思想学习教育活动。教育活动旨在通过学习党的建设创新成果，推动农村基层干部改变思想作风和工作作风，推动农村经济发展和农民生活改善，加强和改进党对农村工作的领导，推动农业和农村经济结构战略性调整，促进农村经济发展和生活全面进步。

2002年，党的十六大作出在全党开展保持共产党员先进性教育活动的部署。2004年11月7日，中共中央下发《关于在全党开展以实践"三个代表"重要思想为主要内容的保持共产党员先进性教育活动的意见》，决定从2005年1月开始，用一年半左右时间分三批开展。这次教育活动是建党以来一次规模巨大的马克思主义集中教育活动。通过学习教育活动，广大党员受到了一次深刻的理想信念教育，先锋模范作用进一步发挥，基层党组织创造力、凝聚力、战斗力进一步增强，党组织和党员服务群众的行动更加自觉，党群关系更加密切。

党的十七大部署全党开展深入学习实践科学发展观活动，中共中央政治局会议决定从2008年9月开始，开展为期一年半左右时间的学习实践活动。这是深入推进改革开放、推动经济社会又好又快发展、促进社会和谐稳定的迫切需要，是提高党的执政能力、保持和发展党的先进性的必然要求。2010 年 4 月,中共中央办公厅转发中央组织部、中央宣传部《关于在党的基层组织和党员中深入开展创先争优活动的意见》,要求围绕科学发展和加快转变经济发展方式,为实现"十二五"规划目标任务提供组织保障。

四、新时期党的建设新的伟大工程开创新格局

随着改革开放深入推进和社会发生深刻变化,党的自身建设面临一系列新问题。党在波澜壮阔的改革开放征途上,解放思想,实事求是,坚持理论创新与实践创新,不断开辟中国特色社会主义道路,开创中国特色社会主义事业新局面,党的建设新的伟大工程取得重大成绩和显著进步。坚持以加强党的执政能力建设和先进性建设为主线,确保党始终走在时代前列,塑造了党领导改革开放创新发展的新形象。

持续推进党的建设新的伟大工程,为新的历史条件下加强和改进党的建设增强动力。贯穿改革开放和现代化建设新时期党的建设的一个鲜明特点,就是推进中国特色社会主义伟大事业和党的建设新的伟大工程紧密结合,彼此依托,相互促进。1994 年 9 月,党的十四届四中全会通过《关于加强党的建设几个重大问题的决定》,以"新的伟大工程"要求确定了党的建设的总目标。党的十七大进一步提出要以改革创新精神全面推进党的建设新的伟大工程。把党的执政能力建设和先进性建设作为主线,推进新时期党的建设创新发展,为改革开放和现代化建设提供根本保证。

加强党的作风建设,重塑新时期党的形象。党的作风状况,是群众评价党的形象的一个重要指标。改革开放以来,党领导国家发展和社会进步的功绩光辉卓越,但人民群众的满意度却并不高,"端起饭碗吃肉,放下筷子骂娘"的现象值得反思。国家发展和社会进步的成就感与群众对执政党的认同度不相匹配,群众在生活水平大幅度提高的同时,对党内存在的不正之风反映强烈。在推进改革开放和现代化建设的深入发展过程中,党中央始终保持清醒的忧患意识,以世界上大党老党丧失执政地位为训诫,反复强调必须警惕垮台亡党的危险。邓小平理论、"三个代表"重要思想、科学发展观的贯彻落实,使干部工作作风得到了改善,加强了

党与人民的血肉关系,重塑了党的形象。

提出党要管党、从严治党,开创了改革开放和社会主义市场经济条件下党的建设新局面。管党治党严不严,既关系到革命、建设和改革事业的成败,也决定着马克思主义政党先进性和纯洁性的程度。世界上许多大党老党执政失败教训的警示,以及中国发展和党的现状存在问题的挑战,不断加大经受执政考验、改革开放考验、市场经济考验、外部环境考验的压力,不断敲响战胜精神懈怠危险、能力不足危险、脱离群众危险、消极腐败危险的警钟。党中央坚持从严治党,对各级党政领导干部廉洁自律情况的监督检查、集中力量查办大案要案、狠刹群众反映强烈的不正之风等三项反腐败工作格局的形成,体现了管党治党的行动自觉。

巩固和扩大了党的执政基础。随着改革开放和现代化建设的不断推进,我国经济生活和社会关系发生了巨大的变化,社会经济成分、组织形式、就业方式、利益关系和分配方式日益多样化,出现了许多新的社会阶层和新经济组织、新社会组织。为了适应新情况,党中央及时提出"增强党的阶级基础、扩大党的群众基础"的要求,加快在新经济组织、新社会组织中建立党组织,不断扩大党的工作覆盖面。党中央要求必须始终坚持党的工人阶级先锋队性质,始终保持党的先进性,同时要根据经济发展和社会进步的实际,不断增强党的阶级基础和扩大党的群众基础,不断提高党的社会影响力。党员队伍持续发展壮大,结构不断优化,吸收了大量的工人、农民、知识分子和其他社会阶层中的大批优秀分子入党,中国的先进分子绝大多数聚集在党内;党的基层组织覆盖面不断扩大,凝聚力、创造力和战斗力不断增强,党执政的组织基础更加巩固,成功地把党的建设新的伟大工程推进到二十一世纪。

第四节　中国特色社会主义新时代党的建设

一、党的建设概述

党的十八大以来,中国特色社会主义进入新时代。党面临的主要任务是,实现第一个百年奋斗目标,开启实现第二个百年奋斗目标新征程,朝着实现中华民族伟大复兴的宏伟目标继续前进。以习近平同志为核心的党中央传递党的事业接力棒,以伟大的历史主动精神、巨大的政治勇气、强烈的责任担当,统筹国内国际两个大局,贯彻党的基本理论、基本路线、基本方略,统揽伟大斗争、伟大工程、伟大事业、伟大梦想,推动党和国家事业取得历史性成就、发生历史性变革,新时代党的建设新的伟大工程创造全新的发展格局。

党的十九大强调,要以改革创新精神全面推进党的建设新的伟大工程,全面提高党的建设科学化水平。大会提出了新时代党的建设总要求。新时代党的建设需要正确的目标指引,用理想信念和共同理想来凝心聚力。2012 年 11 月 29日,习近平在参观《复兴之路》展览时提出并阐述实现中华民族伟大复兴的中国梦,接过了中华民族复兴的"接力棒"。中国梦的核心是中华民族复兴,本质内涵是国家富强、民族振兴、人民幸福。中国梦是凝聚中华民族的力量、激励中华儿女团结奋进的精神旗帜。

2012 年 12 月 4 日,中央政治局会议决定从作风建设入手加强党的建设。会议审议通过中央政治局关于改进工作作风、密切联系群众的八项规定。从落实八项规定破题,坚持以上率下,推动作风建设不断走向深入。2013 年 5 月 9 日,中共中央发布《关于在全党深入开展党的群众路线教育实践活动的意见》。坚持围绕中心、服务大局,把作风建设放在突出位置,以作风建设新成效凝聚起推动经济社会发展的强大力量。围绕着作风建设,在党内陆续开展了"三严三实"专题教育、"两学一做"学习教育活动,把党内教育从"关键少数"向广大党员扩展,从集中性教育向经常性教育延伸,带动了全党全社会风气整体转变,为深入推进全面从严治党凝聚了党心民心。

2013 年 11 月,党的十八届三中全会对全面深化改革进行了系统部署,明确了当前及今后一个时期的改革方向、目标和任务。2014 年 10 月,党的十八届四中全会通过了关于全面推进依法治国若干重大问题的决定,对法治中国建设进行战略部署。12 月,习近平在江苏调研时,首次提出协调推进全面建成小康社会、全面深化改革、全面依法治国、全面从严治党。2015 年 2 月,明确将"四个全面"定位为"战略布局"。"四个全面"相辅相成、互相促进,是战略目标和战略举措相统一的有机整体。提出协调推进"四个全面"战略布局与党的十八大提出的统筹推进"五位一体"总体布局,标志着党对中国特色社会主义建设规律的把握达到了新的高度。2016 年 10 月,党的十八届六中全会明确习近平总书记党中央的核心、全党的核心地位。

2017 年 10 月,党的十九大报告指出,为中国人民谋幸福、为中华民族谋复兴是中国共产党人的初心和使命,是激励中国共产党人不断前进的根本动力。要实现伟大梦想,必须进行伟大斗争、建设伟大工程、推进伟大事业。"四个伟大"紧密联系、相互贯通、相互作用,其中起决定性作用的是党的建设新的伟大工程。[①] 党的十九大正确地认识党和人民事业所处的历史方位和发展阶段,明确了阶段性工作任务,对新时代党的建设提出了总要求。党的十九大确立了习近平新时代中国特色社会主义思想为党的指导思想,把习近平总书记党中央核心、全党核心地位写入党章,实现了党的指导思想与时俱进,推进了新时代党的建设新的伟大工程的深入展开。

2019 年 5 月,根据党的十九大部署,以县处级以上领导干部为重点,在全党开展"不忘初心、牢记使命"主题教育。2021 年 7 月,举行建党百年庆祝大会。习近平在庆祝大会讲话中宣布,全面建成小康社会的第一个百年奋斗目标已经实现。讲话总结了百年党的建设中形成的坚持真理、坚守理想,践行初心、担当使命,不怕牺牲、英勇斗争,对党忠诚、不负人民的伟大建党精神。2021 年 11 月,党的十九届六中全会通过《中共中央关于党的百年奋斗重大成就和历史经验的决

---

① 《十九大以来重要文献选编》(上),中央文献出版社 2019 年版,第 12 页。

议》，以不同历史阶段执行和完成党的主要任务、党的建设实践和理论创新为线索，全面总结了党的百年奋斗取得的重大成就、历史意义和历史经验，强调全党必须牢记党是什么、要干什么这个根本问题，在新时代新征程上展现新气象新作为。

2022 年 10 月，中国共产党第二十次全国代表大会在北京胜利召开，对推进新时代党的建设作出了具体部署，提出了保持解决大党独有难题的清醒和坚定的重要任务。习近平指出："全党同志务必不忘初心、牢记使命，务必谦虚谨慎、艰苦奋斗，务必敢于斗争、善于斗争，坚定历史自信，增强历史主动，谱写新时代中国特色社会主义更加绚丽的华章。"①党的二十大报告对全面从严治党作出战略部署，凸显出共产党人言必信、行必果，加强自身建设、推进自身革命的决心。

二、党的建设实践中的重要会议

中国共产党第十八次全国代表大会。2012 年 11 月 8 日至 14 日，党的十八大在北京隆重召开。党的十八大是在我国进入全面建成小康社会决定性阶段召开的一次十分重要的大会，对全面建成小康社会作出科学谋划，对夺取中国特色社会主义新胜利作出全面部署。大会的主题是：高举中国特色社会主义伟大旗帜，以邓小平理论、"三个代表"重要思想、科学发展观为指导，解放思想，改革开放，凝聚力量，攻坚克难，坚定不移沿着中国特色社会主义道路前进，为全面建成小康社会而奋斗。大会把科学发展观同马克思列宁主义、毛泽东思想、邓小平理论、"三个代表"重要思想一道确立为党的行动指南，大会贯穿始终的一条主线就是坚持和发展中国特色社会主义，阐明了中国特色社会主义道路、中国特色社会主义理论体系、中国特色社会主义制度的科学内涵及其相互联系，强调这是党领导人民在建设社会主义长期实践中形成的最鲜明特色。党的十八大开启了坚持和发展中国特色社会主义的新征程，开创了中国特色社会主义新时代。

党的十八届三中全会。2013 年 11 月 9 日至 12 日，中国共产党第十八届中央委员会第三次全体会议在北京隆重召开，主要议程是中共中央政治局向中央委员

---

① 习近平：《习近平著作选读》（第一卷），人民出版社 2023 年版，第 1—2 页。

会报告工作,研究全面深化改革重大问题。会议通过了《中共中央关于全面深化改革若干重大问题的决定》。全会在一些基本制度和理论问题上取得了新的突破,如首次定义市场在资源配置中的"决定性作用";更加明确强调了公有制经济和非公有制经济的同等重要性;提出了"完善产权保护制度",特别提出了"赋予农民更多财产权利";提出了"坚持和完善中国特色社会主义制度,推进国家治理体系与治理能力现代化";建立全国和地方资产负债表制度、自然资源资产负债表制度、股票发行注册制度、权力清单制度、官邸制、涉法涉诉信访依法终结制度等。这些重大突破,巩固和发展了社会主义制度,丰富和完善了中国特色社会主义理论,对个人、社会、国家和世界都会产生深远的影响。

党的十八届六中全会。2016 年 10 月 24 日至 27 日,中国共产党第十八届中央委员会第六次全体会议在北京召开。全会听取和讨论了习近平受中央政治局委托作的工作报告,审议通过了《关于新形势下党内政治生活的若干准则》和《中国共产党党内监督条例》,审议通过了《关于召开党的第十九次全国代表大会的决议》。习近平就《准则(讨论稿)》和《条例(讨论稿)》向全会作了说明。这次会议高度评价全面从严治党取得的成就,认为党的十八大以来,以习近平同志为核心的党中央身体力行、率先垂范,坚定推进全面从严治党,坚持思想建党和制度治党紧密结合,集中整饬党风,严厉惩治腐败,净化党内政治生态,党内政治生活展现新气象,赢得了党心民心,为开创党和国家事业新局面提供了重要保证。

中国共产党第十九次全国代表大会。2017 年 10 月 18 日至 24 日,党的十九大在北京召开。这次大会的主题是:不忘初心,牢记使命,高举中国特色社会主义伟大旗帜,决胜全面建成小康社会,夺取新时代中国特色社会主义伟大胜利,为实现中华民族伟大复兴的中国梦不懈奋斗。党的十九大是在全面建成小康社会决胜阶段、中国特色社会主义发展关键时期召开的一次十分重要的大会,承担着谋划决胜全面建成小康社会、深入推进社会主义现代化建设的重大任务,事关党和国家事业继往开来,事关中国特色社会主义前途命运,事关最广大人民根本利益。

党的十九届四中全会。2019 年 10 月 28 日至 31 日,中国共产党第十九届中央委员会第四次全体会议在北京召开。全会听取和讨论了习近平受中央政治局委托作的工作报告,审议通过了《中共中央关于坚持和完善中国特色社会主义制度、推进国家治理体系和治理能力现代化若干重大问题的决定》。习近平就《决定

（讨论稿）》向全会作了说明。全会提出，坚持和完善党的领导制度体系，提高党科学执政、民主执政、依法执政水平。必须坚持党政军民学、东西南北中，党是领导一切的，坚决维护党中央权威，健全总揽全局、协调各方的党的领导制度体系，把党的领导落实到国家治理各领域各方面各环节。要建立不忘初心、牢记使命的制度，完善坚定维护党中央权威和集中统一领导的各项制度，健全党的全面领导制度，健全为人民执政、靠人民执政各项制度，健全提高党的执政能力和领导水平制度，完善全面从严治党制度。

党的十九届六中全会。2021 年 11 月 8 日至 11 日，中国共产党第十九届中央委员会第六次全体会议在北京召开。中央委员会总书记习近平代表中央政治局向全会作工作报告，并就《中共中央关于党的百年奋斗重大成就和历史经验的决议（讨论稿）》向全会作了说明。全会审议通过了《中共中央关于党的百年奋斗重大成就和历史经验的决议》。总结党的百年奋斗重大成就和历史经验，是在建党百年历史条件下开启全面建设社会主义现代化国家新征程、在新时代坚持和发展中国特色社会主义的需要；是增强政治意识、大局意识、核心意识、看齐意识，坚定道路自信、理论自信、制度自信、文化自信，做到坚决维护习近平同志党中央的核心、全党的核心地位，坚决维护党中央权威和集中统一领导，确保全党步调一致向前进的需要；是推进党的自我革命、提高全党斗争本领和应对风险挑战能力、永葆党的生机活力、团结带领全国各族人民为实现中华民族伟大复兴的中国梦而继续奋斗的需要。全党要坚持唯物史观和正确党史观，从党的百年奋斗中看清楚过去我们为什么能够成功，弄明白未来我们怎样才能继续成功，从而更加坚定、更加自觉地践行初心使命，在新时代更好地坚持和发展中国特色社会主义。

中国共产党第二十次全国代表大会。2022 年 10 月 16 日至 22 日，党的二十大在北京召开。这次大会是在全党全国各族人民迈上全面建设社会主义现代化国家新征程、向第二个百年奋斗目标进军的关键时刻召开的一次十分重要的大会。大会主题是：高举中国特色社会主义伟大旗帜，全面贯彻新时代中国特色社会主义思想，弘扬伟大建党精神，自信自强、守正创新，踔厉奋发、勇毅前行，为全面建设社会主义现代化国家、全面推进中华民族伟大复兴而团结奋斗。大会高举中国特色社会主义伟大旗帜，坚持马克思列宁主义、毛泽东思想、邓小平理论、"三个代表"重要思想、科学发展观，全面贯彻习近平新时代中国特色社会主义思想，认真总结过去5年工作,全面总结新时代以来以习近平同志为核心的党中央团结带领全党全国各族人民坚持和发展中国特色社会主义取得的重大成就和宝贵经验,深入分析国际国内形势,全面把握新时代新征程党和国家事业发展新要求、人民群众新期待,制定行动纲领和大政方针,动员全党全国各族人民坚定历史自信、增强历史主动,守正创新、勇毅前行,继续统筹推进"五位一体"总体布局、协调推进"四个全面"战略布局,继续扎实推进全体人民共同富裕,继续有力推进党的建设新的伟大工程,继续积极推动构建人类命运共同体,为全面建设社会主义现代化国家、全面推进中华民族伟大复兴而团结奋斗。

三、党的十八大与全面从严治党实践创新

从严管党治党,在党的建设发展中始终得到坚持,党的十三大报告中就强调必须从严治党。中国特色社会主义进入新时代,以习近平同志为核心的党中央以更加自觉和更加坚决的态度把从严治党提高到一个新的境界。首先是思想认识深度大大提升,在从严治党前面加上"全面"两字,表明从严管党必须全方位加强,以党的各方面建设同向发力推进全面从严治党。其次,把全面从严治党提升到战略布局的地位,突出从严管党治党关系党和国家前途命运的重大意义。第三,坚持严字当头,把"打铁必须自身硬"要求贯彻在党的建设创新实践中。第四,坚持标本兼治,深挖党内存在各种问题背后的深层次问题,着力排除各种隐患。党的十八大以来持续推进的全面从严治党,使党的面貌发生了历史性的变化。

习近平在党的第十八届中央纪律检查委员会第六次全体会议上的讲话中指出,全面从严治党,基础在全面,关键在严,要害在治。"全面"就是管全党、治全党,面向全体党员、全部党组织,覆盖党的建设各个领域、各个方面、各个部门,重点是抓住"关键少数"。"严"就是真管真严、敢管敢严、长管长严。"治"就是从党中央到省市县党委,从中央部委、国家机关部门党组(党委)到基层党支部,都要肩负起主体责任,党委书记要把抓好党建当作分内之事、必须担当的职责;各级纪委要担负起监督责任,勇于执纪问责。党的十八届中央委员会领导集体以作风建设为突破口,打响了从严治党的攻坚战、持久战。中共中央政治局提出的"八项规

定",具体包括：改进调查研究、精简会议活动、精简文件简报、规范出访活动、改进警卫工作、改进新闻报道、严格文稿发表、厉行勤俭节约。"八项规定"是党员干部的行为规范，也是一套制度体系。它不仅仅表现在作风建设要求上，也与党的建设各领域要求相互协调统一。党的十八大以后，一系列党内教育实践活动都围绕着党的作风建设而展开，把"作风建设永远在路上，永远没有休止符，必须抓常、抓细、抓长，持续努力、久久为功"的论断体现在管党治党实践中。

全面从严治党，核心是坚持和加强党的领导。坚持和加强党的领导，首先是坚持党中央权威和集中统一领导。2012年12月4日，在首都各界纪念现行宪法公布施行30周年大会上，习近平强调坚持党的领导、人民当家作主、依法治国有机统一的中国特色社会主义政治发展道路。12月，中央经济工作会议明确提出，切实加强党对经济工作的领导，关系到能不能保持经济社会持续健康发展。党的十八届六中全会通过的《关于新形势下党内政治生活的若干准则》强调，"坚决维护党中央权威、保证全党令行禁止，是党和国家前途命运所系，是全国各族人民根本利益所在"，明确提出了习近平总书记在党中央的核心、全党的核心地位，反映了全国各族人民的共同心愿，是党和国家根本利益所在。还提出了全党必须牢固树立"四个意识"，即政治意识、大局意识、核心意识、看齐意识，自觉在思想上政治上行动上同以习近平同志为核心的党中央保持高度一致。

全面从严治党，必须重视党的政治建设。党要管党，首先从党内政治生活管起；从严治党，首先要从党内政治生活严起。坚持把纪律挺在前面，强调守纪律首先是遵守政治纪律。2012年11月，习近平在政治局会议上强调："大家要带头遵守党的组织原则和党内政治生活准则，懂规矩，守纪律。"在2013年1月的中纪委第二次全会上，他进一步指出，严明党的纪律，首先就是严明政治纪律，政治纪律是最重要、最根本、最关键的纪律。加强党内民主建设，党内民主是党的生命，对人民民主具有重要的示范和带动作用。不断完善党内民主制度建设，保障党员民主权利、发挥党员的作用，由此带动人民民主的全方位推进。

全面从严治党，关键是从严治吏。以什么标准选人、选什么样的人，是干部工作的首要问题。2013年6月，习近平在全国组织工作会议上提出"信念坚定、为民服务、勤政务实、敢于担当、清正廉洁"的好干部标准。在实践中，突破了以往形成的唯票数的束缚，突出德、才、绩等标准，形成能者上、优者奖、庸者下、劣者汰的用人导向。其次要加强对干部的监督考核。中央出台了《领导干部报告个人有关事项规定》《领导干部个人有关情况报告事项查核结果处理办法》等制度，加强对干部的监督管理。强调对干部的动态管理，把家风建设作为领导干部作风建设重要内容，各级领导干部要严格要求亲属子女，过好亲情关。从严治吏，要抓住"关键少数"，破解一把手监督难题，领导干部责任越重大、岗位越重要，就越要加强监督。

四、党内教育活动的开展

全面从严治党首先从作风问题抓起，把作风建设贯穿于从严治党的全过程。党的作风是党的形象，是党群干群关系、人心向背的晴雨表。群众路线是立党之本、执政之基、力量之源。党的事业发展顺利和取得成绩的时候必须坚持群众路线，党的事业面临困难、遭遇曲折和处于逆境的时候更需要坚持群众路线。丢掉了群众路线，就意味着放弃了党的生命。群众路线是事业的成功法宝，但在实践中也存在坚持群众路线的精神懈怠危险和做群众工作能力不足的缺憾，群众路线教育实践活动重点在领导层面，也是全体党员的教育实践活动。

根据党的十八大部署，从 2013 年 6 月到 2014 年 9 月，全党开展以为民务实清廉为主要内容的党的群众路线教育实践活动。"为民务实清廉"体现了党的宗旨、精神和作风的要求，表明了坚持群众路线与保持党的先进性和纯洁性之间的内在关系。群众路线教育实践活动旨在转变党风，转变党风聚焦反对形式主义、官僚主义、享乐主义和奢靡之风，具有很强的针对性。反对"四风"是党的建设当务之急，事关巩固党的执政基础和党的执政地位。通过群众路线教育实践活动，证明了牢固树立群众观念对推动全面从严治党的重要性。习近平在总结大会上提出，新形势下坚持从严治党要着力于如下八个方面的要求：一是要落实从严治党责任，二是要坚持思想建党和制度治党紧密结合，三是要严肃党内政治生活，四是要坚持从严管理干部，五是要持续深入改进作风，六是要严明党的纪律，七是要发挥人民监督作用，八是要把握从严治党规律。① 这些重要论述，指引着新形势下探索

---

① 《十八大以来重要文献选编》(中)，中央文献出版社 2016 年版，第 93—101 页。

全面从严治党的特点和规律。

2015年3月9日,习近平在参加十二届全国人大第二次会议安徽代表团审议时,提出"既严以修身、严以用权、严以律己,又谋事要实、创业要实、做人要实"的要求,简称"三严三实"。4月,中共中央办公厅印发《关于在县处级以上领导干部中开展"三严三实"专题教育方案》,决定在县处级以上领导干部中开展"三严三实"专题教育。"三严三实"是对党的作风建设的进一步升华与提炼,是党员领导干部做人、做事、为官的警世箴言和言行准则。向各级领导干部提出"三严三实"要求,目的就在于决不能让"四风"问题反弹回潮,确保党的作风建设不断取得新成效。"三严三实"专题教育聚焦对党忠诚、个人干净、敢于担当,着力解决"不严不实"问题,努力在深化"四风"整治、巩固和拓展党的群众路线教育实践活动成果上见实效,在守纪律讲规矩、营造良好政治生态上见实效,在真抓实干、推动改革发展稳定上见成绩。"三严三实"专题教育是党的群众路线教育实践活动的延展深化,是加强党的思想政治建设和作风建设的重要举措,既巩固和扩大了从严治党成果,又有效解决了党的建设面临的新问题。

2016年2月,中共中央办公厅印发了《关于在全体党员中开展"学党章党规、学系列讲话,做合格党员"学习教育方案》,决定在全体党员中开展"两学一做"学习教育活动。"两学一做"是面向全体党员深化党内教育的重要实践,是推动党内教育从"关键少数"向广大党员拓展、从集中性教育向经常性教育延伸的重要举措。开展"两学一做"学习教育对于推动全面从严治党向基层延伸、保持发展党的先进性和纯洁性具有重大意义。"两学一做"学习教育,基础在学,关键在做。① 把思想建设放在首位,教育引导党员尊崇党章、遵守党规,以习近平总书记系列重要讲话精神武装头脑、指导实践、推动工作,着力解决党员队伍在思想、组织、作风、纪律等方面存在的问题,努力使广大党员进一步增强政治意识、大局意识、核心意识、看齐意识,坚定理想信念、保持对党忠诚、树立清风正气、勇于担当作为,充分发挥先锋模范作用。2017年3月,中共中央办公厅印发了《关于推进"两学一做"学习教育常态化制度化的意见》。

党的十九大决定,以县处级以上领导干部为重点,在全党开展"不忘初心、牢

---

① 《十八大以来重要文献选编》(下),中央文献出版社2018年版,第176页。

记使命"主题教育。2019 年 5 月 31 日,习近平在"不忘初心、牢记使命"主题教育工作会议上的讲话中指出,开展"不忘初心、牢记使命"主题教育,要把握守初心、担使命,找差距、抓落实总要求,把握深入学习贯彻新时代中国特色社会主义思想、锤炼忠诚干净担当的政治品格、团结带领全国各族人民为实现伟大梦想共同奋斗的根本任务,实现理论学习有收获、思想政治受洗礼、干事创业敢担当、为民服务解难题、清正廉洁作表率的具体目标。这场主题教育是新时代深化党的自我革命、推动全面从严治党向纵深发展的生动实践,促进了全党思想上统一、政治上团结、行动上一致。为了巩固主题教育成果,党的十九届四中全会提出要"建立不忘初心、牢记使命的制度",推动教育常态化长效化。2020 年 9 月,中共中央办公厅印发《关于巩固深化"不忘初心、牢记使命"主题教育成果的意见》,推动主题教育各项成果落地见效。

2021 年 2 月,党史学习教育动员大会在北京召开。在全党开展党史学习教育,是党中央立足党的百年历史新起点、统筹中华民族伟大复兴战略全局和世界百年未有之大变局、为动员全党全国各族人民满怀信心投身全面建设社会主义现代化国家而作出的重大决策。全党同志要做到学史明理、学史增信、学史崇德、学史力行,学党史、悟思想、办实事、开新局,以昂扬姿态奋力开启全面建设社会主义现代化国家新征程,以优异成绩迎接建党一百周年。我国正处于实现中华民族伟大复兴关键时期,世界正经历百年未有之大变局,在这一时刻,组织开展党史学习教育,对于总结历史经验、认识历史规律、掌握历史主动,对于传承红色基因、牢记初心使命、坚持正确方向,进一步统一思想、统一意志、统一行动,建设更加强大的马克思主义执政党,夺取新时代中国特色社会主义伟大胜利,具有重大而深远的意义。

2023 年 4 月 3 日,学习贯彻习近平新时代中国特色社会主义思想主题教育工作会议在北京召开。党中央指出,这次主题教育要牢牢把握"学思想、强党性、重实践、建新功"的总要求,根本任务是坚持学思用贯通、知信行统一,把新时代中国特色社会主义思想转化为坚定理想、锤炼党性和指导实践、推动工作的强大力量,使全党始终保持统一的思想、坚定的意志、协调的行动、强大的战斗力,努力在以学铸魂、以学增智、以学正风、以学促干方面取得实实在在的成效。这次主题教育是贯彻落实党的二十大精神的重大举措,对于统一全党思想、解决党内存在的突出问题、始终保持党同人民群众血肉联系、推动党和国家事业发展,具有重要意义。

五、新时代党的建设新的伟大工程成效卓著

新时代 10 年,党和国家事业发展遭遇的风险挑战风高浪急,有时甚至是惊涛骇浪,各种风险挑战接踵而至,其复杂性严峻性前所未有。在以习近平同志为核心的党中央坚强有力的领导下,全党全国各族人民坚定信心,迎难而上,一仗接着一仗打,取得一个又一个胜利,推动新时代中国特色社会主义创造了巨大成就,党的建设取得了卓著成效。

党的领导得到全面落实。习近平对坚持党的领导作出一系列重要论述,强调坚持党的全面领导是中国特色社会主义最本质的特征,是中国特色社会主义制度的最大优势,是中国最大的国情,是坚持和发展中国特色社会主义的必由之路。党政军民学,东西南北中,党是领导一切的。落实党的全面领导首先是着力构建党的领导制度体系,确立党的全面领导的根本领导制度。党中央要压实各级党委领导党建的主体责任制,贯彻落实党的领导的各项具体任务,加强坚持党的领导的督查,发现问题,找到软肋,及时加以改进。2018 年 6 月,中办印发《关于加强公立医院党的建设工作的意见》,明确规定,公立医院要实行党委领导下的院长负责制。2022 年 1 月,中共中央办公厅印发《关于建立中小学校党组织领导的校长负责制的意见(试行)》,并发出通知要求各地区各部门结合实际认真贯彻落实。新时代坚持党的全面领导不仅在思想认识上牢固树立起来,而且在实践上得到有力增强。

理想信念更加坚定。党的十九大强调,要把坚定理想信念作为党的思想建设首要任务。习近平强调"革命理想高于天"。对马克思主义的信仰,对社会主义和共产主义的信念,就是继承与发展马克思主义建党思想,这是共产党人的政治灵魂,是共产党人经受住任何考验的精神支柱。理想信念是共产党人精神上之"钙",没有理想信念,理想信念不坚定,精神上就会"缺钙",就会得"软骨病"。党中央强调,理想信念的动摇是最危险的动摇,理想信念的滑坡是最危险的滑坡,价值观的扭曲是最危险的扭曲。把坚定理想信念的要求在党内法规中加以确认。

2016年11月党的十八届六中全会通过的《关于新形势下党内政治生活的若干准则》，把坚定理想信念作为第一条要求。

践行党的初心使命意识更加牢固。遵循以人民为中心的发展思想，密切党群关系，使党的长期执政基础更加巩固。群众路线是党的生命线和根本路线。习近平强调"始终要把人民放在心中最高的位置"，指的是党和国家事业出发点和落脚点都是为了人民。新时代开展群众路线教育实践活动、"三严三实"专题教育、"两学一做"学习教育、"不忘初心、牢记使命"主题教育、学习贯彻习近平新时代中国特色社会主义思想主题教育等，以及针对民生领域腐败和作风问题专项治理、惩治涉黑涉恶腐败和"保护伞"专项行动，反映了党的坚持不懈整治群众身边腐败和不正之风的决心。

党的作风得到实效性的改变。新时代党的建设从重点转变党的作风入手，深挖党内不正之风背后的深层次问题，坚持标本兼治，反对形式主义、官僚主义、享乐主义和奢靡之风取得显著成效，全党践行群众路线的自觉性大大提高，党群干群关系得到极大的改善。与以往党的建设相比，新时代党的作风建设成效不只是表现在平常工作态度上，更表现在思想作风、学风、工作作风、领导作风、生活作风以及家风的全面改进上，严格党的纪律和规矩，严肃党内政治生活，净化党内政治生态，使党的优良作风在各个方面得到发扬。

党的各方面建设协调推进。一以贯之推进党的建设新的伟大工程，将全面从严治党不断向纵深推进。全面从严治党是党的十八大以来党中央抓党的建设的鲜明主题，也是党的建设取得重大成效的领域。新时代党的建设新的伟大工程在重点突破中促进整体推进，协同发力，发挥出党的建设合力作用。党的各方面建设协调推进使全面从严治党得到有效落实，严字当头贯穿于党的建设各个方面。以党的政治建设为统领，决定了党的各方面建设协调推进的方向和效果。

党的制度建设质量得到大幅度提升。新时代党的制度建设实现了突破性发展。首先是制度权威牢固树立起来，习近平关于制度面前没有特权、扎紧制度笼子、提高制度执行力等一系列重要论述，为党的制度建设提供了强大思想武器。其次，明确提出以改革创新精神深化党的建设制度改革的任务，为党的制度建设的顶层设计和整体规划提供了重要的实践指向。第三，把党的重大理论创新成果写进党章，针对新时代党的建设出现的新情况新问题和形成的新举措新经验，形成比较完善的党内法规体系,为党统揽"四个伟大"提供了坚强有力的制度保障。

反腐败斗争取得压倒性胜利。党的十八大以来,党中央保持高压态势,以雷霆之势"打虎""拍蝇""猎狐",用最坚决的态度减少腐败存量,用最果断的措施遏制腐败增量。通过有效处置化解存量、强化监督遏制增量,密织反腐倡廉的制度体系。坚持标本兼治,设定"红线""底线"和负面清单,坚持把纪律挺在前面,运用监督执纪"四种形态",在取得反腐败斗争压倒性胜利的过程中着力健全不敢腐、不能腐、不想腐一体推进机制,推动反腐败斗争不断向纵深发展。新时代反腐败斗争显著成效深得党心民心。

新时代党的建设新的伟大工程取得的卓著成效表明,全面从严治党实现了从宽松软向严紧硬的转变。这个转变为全面从严治党创造了继续深入推进的前提,习近平强调决不能有任何喘口气、歇歇脚的念头,始终坚持严标准、严要求、严举措管党治党,是党永葆生机活力、走好新的赶考之路的内在要求。

本章思考题

1. 中国共产党加强党的建设历程是怎样一步步发展的?
2. 新民主主义革命时期党的建设形成了哪些重要经验?
3. 社会主义革命和建设时期党的建设经验教训是什么?
4. 改革开放和社会主义现代化建设新时期党的建设是怎样创新发展的?
5. 如何认识新时代党的建设新的伟大工程取得突破性的发展?
6. 新时代全面从严治党取得了哪些和什么样的成就?

第三章

党的建设理论基本范畴

任何理论都有相应的范畴作为表达的方式,理论范畴由一系列概念组成,用于反映事物本质属性、内部关系和发展逻辑。党的建设作为一门学科有许多基本理论范畴需要把握,这些范畴是研究党的建设的主要路径,认识和把握党的建设规律也需要借助理论范畴形成思维方法。习近平指出"构建中国化的马克思主义党建理论体系"的要求,党建理论体系形成的思想框架建立在诸多理论观点、基本范畴和具体主张的基础之上。党的建设理论基本范畴反映党的建设的重大问题,体现党的建设发展规律。党中央在历史实践中提出的重大概念形成范畴体系,对指导党的建设具有重大指导意义。党的建设理论范畴需要把握的概念很多,本章主要围绕党的指导思想、党的性质宗旨、党的领导、党的建设目标、党的建设主线、党的建设布局、党的路线、党的建设法规八个方面的相关概念作简略介绍。虽然只是一些党建理论常识性的内容,但却是必须掌握的重大问题,对学习党建知识和打牢理论基础十分必要。

第一节　党的指导思想

一、马克思主义

一般说的马克思主义,指马克思恩格斯和列宁创立的科学社会主义思想。中国共产党章程规定党的指导思想,使用马克思主义或马克思列宁主义的表述是一个意思。马克思主义是指导世界各国共产党实践的经典。"中国共产党是用马克思主义武装起来的政党,马克思主义是中国共产党人理想信念的灵魂。"①

马克思主义是由马克思恩格斯在 19 世纪 40 年代创立的。由于大工业发展,资本主义生产社会化,资本主义弊病不断暴露,工人运动兴起,马克思主义在此历史条件下应运而生。马克思恩格斯创立的学说,实现了社会主义从空想到科学的转变。

马克思主义以哲学、政治经济学、科学社会主义等为主体构成庞大理论体系,内容全面,思想博大精深。马克思主义是科学的理论,创造性地揭示了人类社会发展规律。马克思主义是人民的理论,第一次创立了人民实现自身解放的思想体系。马克思主义是实践的理论,指引着人民改造世界的行动。马克思主义一经诞生,"犹如壮丽的日出,照亮了人类探索历史规律和寻求自身解放的道路","马克思主义极大推进了人类文明进程,至今依然是具有重大国际影响的思想体系和话语体系,马克思至今依然被公认为'千年第一思想家'"。②

列宁是马克思主义的忠实继承者和实践者,他把马克思恩格斯创立的科学社会主义学说运用于俄国革命实践,领导苏联共产党人建立了世界上第一个社会主

---

① 《十九大以来重要文献选编》(上),中央文献出版社 2019 年版,第 433 页。
② 《十九大以来重要文献选编》(上),中央文献出版社 2019 年版,第 426 页。

义国家,实现了把科学社会主义从书本上的原理到具体实践的转变。在社会主义运动发展史上,列宁是无产阶级革命导师,他在领导俄国革命和领导苏维埃国家政权建设过程中形成的思想,丰富和发展了马克思主义,对指导世界各国共产党建设具有重要意义。列宁深刻地揭示了资本主义发展到帝国主义阶段形成的新特点、新矛盾、新趋势,提出关于社会主义革命的新结论:经济政治发展的不平衡是资本主义的绝对规律,社会主义可能首先在少数甚至在单独一个资本主义国家内获得胜利。十月革命胜利后,列宁对俄国这样的经济文化比较落后的国家如何建设社会主义进行了积极探索,提出的一些重要思想在社会主义发展史上具有创造性的重大意义。列宁推进马克思主义发展到一个新阶段,即列宁主义阶段。

二、毛泽东思想

毛泽东思想是中国共产党人在坚持把马克思主义基本原理运用到中国革命和建设具体实际中形成的理论成果,以 1945 年党的七大明确树立毛泽东思想为党的指导思想,并写入党章为标志,实现了马克思主义中国化的第一次历史性飞跃。

毛泽东思想在党成立后革命实践深入发展中孕育诞生,经历了一个形成过程。由于受缺乏革命经验的历史局限,同时又长期作为共产国际一个支部接受领导,中国共产党在最初一段时间里对马克思主义中国化认识水平肤浅,根据俄国十月革命而照葫芦画瓢地搞中国革命,尤其在 20 世纪 20 年代后期和 30 年代前期,党内盛行把马克思主义教条化、把共产国际决议和苏联经验神圣化的错误倾向,曾使中国革命几乎陷于绝境。毛泽东思想是在同这种错误倾向作斗争并深刻总结这方面历史经验的过程中逐渐形成和发展起来的。它在土地革命战争后期和抗日战争时期得到系统总结和多方面展开而达到成熟,在解放战争时期和中华人民共和国成立以后继续得到发展。毛泽东为实现马克思主义中国化第一次历史性飞跃作出了突出贡献。

毛泽东思想是马克思主义在中国的创造性运用和发展,是被实践证明了的关于中国革命和建设的正确的理论原则和经验总结。毛泽东思想主要包括以下六个方面：新民主主义革命理论、社会主义革命和社会主义建设理论、革命军队的建设和军事战略理论、政策和策略理论、思想政治工作和文化工作、党的建设理论。

毛泽东思想的活的灵魂，是贯穿于上述各个组成部分的立场、观点和方法，它们有三个基本方面，即实事求是、群众路线、独立自主。毛泽东思想的活的灵魂为党不断推进马克思主义中国化时代化提供了马克思主义的科学方法。

三、中国特色社会主义理论体系

中国特色社会主义理论体系是党在改革开放和社会主义现代化建设新时期推进理论创新、进行理论创造结出的成果。这个理论体系由邓小平理论、"三个代表"重要思想、科学发展观三个理论成果组成，分别代表以邓小平、江泽民、胡锦涛等同志为主要代表的中国共产党人，坚持把马克思主义基本原理同中国具体实际相结合，在不同发展阶段推进党的指导思想与时俱进地发展。

邓小平继承和发展毛泽东思想，对开创中国特色社会主义道路作出重大贡献。党的十一届三中全会以后，以邓小平同志为主要代表的中国共产党人，深刻总结新中国成立以来正反两方面经验，围绕什么是社会主义、怎样建设社会主义这一根本问题，深刻揭示社会主义本质，确立社会主义初级阶段基本路线，明确提出走自己的路、建设中国特色社会主义，科学回答了建设中国特色社会主义的一系列基本问题，制定了到二十一世纪中叶分三步走、基本实现社会主义现代化的发展战略，成功开创了中国特色社会主义。党的十五大正式以"邓小平理论"命名党的理论创新成果，把它写入党章，确立为党的指导思想。邓小平理论是指导中国人民在改革开放中胜利实现社会主义现代化的正确理论，是马克思主义在中国发展的新阶段。

"三个代表"重要思想是 20 世纪和 21 世纪之交，党中央在把中国特色社会主义全面推向新世纪的实践发展中形成的理论创新成果。党的十三届四中全会后，以江泽民同志为主要代表的中国共产党人，团结带领全党全国各族人民，坚持党的基本理论、基本路线，加深了对什么是社会主义、怎样建设社会主义和建设什么样的党、怎样建设党的认识，形成了"三个代表"重要思想。党要始终代表中国先进生产力的发展要求,代表中国先进文化的前进方向,代表中国最广大人民的根本利益,是在科学判断党的历史方位的基础上提出来的。"三个代表"重要思想不仅是指导党的建设的纲领,也是指导国家建设的纲领。党的十六大把"三个代表"重要思想确立为党的指导思想,写进了党章,为加强党的建设提供了强大思想武器。

科学发展观是党中央在进入新世纪后推进中国特色社会主义发展实践中形成的理论创新成果。党的十六大以后,以胡锦涛同志为主要代表的中国共产党人,在全面建设小康社会进程中推进实践创新、理论创新、制度创新,深刻认识和回答了新形势下实现什么样的发展、怎样发展等重大问题,形成了科学发展观。党中央坚持以人为本,树立全面、协调、可持续的科学发展观,成功在新形势下坚持和发展了中国特色社会主义。党的十七大把科学发展观写入党章,党的十八大把科学发展观确立为党的指导思想并写入党章,在改革开放和社会主义现代化建设发展中又一次实现了党的指导思想与时俱进。

从党的十二大到党的十七大,一届届党中央都从新的实践和时代特征出发坚持和发展马克思主义,科学回答了建设中国特色社会主义的发展道路、发展阶段、根本任务、发展动力、发展战略、政治保证、祖国统一、外交和国际战略、领导力量和依靠力量等一系列基本问题,形成了中国特色社会主义理论体系,实现了马克思主义中国化新的飞跃。

四、习近平新时代中国特色社会主义思想

2012 年党的十八大以来,以习近平同志为主要代表的中国共产党人,坚持把马克思主义基本原理同中国具体实际相结合、同中华优秀传统文化相结合,坚持毛泽东思想、邓小平理论、"三个代表"重要思想、科学发展观,深刻总结并充分运用党成立以来的历史经验,从新的实际出发,创立了习近平新时代中国特色社会主义思想。2017 年,党的十九大把这一思想确立为党的指导思想。十三届全国人大一次会议表决通过了《中华人民共和国宪法修正案》,把习近平新时代中国特色社会主义思想载入宪法,把党的指导思想转化为国家指导思想,以国家根本法的形式确立习近平新时代中国特色社会主义思想在国家政治和社会生活中的

指导地位。2022 年,党的二十大进一步完善了习近平新时代中国特色社会主义思想,深刻阐述了新时代 10 年的伟大变革及其里程碑意义,新时代新征程中国共产党的使命任务,中国式现代化的中国特色、本质要求和必须牢牢把握的重大原则等重大理论和实践问题,确定了到 2035 年我国发展的总体目标和未来 5 年的主要目标任务,对加强党的全面领导和推进新时代党的建设新的伟大工程作出了部署,为新时代新征程党和国家事业发展指明了前进方向,提供了根本遵循。

习近平同志对关系新时代党和国家事业发展的一系列重大理论和实践问题进行了深邃思考和科学判断,就新时代坚持和发展什么样的中国特色社会主义、怎样坚持和发展中国特色社会主义,建设什么样的社会主义现代化强国、怎样建设社会主义现代化强国,建设什么样的长期执政的马克思主义政党、怎样建设长期执政的马克思主义政党等重大时代课题,提出一系列原创性的治国理政新理念新思想新战略,是习近平新时代中国特色社会主义思想的主要创立者。

习近平新时代中国特色社会主义思想内涵十分丰富,涵盖了经济、政治、法治、科技、文化、教育、民生、民族、宗教、社会、生态文明、国家安全、国防和军队、"一国两制"和祖国统一、统一战线、外交、党的建设等各方面。党的十九大以"八个明确"概括了习近平新时代中国特色社会主义思想的核心内容。党的十九届六中全会审议通过的历史决议进一步将其扩展为"十个明确"。党的二十大把"十个明确""十四个坚持""十三个方面成就"概括为习近平新时代中国特色社会主义思想的主要内容,明确提出坚持人民至上、坚持自信自立、坚持守正创新、坚持问题导向、坚持系统观念、坚持胸怀天下的"六个坚持"是贯穿习近平新时代中国特色社会主义思想的世界观和方法论,拓展了这一思想的科学内涵。习近平新时代中国特色社会主义思想博大精深,构成完整的理论体系。

习近平新时代中国特色社会主义思想是当代中国马克思主义、二十一世纪马克思主义,是中华文化和中国精神的时代精华,实现了马克思主义中国化新的飞跃。确立习近平同志党中央的核心、全党的核心地位,确立习近平新时代中国特色社会主义思想的指导地位,反映了全党全军全国各族人民的共同心愿,对新时代党和国家事业发展、对推进中华民族伟大复兴历史进程具有决定性意义。

第二节   党的性质宗旨

一、两个先锋队组织

党的性质是一个政党区别于其他政党的内在规定性,党的十六大把"中国共产党是中国工人阶级的先锋队,同时是中国人民和中华民族的先锋队"的论断郑重写入了党章,这是在继承党对自身马克思主义性质认知基础上作出的进一步表述。

中国共产党始终是中国工人阶级的先锋队,中国共产党从成立之日起,就确定自己是中国工人阶级的政党。工人阶级作为社会化大生产的产物,是最具有生命力的阶级,同时也是最富有革命彻底性和政治远见的阶级,是最具有自我牺牲精神和奉献意识的阶级,代表和掌握着未来世界的发展,工人阶级始终是推动中国先进生产力发展的主体力量。无论党的地位、环境和历史任务如何变化,党的工人阶级先锋队性质不能改变,坚持全心全意依靠工人阶级的根本方针不能动摇。而中国共产党"同时是中国人民和中华民族的先锋队",共产党作为工人阶级的先锋队,是为完成工人阶级的历史使命而存在的,但工人阶级只有解放了全人类,才能最终解放自己。中国共产党在成为工人阶级先锋队时,必须自觉成为中国人民和中华民族的先锋队。"两个先锋队"的组织定位是中国共产党马克思主义先进本质的规定,决定了党的使命担当。

中国共产党成立之初,就按照马列主义的建党理论,把中国共产党视为中国工人阶级的先锋队。改革开放以后,随着经济社会生活发生的深刻变化,社会经济成分、组织形式、利益分配等的多样化发展,党中央深刻认识党的性质和她所担负的重大历史任务,对党作为执政党在整个中国特色社会主义事业中的先锋队作用有了更加深刻的认识。围绕党的先进性本质,着眼于生产力和文化的动态发展,落脚于最广大人民的根本利益,强调党不仅是中国工人阶级的先锋队,同时成为中国人民和中华民族的先锋队。党的十六大把"两个先锋队"的论断正式写入党章,体现了保持党组织的先进性与联系群众的广泛性相统一,体现了加强党的自身建设与发挥党的领导作用相统一,对于提高党在全社会的影响力和凝聚力、体现党是引领中国人民实现中华民族伟大复兴的领导核心具有重要意义。

二、全心全意为人民服务

宗旨就是指事物的根本意图、主要目的、最高原则和最高标准。中国共产党作为世界上最大的马克思主义政党,区别于世界上所有剥削阶级政党的最主要特征就是其"全心全意为人民服务"的根本宗旨。

为人民服务的对象是人民群众,主体是共产党的组织和党员以及履职的公务员。共产党代表整个无产阶级和最广大人民群众的利益,而不是仅仅代表某个民族、某个地区、某个行业无产阶级的利益,更不是代表某个宗派的利益。"全心全意为人民服务",表达中国共产党除了工人阶级和最广大人民的利益,没有自己的特殊利益。中国共产党任何时候都必须把人民的利益放在第一位,同群众同甘共苦,保持最密切的联系,不允许任何党员脱离群众,凌驾于群众之上。

中国共产党领导革命、建设、改革和新时代伟大实践,根本目的都是为人民创造更加美好的生活。从建党开始就以为中国人民谋幸福、为中华民族谋复兴的初心使命集中体现党的性质宗旨。延安时期,毛泽东在总结党的群众路线基础上,用"全心全意为人民服务"的精辟概括揭示党的根本宗旨,深刻揭示了党的马克思主义先进本质。全心全意为人民服务始终写在党章上,成为中国共产党人思想和行为的圭臬。

在长期实践中,坚持党的性质宗旨是党永葆先进性和纯洁性的根本要求。改革开放以来,党中央对坚持全心全意为人民服务提出一系列创新思想,提出建设服务型政党的建设目标。习近平关于坚持以人民为中心的发展理念,是新时代坚持全心全意为人民服务这个党的根本宗旨的重大理论创新成果。

三、立党为公、执政为民

2004 年 9 月,党的十六届四中全会通过的《中共中央关于加强党的执政能力建设的决定》指出:立党为公,执政为民,是我们党 55 年执政的主要经验之一,也是我们党执政能力建设的总体目标之一。立党为公、执政为民与党全心全意为人民服务的根本宗旨完全一致,体现党全面执政条件下对党的性质宗旨的坚守。[①]

立党为公,"公"是指共产主义远大理想与阶段性奋斗目标的统一,现阶段最大的"公"就是实现社会主义现代化和中华民族的伟大复兴。执政为民,"民"就是指广大人民群众,实现好、维护好、发展好人民群众的最根本利益是执政为民的根本诉求。

揭示立党为公、执政为民的宗旨,体现中国共产党对执政规律的深刻认识和把握,鲜明回答了为谁执政、为谁用权、为谁谋利这个根本问题。在执政实践中,党始终以最广大人民的利益为根本出发点和归宿点,做到权为民所用、情为民所系、利为民所谋。习近平强调党要担负起领导人民进行伟大社会革命的历史责任,必须坚持立党为公、执政为民,始终与人民心心相印,与人民同甘共苦,与人民团结奋斗,永远保持马克思主义执政党本色,永远走在时代前列,永远做中国人民和中华民族的主心骨。

作为全面执政条件下坚持全心全意为人民服务根本宗旨的实践要求,坚持立党为公、执政为民对不断增强执政意识、完善执政方式、巩固执政基础、提高执政能力和执政水平具有极其重要的意义。

第三节　党的领导

一、中国革命的领导力量

中国共产党自诞生起就肩负起领导中国革命的使命,虽然在新中国成立前党

---

① 《十六大以来重要文献选编》(中),中央文献出版社 2006 年版,第 274—276 页。

不具有全面执政的地位,但明确提出革命领导权并以正确路线方针政策引领中国革命发展,取得了推翻帝国主义和封建主义统治的胜利。

新民主主义革命时期,党领导中国人民进行争取民族独立、人民解放的伟大斗争,在全国农村广大区域发生的重大变革达到了史无前例的深刻程度,把传统的中国农民引入了现代社会的轨道。尤其是在抗日战争时期,中国共产党以全面抗战的正确路线反对蒋介石国民党政府单纯依靠军队和军事抵抗日本帝国主义侵略的片面抗战路线,动员、组织全体中国人民进行反侵略斗争,为中国人民取得第一次民族战争的伟大胜利作出了重大贡献。在党的领导下,中国人民不仅赢得了抗日战争的伟大胜利,而且建立了新中国。没有中国共产党,就不可能取得民主革命的胜利,就没有新中国。

中国共产党是中国革命的领导力量,不仅体现在领导新民主主义革命,而且也贯穿党的事业发展全部过程。中国共产党把自身的奋斗视为一场伟大的社会革命。在新民主主义革命取得胜利后继续完成社会主义革命的任务。革命任务完成后进行的社会主义建设仍然是伟大社会革命的继续,改革开放就是一场伟大的社会革命。党领导进行的伟大事业是领导伟大社会革命的整体历史运动,不同阶段和不同内容的社会变革,构成伟大社会革命循序渐进的延伸发展,承前启后的历史任务推进党领导的伟大社会革命不断深入发展。

习近平将中国共产党领导的革命都称为"伟大社会革命",中国共产党的历史就是领导中国人民进行伟大社会革命的历史。深刻认识党的领导这个重大问题,不仅要从民族革命、国民革命、无产阶级革命、农村革命、平民革命、土地革命、阶级革命、思想革命、政治革命等方面加以把握,而且要把生产资料所有制社会主义改造、改革创新、社会主义制度自我完善以及党的自我革命,都纳入党坚持领导中国革命的范围。

二、社会主义事业的领导核心

1954 年 9 月,毛泽东在第一届全国人民代表大会第一次会议上致开幕词,指出"领导我们事业的核心力量是中国共产党",他还强调"共产党的底就是发挥一切有用的因素,破坏阻碍的因素"①,因为"我们党已经成了团结全国人民进行社会

---

① 《毛泽东文集》(第六卷),人民出版社 1999 年版,第 350、358 页。

主义建设的核心力量"。^① 这个领导核心的定位表明,中国共产党不仅是破坏旧世界的领导力量,而且也是建设新世界的领导力量。

在社会主义建设实践发展中,党领导中国人民取得了社会主义改造的伟大胜利,确立起社会主义制度,开展经济建设,向科学进军,改变了经济文化落后的面貌。党领导中国人民进行改革开放创新实践,开创中国特色社会主义事业,创造出经济快速发展和社会长期稳定的奇迹。党领导中国人民放眼世界,立足国情,成功走出了中国式现代化新道路,创造人类文明新形态,令世界对中国刮目相看。中国特色社会主义新时代,以习近平同志为核心的党中央领导中国人民取得历史性成就,发生历史性变革,推动党和国家事业蓬勃发展。没有中国共产党,就没有中国特色社会主义,就没有新中国日新月异的发展。

历届党中央反复强调社会主义事业发展必须坚持中国共产党领导,为推进改革开放顺利发展提供保证。虽然在实践探索中,党的领导也发生过一些失误,导致社会主义建设遭遇挫折,但新中国的成长、发展、强大的整个过程都离不开党的领导。

中国特色社会主义进入新时代,坚持党的领导被提到重大战略高度加以突出强调。习近平对党的全面领导作出一系列重要论述,他提出坚持党的全面领导是坚持和发展中国特色社会主义的必由之路,从中国特色社会主义最本质的特征、中国特色社会主义制度的最大优势论述突出党的领导重要价值,强调党政军民学、东西南北中,党是领导一切的,指出党的全面领导是党和国家的根本领导制度。党中央统筹推进"五位一体"总体布局,协调推进"四个全面"战略布局,统筹中华民族伟大复兴战略全局和世界百年未有之大变局,肩负新时代"四个伟大"的历史使命,充分发挥党的坚强领导作用,推进中国特色社会主义事业不断深入发展,不断取得新的伟大胜利。

三、党是风雨来袭时中国人民的主心骨

习近平指出:"中国共产党所具有的无比坚强的领导力,是风雨来袭时中国人

---

^① 《毛泽东文集》(第七卷),人民出版社 1999 年版,第 115 页。

民最可靠的主心骨。"①这是对党的领导作出的又一诠释。中国共产党领导是人民作出的历史选择,在党领导中国革命、建设、改革和新时代伟大实践中,人民坚决拥护和支持党的领导的历史选择从来就没有改变过,中国共产党也以对历史高度负责的出色表现对人民的历史性选择作出回应。

党的事业发展不是一帆风顺的,任务艰巨,道路坎坷,是在披荆斩棘中前进的。领导中国革命是这样,领导社会主义建设也是如此。新中国成立以来,党团结带领人民不懈奋斗,既要顶住国内外各种敌对势力的反对、攻击、刁难和阻挠,又要面对经济困难、条件恶劣以及自然灾害等形成的冲击,由此构成的风风雨雨成为社会主义建设实践发展中的"雪山""草地""娄山关""腊子口",党的领导是勇闯这些险关的根本保证。

无论在革命战争年代,还是在和平建设环境下,党战胜一切困难的力量都来自人民。党的领导集中体现在把人民凝聚成一股绳团结起来共同奋斗,这是任何势力都打不败的力量。党的领导是做好党和国家各项工作的根本保证,是我国政治稳定、经济发展、民族团结、社会进步的根本点。党总揽全局、协调各方的领导核心作用,"形象地说是'众星捧月',这个'月'就是中国共产党"。②党的领导是引领中国发展进步的"定海神针",为沉着应对各种重大风险挑战提供根本政治保证。

在历史发展进程中,每当困难摆在面前,每当风险挑战来临时,党中央总是高瞻远瞩、运筹帷幄,团结带领人民坚定信心、迎难而上,在逆境中顽强奋斗,转危为机,以胜利创造新的机遇。尤其在中国特色社会主义进入新时代以来,"我们遭遇的风险挑战风高浪急,有时甚至是惊涛骇浪,各种风险挑战接踵而至,其复杂性严峻性前所未有"。③党领导人民发扬伟大斗争精神,战胜了所有的风险挑战,在一次次风雨来袭时,中国人民因为有了最可靠的主心骨而心安神定、笃定前行、所向披靡。

---

① 《习近平著作选读》(第二卷),人民出版社 2023 年版,第 347 页。
② 习近平:《论坚持党对一切工作的领导》,中央文献出版社 2019 年版,第 9 页。
③ 《习近平在省部级主要领导干部专题研讨班上的讲话》,《人民日报》2022 年 7 月 28 日。

第四节　党的建设目标

一、新民主主义革命时期党的建设目标

新民主主义革命时期,党的建设目标服务于推翻帝国主义和封建主义统治的要求,围绕着"为什么要革命""革什么命""怎样革命""革命如何胜利"等问题进行艰辛探索,对建设什么样的党作出规定。

1921 年 7 月,党的一大通过的《中国共产党的第一个纲领》和《中国共产党的第一个决议》,以纲领和决议的形式把党的性质和奋斗目标规定下来:中国共产党是以马克思主义思想为指导进行革命的无产阶级政党,最终奋斗目标是通过消灭阶级,实现共产主义[1]。党的二大确定了"无产阶级中最有革命精神的大群众组织起来为无产阶级之利益而奋斗的政党"的建设目标[2]。为了完成建设"一个能够实行无产阶级革命大的群众党"[3]的任务,党的最初建设目标是建立能够密切联系人民的革命政党。

1939 年,毛泽东在《〈共产党人〉发刊词》中提出新民主主义革命时期党的建设的总目标,即"建设一个全国范围的、广大群众性的、思想上政治上组织上完全巩固的布尔什维克化的中国共产党"[4]。这一目标的确立,为处于半殖民地半封建社会的中国建设一个马克思主义政党,为党在险恶环境中战胜强大的敌人,完成肩负的艰巨任务指明了前进方向。

1948 年 4 月,毛泽东在《晋绥干部会议上的讲话》中指出,党在当时的阶段性总路线和总政策,即"无产阶级领导的,人民大众的,反对帝国主义,封建主义和官

---

① 《中共中央文件选集》(第一册),中央党校出版社 1989 年版,第 3 页。
② 《中共中央文件选集》(第一册),中央党校出版社 1989 年版,第 90 页。
③ 《中共中央文件选集》(第一册),中央党校出版社 1989 年版,第 91 页。
④ 《毛泽东选集》(第二卷),人民出版社 1991 年版,第 603 页。

僚资本主义的革命"。^① 这是包括党建目标在内的毛泽东思想继续发展的重大成果,也是总结新民主主义革命的重要结论。

二、社会主义革命和建设时期党的建设目标

　　新中国成立后,随着中国共产党历史地位和社会角色的变化,党的活动方式开始从秘密转向公开,共产党员不再是保密的身份,党中央明确提出公开建党的要求,使人民群众每时每刻都可以看到自己身边共产党员的面貌。

　　1956 年,党的八大党章规定:"中国共产党是中国工人阶级的先进部队,是中国工人阶级的阶级组织的最高形式。它的目的是在中国实现社会主义和共产主义。"^②这个目标定位继承了建党以来的一贯思想,突出了领导社会主义事业发展中必须坚持马克思主义政党的先进本质。1965 年 12 月,邓小平在同亚洲一位共产党领导人谈话时指出:"建立一个什么样的党的问题,这不仅是我们这一代的问题,也是下一代、再下一代的问题。一个国家的革命,核心问题是党。有了一个好党才能引导革命走向胜利。革命胜利后,搞社会主义也要靠一个好党,否则胜利就靠不住。"^③党中央对建设好党有着热切期待。

　　由于国内外形势的复杂变化和党内"左"倾错误思想的滋长,"文化大革命"时期提出"五十字建党纲领",^④使党的建设目标打下"以阶级斗争为纲"的烙印,妨碍了党的建设目标实践的正确开展。党领导社会主义建设缺乏经验,实践遭遇曲折是正常的事情。从这个时期党的建设目标看,受传统革命思维定式的影响出现的失误,是党探索在全面执政条件下建设什么样的党、怎样建设党付出的代价。中国共产党正是在经历挫折的深刻反省中重新回到正确的轨道,确立符合社会主义建设要求的党的建设目标。

---

① 《毛泽东选集》(第四卷),人民出版社 1991 年版,第 1313 页。
② 《建国以来重要文献选编》(第九册),中央文献出版社 1994 年版,第 314 页。
③ 《邓小平年谱》(第三卷),中央文献出版社 2020 年版,第 554—555 页。
④ 即"中国共产党是由无产阶级先进分子所组成,领导无产阶级和革命群众对于阶级敌人进行战斗的朝气蓬勃的先锋队组织"。

三、改革开放和社会主义现代化建设新时期党的建设目标

党的十一届三中全会后,党中央团结带领全国人民拨乱反正,纠正"文化大革命"的错误,推动党和国家各项事业走上正确轨道,党的建设目标也随着实践的深入不断清晰和明确。

改革开放初期,邓小平就提出"执政党应该是什么样的党、执政党的党员应该怎样才合格"①的问题,要求全党认真思考。党的十二届二中全会通过的《中共中央关于整党的决定》,首次表述新时期党的建设的总目标:"把我们党建设成为有战斗力的马克思主义政党,成为领导全国人民进行社会主义物质文明和精神文明建设的坚强核心。"②1987年10月,党的十三大把党的建设目标进一步细化,强调要把党建设成"一个勇于改革,充满活力的党,纪律严明、公正廉洁的党,选贤任能、卓有成效地为人民服务的党"。③

党的十三届四中全会以后,以江泽民同志为主要代表的中国共产党人围绕"建设一个什么样的党,怎样建设党"这个根本问题,在把中国特色社会主义全面推向21世纪的过程中深化了对新时期党建目标的认识。党的十四大在通过《中国共产党章程(修正案)》的决议中提出要"把党建设成为领导全国人民沿着有中国特色社会主义道路不断前进的坚强核心"。④ 1994年9月,党的十四届四中全会通过的《关于加强党的建设几个重大问题的决定》提出"把党建设成为用建设有中国特色社会主义理论武装起来、全心全意为人民服务、思想上政治上组织上完全巩固、能够经受住各种风险、始终走在时代前列的马克思主义政党"。⑤ 党的十五大提出"把党建设成为用邓小平理论武装起来、全心全意为人民服务、思想上政治上组织上完全巩固、能够经受住各种风险、始终走在时代前列、领导全国人民建设有中国特色社会主义的马克思主义政党"。⑥ 这些表述丰富了新时期党的建设的

---

① 《邓小平文选》(第二卷),人民出版社1994年版,第276页。
② 《十二大以来重要文献选编》(上),人民出版社1986年版,第425页。
③ 《十三大以来重要文献选编》(上),人民出版社1991年版,第55页。
④ 《中国共产党第十四次全国代表大会文件汇编》,人民出版社1992年版,第123页。
⑤ 《十四大以来重要文献选编》(中),人民出版社1997年版,第957页。
⑥ 《十五大以来重要文献选编》(中),人民出版社2001年版,第1256页。

目标。

　　进入新世纪,思考和明确党的建设目标的特点是更加突出执政党的角色。注重以执政党应有的思维逻辑和行为逻辑加强和改进自身建设。党的十六大提出建设一个"始终是中国工人阶级的先锋队,同时是中国人民和中华民族的先锋队,始终是中国特色社会主义事业的领导核心,始终代表中国先进生产力的发展要求,代表中国先进文化的前进方向,代表中国最广大人民的根本利益"的政党。①2004 年,党的十六届四中全会通过《关于加强党的执政能力建设的决定》,形成"使党始终成为立党为公、执政为民的执政党,成为科学执政、民主执政、依法执政的执政党,成为求真务实、开拓创新、勤政高效、清正廉洁的执政党,归根到底成为始终做到'三个代表'、永远保持先进性、经得住各种风浪考验的马克思主义执政党,带领全国各族人民实现国家富强、民族振兴、社会和谐、人民幸福"的建设目标。②

　　改革开放和社会主义现代化建设新时期,思考党的建设目标虽然形成不同的表述,但在体现党的性质宗旨、保持马克思主义政党先进本质上的基本精神是完全一致的。不同阶段提出的党的建设目标,体现党对加强自身建设规律认识的深化,对党的建设沿着正确的轨道发展起到了重要指导作用。

四、中国特色社会主义新时代党的建设目标

　　中国特色社会主义进入新时代,关于党的建设,形成了推进党的建设新的伟大工程的新思路,提出了新的要求。围绕建设什么样的长期执政的马克思主义政党、怎样建设长期执政的马克思主义政党这个重大时代课题,以习近平同志为核心的党中央作出了新的回答。

　　党的十八大提出:"建设学习型、服务型、创新型的马克思主义执政党,确保党始终成为中国特色社会主义事业的坚强领导核心。"③2017 年 10 月,党的十九大报告指出新时代党的建设总要求:"把党建设成为始终走在时代前列、人民衷心拥

---

① 《十六大以来重要文献选编》(上),人民出版社 2005 年版,第 38 页。
② 《十六大以来重要文献选编》(中),人民出版社 2006 年版,第 38、276 页。
③ 《十八大以来重要文献选编》(上),中央文献出版社 2014 年版,第 39 页。

护、勇于自我革命、经得起各种风浪考验、朝气蓬勃的马克思主义执政党。"①党的二十大提出："落实新时代党的建设总要求,健全全面从严治党体系,全面推进党的自我净化、自我完善、自我革新、自我提高,使我们党坚守初心使命,始终成为中国特色社会主义事业的坚强领导核心。"②

习近平作出的一系列重要论述为深化新时代党的建设目标认识提供了强大思想武器。习近平指出："要把新时代坚持和发展中国特色社会主义这场伟大社会革命进行好,我们党必须勇于进行自我革命,把党建设得更加坚强有力。"③他强调："我们党作为世界上最大的马克思主义执政党,要始终赢得人民拥护、巩固长期执政地位,必须时刻保持解决大党独有难题的清醒和坚定。""必须持之以恒推进全面从严治党,深入推进新时代党的建设新的伟大工程,以党的自我革命引领社会革命。"④

中国特色社会主义新时代党的建设目标体现继承和创新相统一。从继承看,新时代党的建设目标体现坚持以马克思主义、毛泽东思想、邓小平理论、"三个代表"重要思想、科学发展观为指导,贯彻全心全意为人民服务和立党为公、执政为民的根本宗旨。从创新看,新时代党的建设目标更加突出把握历史大势的时代特色、强化应对挑战的风险意识、强调自我革命的斗争要求、彰显福祉人民的党性要求。这些特点表明,中国共产党无愧为伟大光荣正确的党。

① 《党的十九大报告辅导读本》,人民出版社 2017 年版,第 61 页。
② 《习近平著作选读》(第一卷),人民出版社 2023 年版,第 52 页。
③ 《习近平著作选读》(第二卷),人民出版社 2023 年版,第 100 页。
④ 《习近平著作选读》(第一卷),人民出版社 2023 年版,第 52 页。

第五节　党的建设主线

一、党的执政能力建设

明确党的建设主线，是中国共产党深刻认识和把握党的建设规律的创新成果。所谓主线是指贯穿事物发展过程的一条经络，事物内部的各种关联都围绕主线而形成互动。党的十六大以来，党的建设越来越突出"主线"要求，首先把"加强党的执政能力建设"的重大战略任务作为主线加以明确。党的十七大提出"以党的执政能力建设和党的先进性建设为主线"，十八大进一步把"纯洁性建设"纳入党的建设主线，形成"党的执政能力建设、先进性建设和纯洁性建设为主线"的完整提法。

把党的执政能力作为党的建设主线，体现党的建设发展中应对新情况新问题的思想自觉。20世纪后期世界上大党老党接二连三地发生丢失执政地位的事情，使中国共产党把提高党的执政能力问题提到头等重要的位置上来。虽然党的八大就对执政党建设进行了研究，但东欧社会主义国家和苏联共产党丧失政权的事实，给中国共产党敲响了警钟。

党中央深刻认识到，执政能力是执政党最基本、最重要、最关键的能力，具备卓越的执政能力不仅是中国共产党作为先进的马克思主义执政党的必然要求，更是巩固和维护中国共产党长期执政地位的现实需要。因此，执政能力建设是党执政后的一项根本建设，党的执政能力建设是中国共产党在全面执政之后面临的最重要课题。

党的十六届四中全会通过的《中共中央关于加强党的执政能力建设的决定》对党的执政能力的内涵作了科学的界定。《决定》指出："党的执政能力，就是党提出和运用正确的理论、路线、方针、政策和策略，领导制定和实施宪法和法律，采取科学的领导制度和领导方式，动员和组织人民依法管理国家和社会事务、经济和文化事业,有效治党治国治军,建设社会主义现代化国家的本领。"①《决定》提出加强党的执政能力建设的主要任务是:按照推动社会主义物质文明、政治文明、精神文明协调发展的要求,不断提高驾驭社会主义市场经济的能力、发展社会主义民主政治的能力、建设社会主义先进文化的能力、构建社会主义和谐社会的能力、应对国际局势和处理国际事务的能力。

在中国特色社会主义新时代,执政能力建设的重点在于建设长期执政的马克思主义政党。长期执政既是新时代党的建设目标,又是新时代治党治国的前提条件。党的十九大提出新时代党的建设总要求,党的执政能力建设仍然作为党的建设主线包含其中。新时代经受住执政考验和走好新的赶考之路,必须牢牢抓住加强党的执政能力建设这条主线,把新时代党的建设新的伟大工程不断向前推进。

二、党的先进性建设

先进是与后进、落后相对应的概念,指某事物相较于其他事物所表现出来的优势和长处,一般用来形容进步比较快、水平比较高、走在发展前列的事物。判断一个事物是否具有先进性,主要是看这一事物是否具有新的属性、是否符合事物发展规律,以及是否对改造客观世界具有积极的促进作用。

先进性是马克思主义政党的本质属性,中国共产党作为马克思主义政党具有先天的先进性。中国共产党的先进性主要体现在思想和行动上,一指党在思想、理论、纲领等方面所具有的优于其他政党的特质,党的理论和路线方针政策顺应时代发展的潮流和推动社会发展进步的要求,反映全国各族人民的利益和愿望;二指党在推动人类社会历史发展进步中所体现出来的先进性质,党的各级组织和广大党员始终发挥先锋模范作用,使党保持与时俱进的品质,始终走在时代前列。先进性建设便是为保持与发展党在思想和行动上的先进性而采取的措施,目的在于使中国共产党始终代表先进生产力的发展要求,代表先进文化的前进方向,代表最广大人民的根本利益,确保党始终保持"两个先锋队"性质,"始终走在时代前列"。

---

① 《十六大以来重要文献选编》(中),中央文献出版社 2006 年版,第 272 页。

保持党的先进性是党的建设的永恒主题,中国共产党的历史就是一部永葆先进性的历史。从建党开始,中国共产党对保持党的先进性就形成了明确的认识,在领导新民主主义革命的实践中,党以反帝反封建革命的彻底性体现先进性,要求共产党员"高度地发挥其先锋的模范的作用"。① "先锋队""先锋模范作用"体现的就是党的先进性。新中国成立后,在党的全面执政实践中,党中央要求全体党员和干部树立全心全意为人民服务的根本宗旨,坚持党的群众路线,吃苦在前、享受在后,发扬艰苦创业精神,为人民群众树立榜样。改革开放后,党中央号召全党摆脱各种束缚,解放思想,开创中国特色社会主义,打造了顺应历史大势、跟上时代潮流的先进形象。中国特色社会主义新时代,党中央大力推进全面从严治党实践创新发展,要求全体共产党员坚定理想信念,锤炼党性,着力纠正党内不正之风,进一步提高了党的先进性。

把先进性作为党的建设主线,是由马克思主义政党本质决定的,是贯彻党的根本宗旨的规定,是党始终站在时代前列引领中国发展进步,适应世情国情党情变化不断与时俱进的要求。党的先进性不是一成不变的,也不是一劳永逸的,确保在历史演进中党不变质、不变色、不变味,必须把党的先进性建设这一主线贯穿于党的建设全过程。

三、党的纯洁性建设

"纯洁"指纯粹洁白,没有杂质,没有污染。陈云指出:"我们所说的纯洁,主要的不是年幼龄轻、没有社会关系、单纯的纯洁,而是指在复杂动荡的环境中忠心为共产主义坚持奋斗的纯洁。"② 中国共产党历来是从党性坚守上提出纯洁的要求的。

党的纯洁性与先进性是辩证统一的。从概念上说,"先进"和"纯洁"具有不同的含义,"纯洁"的反义词是"污浊","先进"的反义词是"落后"。保持党的先进性和保持党的纯洁性有不同的要求。党的先进性建设更侧重于党的性质层面的要

---

① 《毛泽东选集》(第二卷),人民出版社 1991 年版,第 523 页。
② 《陈云文选》(第一卷),人民出版社 1995 年版,第 200—201 页。

求,党的纯洁性建设更侧重于党的组织管理层面的要求。党的先进性以党的纯洁性为基础,党组织的纯洁是实现党的先进性的前提条件。两者有着内在的逻辑关系,本质上相一致,内容上相融合,目标是共同的。

保持党的纯洁性是党中央一贯的要求,建党以来,党始终注重把积极分子吸收进党组织,坚决反对投机腐败分子混入党内。毛泽东提出"严肃地坚决地保持共产党员的共产主义的纯洁性"[①],"必须坚持集中统一、思想一致、行动一致,保持党的纯洁性"。[②] 在全面执政实践中,党中央结合党的中心工作和形势发展的要求,不断提高入党标准,加强党员教育管理,开展整党整风运动,在一些特殊情况下还进行清查党员队伍的工作。同时,注重党内外监督,坚持不懈地开展反腐败斗争。这些举措都对保持党的纯洁性起到了重要作用。

保持党的纯洁性具有丰富的内容。政治纯洁是保持党的纯洁性的前提条件,党员、干部的政治立场和政治操守是党性的第一体现,政治上不纯洁就会使党改变颜色。思想纯洁是党的纯洁性建设的根本条件,"保持党在思想上的纯洁性,是保证党的正确政治方向和党的团结统一的思想基础"。[③] 作风纯洁是保持党的纯洁性的关键所在,只有始终重视党员作风的纯洁性,才能克服党内的不正之风,才能使党充满凝聚力、战斗力和创造力。组织纯洁是保持党的纯洁性的重要基础和前提,组织纯洁了,党才能坚如磐石。

保持党的纯洁性为保持党的先进性奠定基础,只有党的肌体保持健康,才能保证党的本质先进。作为党的建设的一条主线,党中央是把先进性和纯洁性连在一起表述的,因此,保持党的先进性和保持党的纯洁性不能理解为拆分开来的两个方面的建设。保持纯洁性是马克思主义政党一贯的价值追求,也是马克思主义政党的行为准则,作为党的建设永恒主题,必须把党的纯洁性与先进性紧密地结合起来,共同付诸党的建设实践。

---

① 《毛泽东选集》(第三卷),人民出版社 1991 年版,第 793 页。
② 《毛泽东文集》(第三卷),人民出版社 1996 年版,第 260—261 页。
③ 习近平:《扎实做好保持党的纯洁性各项工作》,《求是》2012 年第 6 期。

第六节　党的建设布局

一、新民主主义革命时期党的建设基本布局

布局是指事物自身生成的一种结构及其内在要素之间的关系,具有规划性安排的意思。党的建设是一个系统性、体系化的综合体,党的建设布局是党的建设伟大工程实践作出的部署安排。党的建设布局在历史实践中不断完善,对提高党的建设科学化水平有着重要意义。

党的建设形成基本布局与毛泽东提出党的建设是一项伟大工程的重大论断有关,围绕哪些方面开展党的建设形成的就是工程建设的布局。党的建设自建党开始就进入实践并逐渐发展,到延安整风运动时形成清晰的思路。虽然当时并没有明确使用布局的概念,但延安整风运动围绕思想建设、组织建设、作风建设开展党的建设,体现出布局安排的意义。

延安整风运动是一场马克思主义思想教育运动,是思想建党的一次具体实践。这场运动把反对主观主义以整顿学风作为首要任务,就是突出把党的思想建设放在首要位置。毛泽东指出,"主观主义是一种不正派的学风,它是反对马克思列宁主义的,它是和共产党不能并存的。我们要的是马克思列宁主义的学风",认真解决领导机关、全体干部、全体党员的思想方法问题,树立对待马克思列宁主义的科学态度"就是第一个重要的问题"。① 延安整风运动创造了加强党的思想建设的成功经验,通过学习马克思主义著作,把学习理论与研究和总结党的历史实践相结合,辨明是非,弄清对错,确立起一切从实际出发的实事求是的思想路线,并在统一思想基础上达到全党的团结。

延安整风运动纯洁了党的组织,积累了加强党的组织建设的经验。发展壮大

---

① 《毛泽东选集》(第三卷),人民出版社 1991 年版,第 812—813 页。

党的队伍从建党开始就成为一项重要任务，然而，党组织在发展中也遭遇了挫折。党创建时仅有 50 多名党员，到 1927 年 5 月增加到 5 万多人，大革命失败后遭国民党反动派屠杀只剩下 1 万多名共产党员。党独立领导革命后不断扩大党的队伍，到 1934 年时壮大到 30 多万名党员，但第五次反"围剿"失败后党组织又遭到极大破坏，长征胜利到达延安时只剩 3 万多名党员。延安时期党的队伍快速发展，1940 年时达到 80 多万名党员，1945 年党的七大时达到 121 万名党员。这样就对党的组织建设提出了要求。延安整风运动以反对宗派主义整顿党风，主要目的就是加强党组织的作风建设。在整风运动开展过程中，党中央高度重视党的组织建设，当时担任中央组织部部长的陈云对如何发展党员、如何加强党的基层组织建设、如何抓好干部教育、如何严密党的纪律等方面进行了系统的思考，提出的一系列重要思想为推进党的组织建设作出了重大贡献。

党的作风建设是延安整风运动的重点内容。用整风命名这场运动突出的就是党的作风。整风运动是思想作风、干部作风、工作作风的全面整顿，毛泽东作《整顿党的作风》的报告就是从整体上对改变党的作风作出论述。延安整风运动把理论联系实际的作风、和人民群众紧密联系在一起的作风、批评与自我批评的作风树立起来作为党的三大优良作风，就是党的作风建设取得的重大成果。邓小平说："我们党很完整的作风，经过延安整风已经建立起来了。"①党的优良作风对党领导新民主主义革命取得胜利起到了重要作用。

延安整风运动形成党的思想建设、组织建设、作风建设布局，在新中国成立后的长期实践中始终得到保持。党充分利用延安整风运动的历史经验，围绕这三个方面加强党的建设。1997 年，党的十五大报告指出："全党要按照新的伟大工程的总目标，从思想上、组织上、作风上全面加强党的建设。"②这个要求体现的就是三位一体的党建布局。思想建设、组织建设、作风建设连为一体，科学地把党的思想武装、组织发展和作风建设有机结合，为丰富马克思主义党建思想作出了独特贡献。

---

① 《邓小平年谱》(第四卷)，中央文献出版社 2020 年版，第 160 页。
② 《十五大以来重要文献选编》(上)，人民出版社 2000 年版，第 45—46 页。

二、"五位一体"总体布局

党的建设布局在党的建设深入实践中不断丰富和完善。改革开放和社会主义现代化建设新时期,在国内外形势深刻变化的新形势下,党中央根据党的建设深入推进中出现的新情况新问题,进行新的谋划,作出新的部署,在加强党的思想建设、组织建设、作风建设的基础上,推动党的建设实现"四位一体"到"五位一体"的创新发展。

为了贯彻落实制度建设更具根本性、全局性、长期性和稳定性的重要思想,1987 年,党的十三大报告中提出"切实加强党的制度建设","在党的建设上走出一条不搞政治运动,而靠改革和制度建设的新路子"。① 1992 年,党的十四大报告将"坚持和健全民主集中制""发扬党内民主,加强制度建设"②作为加强党的建设的重点内容提出来,指明了党的建设下一步的主攻方向。到 2002 年,党的十六大提出"把思想建设、组织建设和作风建设有机结合起来,把制度建设贯穿其中",③党的制度建设被正式纳入党的建设总体布局中,与党的思想建设、组织建设、作风建设相联系,形成党的建设"四位一体"布局。

反腐倡廉是党的建设的重要内容,从建党开始就始终在开展。反腐倡廉是中国共产党保持先进性和纯洁性的内在要求,因此在党的建设中一直被摆在重要位置上,党中央领导人对此作出过很多论述,形成了丰富的思想。在长期实践发展中,尤其在新中国成立后全面执政条件下,坚决反对腐败、加强党风廉政的要求都是被放在党的作风建设的任务中加以强调的。在进行改革开放和社会主义现代化建设过程中,腐败在一些地方、一些领域严重滋生的现象引起人民群众的强烈不满。党中央因而加以高度重视,党风廉政成为党的建设迫切需要解决的重大问题。2007 年,党的十七大报告提出"以坚定理想信念为重点加强思想建设,以造就高素质党员、干部队伍为重点加强组织建设,以保持党同人民群众的血肉联系为重点加强作风建设,以健全民主集中制为重点加强制度建设,以完善惩治和预防

① 《十三大以来重要文献选编》(上),人民出版社 1991 年版,第 50、54 页。
② 《十四大以来重要文献选编》(上),人民出版社 1996 年版,第 43—44 页。
③ 《十六大以来重要文献选编》(上),中央文献出版社 2005 年版,第 38 页。

腐败体系为重点加强反腐倡廉建设"。① 这个"五位一体"的布局清晰地体现重点突出和整体推进相结合的思路,以此部署取得了加强党的建设的总体效果。

把握"五位一体"党的建设总体布局,必须把握各项建设相互之间的关系。思想、组织、作风、制度、反腐倡廉五个方面的建设构成相辅相成的内在逻辑。思想建设是前提,它决定着其他各方面建设的思想理论指导;组织建设是核心,党的建设依赖强大的组织来开展;作风建设是关键,对党的生死存亡具有决定意义;制度建设是根本,为党的各方面建设提供规范和保证;反腐倡廉建设是基石,党的建设缺乏廉洁操守将严重损害党的声誉和威信。

三、新时代党的建设新布局

党的十八大以来,以习近平同志为核心的党中央开创全面从严治党新局面,新时代党的建设伟大工程深入发展为深化认识和把握共产党执政建设规律奠定了实践基础。加强党的建设视野进一步开阔,领域进一步拓宽,理论进一步丰富。立足新时代党治国理政的新要求,党中央对党的建设进行顶层设计和战略谋划,形成了崭新的部署。

党的十九大总结吸收党的十八大以来党的工作和党的建设鲜活经验,揭示新时代党的建设总要求。总要求中提出全面推进党的政治建设、思想建设、组织建设、作风建设、纪律建设,把制度建设贯穿其中,深入推进反腐败斗争。为了便于理解和把握,有的研究者将其简称为"5 + 2"新部署,由此形成的布局体现了党中央对新时代党的建设新的伟大工程的创造性设计。

党的十九大关于党的建设创新部署的主要特点是:第一,继承了党的建设"五位一体"总体布局的基本内核,从延安时期形成的思想建设、组织建设、作风建设依然占据重要位置,构成党的建设布局的重要方面;第二,把党的政治建设、纪律建设纳入党的建设总体布局之中,这是在深刻总结党的建设长期实践经验和党的十八大以来全面从严治党鲜活经验基础上形成的重大创新;第三,把党的政治建设摆在首要位置,在加强党的建设实践中显示政治方向的极端重要性;第四,把制度建设单独列出来加以突出,表明党的各方面建设都离不开制度作保证,强化具有根本性、全局

---

① 《十七大以来重要文献选编》(上),中央文献出版社 2009 年版,第 38 页。

性、长期性、稳定性的制度功能;第五,用深入推进反腐败斗争替代原先的反腐倡廉建设,并单独列出加以强调,使解决党风廉政问题更加旗帜鲜明地聚焦反腐败斗争。

　　新时代党的建设新布局形成全面从严治党的系统构造,五个方面的建设与制度建设和反腐败斗争形成同向发力的协同效应。党的政治建设是党的根本性建设,决定党的建设的方向和效果。党的思想建设是党的基础性建设,坚定理想信念和坚持以马克思主义思想、党的创新理论武装头脑,为党的建设立根树魂。党的组织建设是增强党凝聚力、战斗力、创造力的基础依托,确保党的路线方针政策和决策部署的贯彻落实,必须以强有力的党组织为前提。党的作风建设关乎党的形象,关乎党的执政能力提高和党的执政地位巩固,必须通过加强党的作风建设来保持党和人民群众的血肉联系。党的纪律建设是从严管党治党的治本之举,组织严密、纪律严明的优良传统和政治优势是党的力量所在。党的制度建设为党的建设规范化提供保证,为党的各方面建设立章建制,提供加强党的建设的思想和行为遵循原则。反腐败斗争祛除党的健康肌体的各种病毒和肌瘤,体现党勇于自我革命的精神。由此形成的整体性建设提高了党的建设科学化水平,崭新布局为新时代开创党的建设新的伟大工程新局面提供了强大支撑。

第七节　党的路线

一、党的政治路线

　　路线的通俗解释是指从一个地方到另一个地方的行走遵循,包含途径的意思。任何事物都是按照一定的规律发展的,党的建设也是遵循一定的路线发展的。党的建设路线显示发展的方向、道路和目标等内容。在各种路线中,党的政治路线最为重要。

党的政治路线,又称党的总路线、党的基本路线,是党根据其性质、宗旨、最高纲领,在一定社会历史时期为解决社会主要矛盾、实现一定历史阶段的中心任务而制定的总政策或总方针,是制定各项具体方针政策的根本指南。

中国共产党成立时,便对自身的革命性质、革命对象、革命动力、政治策略、革命前途等有了清醒的认知,初步明确了党在新民主主义革命时期的总路线。党的一大明确使用了"政治路线"一词,强调"党应特别机警地注意,勿使工会执行其他的政治路线"。党的二大把"消除内乱,打倒军阀,建设国内和平;推翻国际帝国主义的压迫,达到中华民族完全独立;统一中国本部(东三省在内)为真正民主共和国"作为党在革命时期的政治纲领,①体现党的政治路线的基本内容。党的六大提出"在政治的路线上,要有真正布尔什维克的路线"。② 党的七大制定的党的政治路线是放手发动群众,壮大人民力量,在我党的领导下,打败日本侵略者,解放全国人民,建立一个新民主主义的中国。在新民主主义革命时期,"无产阶级领导的,人民大众的,反对帝国主义、封建主义和官僚资本主义的革命"③,构成党领导中国革命总路线的核心内容。

新中国成立后,由新民主主义向社会主义过渡的任务摆在中国共产党面前。1953 年 6 月,毛泽东在中央政治局会议上对过渡时期的总路线和总任务作了表述,即"从中华人民共和国成立,到社会主义改造基本完成,这是一个过渡时期。党在这个过渡时期的总路线和总任务,是要在一个相当长的时期内,基本上实现国家工业化和对农业、手工业、资本主义工商业的社会主义改造"。④ 1954 年 2 月,党的七届四中全会正式批准了这条总路线。同年 9 月,一届全国人大一次会议将这一总路线载入中华人民共和国宪法。这是一条社会主义工业化和社会主义改造同时并举的总路线。在这一总路线的指引下,我国顺利完成了社会主义改造,

---

① 《建党以来重要文献选编(一九二一——一九四九)》(第一册),中央文献出版社 2011 年版,第 4、133 页。
② 《建党以来重要文献选编(一九二一——一九四九)》(第五册),中央文献出版社 2011 年版,第 290 页。
③ 《毛泽东选集》(第四卷),人民出版社 1991 年版,第 1313 页。
④ 《建国以来重要文献选编》(第四册),中央文献出版社 1993 年版,第 348—349 页。

建立了社会主义制度,完成了中华民族有史以来最为广泛而深刻的社会变革,为当代中国的一切发展进步奠定了根本政治前提和制度基础,为中国发展富强、中国人民生活富裕创造了保障性条件。

改革开放以来,中国共产党对社会主义建设的认识愈加清晰和明确,对政治路线的认识越来越深刻。1979 年 3 月,邓小平提出,我们党当前最大的政治是社会主义现代化建设。① 1987 年,党的十三大对社会主义初级阶段的基本路线作了科学完整的表述,即"领导和团结全国各族人民,以经济建设为中心,坚持四项基本原则,坚持改革开放,自力更生,艰苦创业,为把我国建设成为富强、民主、文明的社会主义现代化国家而奋斗"。② 党的十四大把这一基本路线写入党章,以党的根本大法的形式确立和保证了其在社会主义现代化建设中的根本地位。党的十五大将党的基本路线与党的经济、政治、文化纲领相联系,提出要正确处理改革、发展和稳定的关系。党的十六大将"一个中心、两个基本点"的政治路线融入建设中国特色社会主义的十条经验之中。党的十七大将中国特色社会主义道路与党的政治路线相结合,党的政治路线规定的现代化国家建设目标又增加了"和谐"的要求。

中国特色社会主义进入新时代,以习近平同志为核心的党中央丰富和发展了党在社会主义初级阶段的政治路线。党的十九大报告将"美丽"增添到现代化强国目标中。党的十九大新修订的党章中,基本路线对奋斗目标的表述,增加了"美丽"的内容,拓展了党的基本路线的内涵,丰富了社会主义初级阶段的奋斗目标。2019 年 1 月 31 日,党中央颁布《关于加强党的政治建设的意见》,要求"坚定执行党的政治路线",指出"党在社会主义初级阶段的基本路线作为党的政治路线,是党和国家的生命线、人民的幸福线,必须坚决捍卫、坚定执行","全党制定执行大政方针,要从党的政治路线出发;部署推进党和国家发展重大战略、重大任务、重大工作,要紧紧围绕党的政治路线来进行"。③

实践证明,党的政治路线正确与否决定着党和国家事业的成败。道路决定命运,路线指明方向。党的政治路线确定后必须坚定不移地执行。邓小平强调:"基

---

① 《邓小平文选》(第二卷),人民出版社 1994 年版,第 163 页。
② 《十三大以来重要文献选编》(上),人民出版社 1991 年版,第 15 页。
③ 《十九大以来重要文献选编》(上),中央文献出版社 2019 年版,第 796—797 页。

本路线要管一百年,动摇不得。只有坚持这条路线,人民才会相信你,拥护你。"①习近平指出:"我们要坚持把以经济建设为中心作为兴国之要、把四项基本原则作为立国之本、把改革开放作为强国之路,不能有丝毫动摇。"②偏离党的政治路线,党和国家事业发展就会遭遇挫折甚至失败。

二、党的群众路线

群众路线的内涵是保持党和人民群众的血肉联系,是中国共产党对待人民群众、处理党群关系的世界观和方法论。从本质上说,党的群众路线是"要使我们党与人民群众建立正确关系的路线",更是"要使我们党用正确的态度与正确的方法去领导人民群众的路线"。③

人民立场是我们党最根本的政治立场,群众观点是我们党最基本的政治观点。党在成立之初就已经认识到了发展壮大党的事业必须依靠人民群众。党的一大提出要"把工农劳动者和士兵组织起来"。党的二大从无产阶级政党的性质和任务出发,要求党应该"'到群众中去'组成一个大的'群众党'",并提出党的一切运动要"深入到广大的群众里面去"。④ 党的六大提出"争取群众"是党"现时的总路线"。在宣传贯彻党的六大精神过程中,李立三提出:"在总的争取群众路线之下,需要竭最大努力到下层群众中去。"⑤1929年,《中共中央给红军第四军前委的指示信》中正式使用"群众路线"概念,要求把群众路线贯彻到红军筹款、给养等事项当中去。1945年,党的七大在党的历史上首次将群众路线从领导方法、工作方法层面上升到根本路线的战略高度,明确"党的群众路线,是我们党的根本的政治路线,也是我们党的根本的组织路线",并系统全面论述了群众路线的内涵,"党的群众路线,就是我们党的领导骨干和党内党外广大群众密切结合的路线,就是从群众中来又到群众中去的路线,就是指导方法上的一般号召与个别

① 《邓小平文选》(第三卷),人民出版社1993年版,第370—371页。
② 《习近平谈治国理政》(第二卷),外文出版社2017年版,第37页。
③ 《刘少奇选集》(上卷),人民出版社1981年版,第348页。
④ 《建党以来重要文献选编(一九二一——一九四九年)》(第一册),中央文献出版社2011年版,第162页。
⑤ 《关于建国以来党的若干历史问题的决议·注释本(修订)》,人民出版社1985年版,第565页。

指导相结合的路线"，①强调为了贯彻党的群众路线，必须坚持党的群众观点。

新中国成立后，党从全面执政条件的新历史条件加深对党的群众路线的认识，邓小平在党的八大会议上作修改党章的报告，对坚持党的群众路线作出了突出强调。党中央提出：党必须密切联系群众和依靠群众，而不能脱离群众，不能站在群众之上；每一个党员必须养成为人民服务、向群众负责、遇事同群众商量和同群众共甘苦的工作作风，进一步强调了党的领导工作能否保持正确，决定于它能否采取"从群众中来，到群众中去"的方法。② 在社会主义革命和建设时期，践行党的群众路线密切了党和人民群众的关系，在党的团结带领下，中国人民在为改变一穷二白落后面貌的不懈斗争中发挥了重要作用。

改革开放以后，党根据新时期新任务，进一步将"群众路线"与"实事求是"紧密结合，从改革、发展、稳定的战略全局出发，不断丰富和发展群众路线的内涵。党中央在拨乱反正中恢复党的优良传统，坚持党的群众路线与实事求是成为两个主要内容："培养好的风气，最主要的是走群众路线和实事求是这两条。"③发扬党的优良作风与贯彻执行党的群众路线紧密相联系，提升了党员、干部的思想自觉。1982年，党的十二大通过的党章对群众路线作出新的表述："一切为了群众，一切依靠群众，把党的正确主张变为群众的自觉行动。"④党的十三大、十四大继续沿用了这个表述。党中央强调："坚持和改善党的领导，提高党的执政水平和领导水平，一个重大问题是不断巩固和加强党同人民群众的血肉联系。有了这种联系，我们的改革和建设就有了胜利之本，就有了汲取智慧和力量的最深厚源泉，就有了正确决策、减少和防止失误的可靠保证。"⑤结合改革开放深入推进的新要求，党的群众路线思想和实践的丰富发展，为开创中国特色社会主义伟大事业提供了力量支撑。

新时代党的建设新的伟大工程在提高党的群众路线自觉性上取得显著成效。党的十八大对加强党的建设作出的重大部署就是开展群众路线教育实践活动，以

①　《刘少奇选集》（上卷），人民出版社1981年版，第342、348页。
②　《中共中央文件选集》（第二十四册），人民出版社2013年版，第133页。
③　《邓小平文选》（第二卷），人民出版社1994年版，第57页。
④　《中国共产党章程》，人民出版社1987年版，第7页。
⑤　《江泽民文选》（第一卷），人民出版社2006年版，第359页。

反对"四风"为重点转变党的作风,集中解决的就是党内存在严重脱离人民群众的突出问题。习近平作出一系列重要论述,提出一系列原创性思想和创造性结论,指导全党和党的领导干部加深党的群众路线的认识,增强贯彻执行党的群众路线的行动自觉。习近平在群众路线是党的根本工作路线的基础上进一步形成"是党的生命线"的新论断,强调党的群众路线是我们党永葆青春活力和战斗力的重要传家宝;必须顺应民心、尊重民意、关注民情、致力民生;要心中有群众,时刻把群众安危冷暖放在心上,认真落实党中央各项惠民政策,把小事当作大事来办,切实解决群众"急难愁盼"的问题;必须打通服务群众的"最后一公里",把为人民服务的工作做到位;"要把服务群众、造福群众作为基层治理的出发点和落脚点,通过不断增强人民群众的获得感、幸福感、安全感,赢得群众对党的信任和拥护"。① 这些内涵深刻、内容丰富、话语鲜活的重要论述,形成党的群众路线思想创新发展的重大成果,为新时代全党践行群众路线、密切党群关系和干群关系、推进党和国家事业顺利发展,提供了方向指引和行动指南。

党的群众路线作为党领导革命取得胜利和长期执政、永葆党的生机活力的民心资源,是党加强自身建设的重要法宝。牢记我们党是什么、要干什么的根本问题,不忘初心、牢记使命,必须坚定不移地贯彻执行党的群众路线。党要团结带领人民夺取新时代中国特色社会主义伟大胜利,必须始终保持同人民群众的血肉联系。

三、党的思想路线

党的思想路线也叫认识路线,是中国共产党认识问题、分析问题、处理问题所遵循的最根本的指导原则和思想基础。思想路线是中国共产党进行认识世界和改造世界的一系列实践活动的根本原则和方法论指导,是党制定政治路线、组织路线以及政策、方针、规划的基础。从理论层面看,党的思想路线始终是马克思主义中国化理论成果的精髓和灵魂;从实践层面看,党的思想路线始终是中国共产党人认识世界和改造世界的根本要求,是党的基本思想方法、工作方法和领导方

---

① 《十九大以来重要文献选编》(上),中央文献出版社 2019 年版,第 562 页。

法,是党带领人民推动伟大事业不断取得胜利的重要法宝。

　　新民主主义革命时期,党的思想路线就已经明确树立起来。以毛泽东同志为主要代表的中国共产党人立足于把马克思列宁主义的普遍原理与中国革命的具体实践紧密地结合,探索中国革命独特道路,体现一切从实际出发的思想方法。1929年,毛泽东首次使用"思想路线"一词,指出最近的问题是"历史上一种错误的思想路线上的最后挣扎"。同年12月,毛泽东批评主观主义,强调针对实际开展调查研究的重要性,要"使同志们知道离开了实际情况的调查,就要堕入空想和盲动的深坑"。① 1930年,毛泽东在《反对本本主义》中提出了"中国革命斗争的胜利要靠中国同志了解中国情况""到群众中做实际的调查研究"等主张,强调一定要纠正脱离实际情况的"本本主义"。1937年,毛泽东在《实践论》和《矛盾论》中对主观主义作出深刻分析和论述,贯穿着马克思主义实事求是的精神。1938年,在党的六届六中全会上,毛泽东在报告中首次使用了"实事求是"的概念,指出"共产党员应是实事求是的模范","因为只有实事求是,才能完成确定的任务"。1940年,毛泽东在《新民主主义论》中提出"科学的态度是'实事求是'"②,强调真理的发现需要依靠客观的实践而不是主观的夸张,革命实践是检验真理的尺度。1941年,毛泽东在延安干部会上首次对"实事求是"作出解释,"'实事'就是客观存在着的一切事物,'是'就是客观事物的内部联系,即规律性,'求'就是我们去研究",强调学习马克思主义要坚持从实际出发、理论和实际统一的原则,这标志着党的思想路线正式形成。1942年,毛泽东进一步阐述了实事求是思想,强调必须坚持"理论和实际联系","精通的目的全在于应用",主张共产党"靠马列主义真理吃饭,靠实事求是吃饭,靠科学吃饭"。③ 经过延安整风运动,实事求是的思想路线在全党确立起来。实事求是是毛泽东思想的灵魂和精髓,确立了毛泽东思想在党内的指导思想地位,也标志着确立了实事求是的思想路线。

　　改革开放和社会主义现代化建设新时期是在"实践是检验真理唯一标准"的大讨论中开启的,这场大讨论冲破了思想禁锢,重新肯定了实事求是的马克思主义原则。邓小平强调:"毛泽东思想的基本点就是实事求是,就是把马列主义的普遍原理

① 《毛泽东文集》(第一卷),人民出版社1993年版,第74、85页。
② 《毛泽东选集》(第二卷),人民出版社1991年版,第522、662页。
③ 《毛泽东选集》(第三卷),人民出版社1991年版,第801、815、819、836页。

同中国革命的具体实践相结合。"同时,邓小平将解放思想作为党的思想路线的内涵提出来,将解放思想提高到与实事求是同等重要的地位,提出:"只有解放思想,坚持实事求是,一切从实际出发,理论联系实际,我们的社会主义现代化建设才能顺利进行,我们党的马列主义、毛泽东思想的理论也才能顺利发展。"邓小平全面地阐释了党的思想路线:"马克思、恩格斯创立了辩证唯物主义和历史唯物主义的思想路线,毛泽东同志用中国语言概括为'实事求是'四个大字。实事求是,一切从实际出发,理论联系实际,坚持实践是检验真理的标准,这就是我们党的思想路线。"①党的十二大修改通过的党章按照邓小平的论述,将党的思想路线表述为"一切从实际出发,理论联系实际,实事求是,在实践中检验真理和发展真理"。②党的思想路线不但得以恢复,而且内容得到了丰富和完善。进入新世纪后,党的思想路线又增添了新的内容,党的十六大报告指出:"坚持党的思想路线,解放思想、实事求是、与时俱进,是我们党坚持先进性和增强创造力的决定性因素。与时俱进,就是党的全部理论和工作要体现时代性,把握规律性,富于创造性。能否始终做到这一点,决定着党和国家的前途命运。"③党的十八大报告指出:"解放思想、实事求是、与时俱进、求真务实,是科学发展观最鲜明的精神实质。"④大会修改通过的党章在阐述坚持党的思想路线时,强调"要坚持解放思想,实事求是,与时俱进,求真务实"。

中国特色社会主义进入新时代,习近平反复强调,作为党的思想路线,实事求是是党带领人民不断取得胜利的重要法宝。在中央党校 2012 年春季学期开学典礼上,习近平作了《坚持实事求是的思想路线》的主题报告,指出我们党是靠实事求是起家和兴旺发展起来的,"实事"就是了解实际和掌握实情,就是思想、行动、决策符合客观实际;"求是"就是探求和掌握事物发展规律,在实践中认识客观规律。"坚持实事求是,就是坚持一切从实际出发来研究和解决问题,坚持理论联系实际来制定和形成指导实践发展的正确路线方针政策,坚持在实践中检验真理和发展真理。"⑤2013 年,习近平在纪念毛泽东诞辰 120 周年座谈会上进一步阐述了对"实事求是"的认识:"坚持实事求是就要深入实际了解事物的本来面貌。要透

---

① 《邓小平文选》(第二卷),人民出版社 1994 年版,第 126、143、278 页。
② 《中国共产党章程》,人民出版社 1987 年版,第 6 页。
③ 《十六大以来重要文献选编》(上),中央文献出版社 2005 年版,第 9 页。
④ 《十八大以来重要文献选编》(上),中央文献出版社 2014 年版,第 7 页。
⑤ 习近平:《坚持实事求是的思想路线》,《学习时报》2012 年 5 月 28 日。

过现象看本质,从零乱的现象中发现事物内部存在的必然联系,从客观事物存在和发展的规律出发,在实践中按照客观规律办事。"①2014 年,习近平在纪念邓小平诞辰 110 周年座谈会上强调,中国共产党人永远应该遵循的思想方法就是实事求是,"要学习邓小平同志善于运用辩证唯物主义和历史唯物主义观察世界、处理问题的思想方法和领导艺术,掌握真实情况,把握客观规律,发扬务实高效、不尚空谈的工作作风,踏踏实实把党的基本理论、基本路线、基本纲领、基本经验、基本要求贯彻落实好"。② 党的十九大报告指出"坚持解放思想、实事求是、与时俱进、求真务实,坚持辩证唯物主义和历史唯物主义",③取得重大理论创新成果。

党的思想路线是把马克思主义活的灵魂运用于党的思想建设的集中体现。以坚定理想信念为重点加强党的思想建设,必须坚持好、运用好贯穿马克思主义立场观点方法。一切从实际出发,把马克思主义基本原理同中国具体实际相结合,同中华优秀传统文化相结合,以不断创造新的理论成果推进马克思主义中国化时代化,是贯彻执行党的思想路线的重大任务。

四、党的组织路线

组织路线是政党进行组织工作的根本原则和根本方针。组织路线为政治路线服务,由政治路线决定。组织路线以思想路线为指导,落实思想路线。中国共产党在长期实践中,围绕健全民主集中制,完善组织机构和干部制度,按照德才兼备的原则选拔干部,维护党的纪律,坚持党员标准,积极慎重地发展党员,加强党与人民群众的联系等为基本内容形成党的组织路线,成为实现思想路线和政治路线的保证。

新民主主义革命时期,中国共产党就明确提出一条组织路线。坚持实行民主集中制,制定严密纪律以及建立党支部、构建党的领导体制等历史实践,成为党的组织建设的主要任务。党的一大党纲就规定了党的组织建设的原则。党的四大

① 《习近平著作选读》(第一卷),人民出版社 2023 年版,第 210 页。
② 《习近平著作选读》(第一卷),人民出版社 2023 年版,第 249 页。
③ 《习近平著作选读》(第二卷),人民出版社 2023 年版,第 15—16 页。

强调："组织问题为吾党生存和发展之一个最重要的问题。"①1928年6月,党的六大通过了《组织问题决议案提纲》《中国共产党组织决议案草案》和《关于组织问题草案之决议》等文件,指出过去党的组织工作面临的一个挑战是"没有建立全党由上至下的明确的、坚定的组织路线",②这是最早明确提出"组织路线"的文献,党当时还没有作出概括。随着革命实践深入发展,党在民主集中制、群众工作、党内民主、党的纪律以及干部政策方面的探索逐渐丰富,对党的组织路线的认识也日益完善。党的七大对毛泽东建党路线作出概括,刘少奇在《关于修改党的章程的报告》中指出:"毛泽东同志的正确的建党路线……首先着重在思想上、政治上进行建设,同时也在组织上进行建设……为我们党制订了详尽的政治路线、军事路线和组织路线。"③毛泽东为全党制定的组织路线指导党的组织建设不断向前推进。

社会主义革命和建设时期,党的组织建设围绕多方面展开。一是加强民主集中制建设,建立党中央权威,发扬党内民主,保证党的集中统一领导;二是在全国各地各领域建立党组织,把党的影响覆盖全社会;三是提高共产党员标准,严把入党关,注重党员质量;四是制定干部政策,注重政治品质和业务能力,选拔任用符合党的要求的干部。这些工作促进党的组织建设全面展开,党的组织路线在实践中得到坚持。从总体上看,这个时期党的组织路线对加强党的建设起到了保证作用,党的组织体系比较完善地建立起来,党的组织制度建设注重加强党的集中统一领导,保证了社会主义建设有序开展。由于受"左"倾错误思想的影响,党的组织路线在"文化大革命"期间受到破坏,实践中遭遇了曲折。

改革开放和社会主义现代化建设新时期,党的组织路线回到正确轨道上来,是党的路线拨乱反正的重要体现。党的十一届三中全会之后,中国共产党对组织路线的认识进一步深化,邓小平指出:"现在我们还没有解决的问题是什么呢? 是组织路线问题。这是一个很重要的问题。""不进一步解决党的组织路线问题,政治路线、思想路线就得不到可靠的保证。"④党中央从调整党的中央组织设置入手,加大对各机构党组的建设力度,强化党的纪检机构。同时,强调基层党组织的战

---

① 《建党以来重要文献选编(一九二一——一九四九)》(第二册),中央文献出版社2011年版,第258页。
② 《中共中央文件选集》(第四册),中共中央党校出版社1989年版,第443页。
③ 《刘少奇选集》(上卷),人民出版社1981年版,第329—330页。
④ 《邓小平文选》(第二卷),人民出版社1994年版,第191、275页。

斗能力建设和发挥战斗堡垒作用,着力加强学习型、服务型党组织建设,有力推动了党的事业的向前发展,形成"纵横协同"的组织格局。党中央注重加强制度建设完善干部考核制度、建立职务任期制度,形成了较为完备的党的组织制度体系。坚持党的组织路线为开创中国特色社会主义提供了组织保证。

中国特色社会主义新时代,以习近平同志为核心的党中央高度重视党的组织建设,实现了新时代党的组织路线理论的科学化、系统化。习近平指出:"组织路线对坚持党的领导、加强党的建设、做好党的组织工作具有十分重要的意义。""党的全面领导、党的全部工作要靠党的坚强组织体系去实现。"①在 2013 年、2018 年两次全国组织工作会议上,习近平发表重要讲话,对党的组织建设和组织路线作出深刻论述,揭示了新时代党的组织路线:全面贯彻新时代中国特色社会主义思想,以组织体系建设为重点,着力培养忠诚干净担当的高素质干部,着力集聚爱国奉献的各方面优秀人才,坚持德才兼备、以德为先、任人唯贤,为坚持和加强党的全面领导、坚持和发展中国特色社会主义提供坚强组织保证。这条党的组织路线涵盖指导思想、建设重点、基本方针、价值目标等基本要素,形成包括干部队伍建设、党的组织体系建设和人才队伍建设等丰富内容的完整路线体系,成为新时代党的建设重大理论创新成果。

组织建设是党的建设的重要基础。党的历史表明,什么时候坚持正确的组织路线,党的组织就蓬勃发展,党的事业就顺利推进;什么时候组织路线发生偏差,党的组织就遭到破坏,党的事业就出现挫折。建党以后党一直执行着实际存在的组织路线,2018 年,全国组织工作会议提出并阐述新时代党的组织路线,是党的组织建设长期实践的经验结晶,是新时代党的建设新的伟大工程创新发展的思想创造。全党共同努力贯彻落实好新时代党的组织路线,必须正确理解新时代党的组织路线的科学内涵和实践要求,坚持目标导向、问题导向、结果导向相统一,准确把握好贯彻落实的基本要求。

---

① 《十九大以来重要文献选编》(上),中央文献出版社 2019 年版,第 559—560 页。

第八节　党的建设法规

一、中国共产党章程

党章是党的总章程,集中体现了党的性质和宗旨、党的理论和路线方针政策、党的重要主张,规定了党的重要制度和体制机制,是全党必须共同遵守的根本行为规范,是党内法规建设的根本遵循。

中国共产党成立伊始,就十分重视党章制定和党章建设。1921 年,中共一大制定的《中国共产党第一个纲领》,虽然内容很简短,但既包含了党的纲领,也包含了作为组织章程的内容。从中共二大开始一直到六大,党的章程代表组织章程,而党的纲领则通常以决议案、宣言等形式发布。到了 1945 年党的七大后,则把章程和纲领都包含在《中国共产党章程》同一个文件之中,以总纲和条文的形式使党的纲领和章程有机统一于党章之中。

自 1921 年诞生至党的二十大,中国共产党先后二十次制定、修正过党章。现行党章由中国共产党第二十次全国代表大会部分修改,2022 年 10 月 22 日通过,共分为两个部分:第一部分是总纲,规定了党的性质、奋斗目标、指导思想等内容;第二部分是条文,共分为十一章,五十五条,对党员、党的组织、党的纪律等作出了明确规定。

习近平指出:"没有规矩,不成方圆。党章就是党的根本大法,是全党必须遵循的总规矩。"[1]党章是党的总章程和根本大法。首先,党章总纲部分对党的性质宗旨、指导思想和最高理想,党的基本路线和根本组织原则,以及党在现阶段的目标任务等都作了明确规定,集中体现了党的政治主张,集中反映了党的整体意志,是统一全党思想和行动的政治纲领。党章条文部分对党员、党的组织制度、党的

---

[1]　《习近平关于全面从严治党论述摘编》,中央文献出版社 2016 年版,第 95 页。

组织、党的干部、党的纪律等都作了明确规定,确立了全党最基本、最重要、最全面的行为规范。其次,在党内法规体系中,党章具有最高效力,是党内的基本法,相当于国家法律体系中宪法的地位。党内其他所有法规,都是党章的延伸或具体化,都从属于党章,必须以党章为根本依据而不得与党章的规定相违背、相冲突。也可以说,党章是党内的"母法",党内其他法规则是党内的"子法"。第三,党章具有高度权威性,在党内生活中起着根本指导作用,是统一全党思想和行动最重要的基础。只有基于对党的政治纲领的认同,才会有全党思想政治上的统一;只有基于对组织规程的遵守,才会有全党组织上的统一;只有基于对党章的整体认同和遵守,才会有全党行动上的统一。

党章是全党必须共同遵守的根本行为规范。正如整个社会需要确立法律规范一样,在党的内部,为了维护正常的活动秩序,正确调整党内关系,也需要确定一种适用于所有党员的普遍行为规范,以指导和约束党员的行为。党章就是这种规范的根本体现。党章对党的性质、宗旨、指导思想、奋斗纲领和重大方针政策作出了明确规定,对党员权利和义务作出了明确规定,对党的制度和各级党组织的行为规范作出了明确规定,对党的各级领导干部的基本条件作出了明确规定,对党的纪律作出了明确规定。要使党始终保持先进性和纯洁性,保持组织上的团结和思想上政治上行动上的统一,维护党的形象,巩固党的执政地位,实现党的执政使命,最根本的就是要用党章来规范全体党员的言行。

二、党的组织法规

党的组织法规,是调整党的各级各类组织建立、组成、职权职责等的党内法规,为管党治党、治国理政提供组织制度保障。建党以来,党的组织法规伴随着党的制度建设的发展而不断健全和完善。截至 2021 年 7 月 1 日,现行有效的党的组织法规共 153 部,其中,中央党内法规 15 部,部委党内法规 1 部,地方党内法规 137 部。[①] 这些法规对党的组织体系、党内选举、党的组织工作、党的象征标志等方面作出了规定。

---

① 《中国共产党党内法规体系》,《人民日报》2021 年 8 月 4 日。

在关于党的组织体系方面的法规中,《中国共产党中央委员会工作条例》对党中央的领导地位、领导体制、领导职权、领导方式、决策部署、自身建设等作出规定,为保证党中央对党和国家事业的集中统一领导提供基本遵循;《中国共产党地方委员会工作条例》等法规,明确规定地方党委全面领导本地区经济社会发展、全面负责本地区党的建设,确保充分发挥地方党委把方向、管大局、作决策、保落实的重要作用;《中国共产党党和国家机关基层组织工作条例》《中国共产党国有企业基层组织工作条例(试行)》《中国共产党普通高等学校基层组织工作条例》《中国共产党农村基层组织工作条例》《中国共产党支部工作条例(试行)》等法规明确,把党的基层组织建设成为宣传党的主张、贯彻党的决定、领导基层治理、团结动员群众、推动改革发展的坚强战斗堡垒,树立了抓好基层党组织建设的鲜明导向;《中国共产党党组工作条例》等法规,对党组的设立、职责、运行等作出规定,推动充分发挥党组把方向、管大局、保落实的领导作用;《中国共产党工作机关条例(试行)》提出,规范党的工作机关的设立和运行,推动党的工作机关提高履职能力和工作水平,当好党委的参谋助手。

在关于党内选举方面的法规中,《中国共产党全国代表大会和地方各级代表大会代表任期制规定》明确,完善党代表大会制度,推动党代表大会代表履行代表职责、发挥代表作用;《中国共产党地方组织选举工作条例》《中国共产党基层组织选举工作条例》等法规明确,注重发扬党内民主,加强党的地方组织和基层组织建设,支持和保证下级党组织依法依规正常履职,健全维护党的集中统一的组织制度,坚持民主集中制,实行集体领导和个人分工负责相结合的制度。

在关于党的组织工作方面的法规中,《中国共产党组织工作条例》等法规对党的组织工作作出全面规范,明确党的组织工作要贯彻新时代党的建设总要求和新时代党的组织路线,发挥党的组织优势,坚持和加强党对组织工作的全面领导,推动提高党的组织工作质量,开创党的组织建设新局面;《中国共产党组织工作条例》等法规对于坚持和加强党对组织工作的全面领导、推进组织工作科学化制度化规范化、全面提高组织工作质量,具有重要意义。

在关于党的象征标志方面的法规中,《中国共产党党徽党旗条例》对党徽党旗的制作、使用、管理作出明确规范。该条例对于充分发挥党徽党旗的政治功能,增强党的凝聚力、战斗力,激发党员党的意识,激励全党不忘初心、牢记使命、永远奋斗,坚定理想信念,团结带领全国各族人民在党的旗帜下奋勇前进,具有十分重要的意义。

党的组织法规为党员和党组织的行为提供规范支撑,有利于合理确定党组织权责,提高党务工作效率,保证民主集中制的有效实施,增强党组织政治功能和组织力,全面加强各层级各领域党组织建设,形成上下贯通、执行有力的严密组织体系。

三、党的领导法规

党的领导法规,是规范和保障党对各方面工作实施领导,明确党与人大、政府、政协、监察机关、审判机关、检察机关、武装力量、人民团体、企事业单位、基层群众性自治组织、社会组织等领导与被领导关系的党内法规,为党发挥总揽全局、协调各方的领导核心作用提供制度保障。截至 2021 年 7 月 1 日,现行有效的党的领导法规共 772 部,其中,中央党内法规 44 部,部委党内法规 29 部,地方党内法规 699 部。① 这些法规在党对人大、政府、政协、监察机关、审判机关、检察机关、群团组织、企事业单位、社会组织等的领导方面作出了明确规定。

在党对人大的领导方面,把党领导人民制定和实施宪法法律同党坚持在宪法法律范围内活动统一起来,使党的主张通过法定程序成为国家意志;完善立法体制,加强党对立法工作的领导,完善党对立法工作中重大问题决策的程序。《中共中央转发〈中共全国人大常委会党组关于进一步发挥全国人大代表作用,加强全国人大常委会制度建设的若干意见〉的通知》明确,全国人大常委会党组在党中央领导下,在全国人大及其常委会依法履行职责的过程中,保证全面贯彻落实党的路线方针政策和党中央的决策,对工作中的重大问题,由全国人大常委会党组及时向党中央报告。

在党对政府的领导方面,《关于深入推进经济发达镇行政管理体制改革的指导意见》规定,地方各级党委要切实履行领导责任,把经济发达镇行政管理体制改革工作列入重要议事日程,研究重大问题,牢牢把握正确的改革方向;《法治政府

---

① 《中国共产党党内法规体系》,《人民日报》2021 年 8 月 4 日。

建设实施纲要（2015—2020 年）》明确，各级政府要在党委统一领导下，谋划和落实好法治政府建设的各项任务，主动向党委报告法治政府建设中的重大问题，及时消除制约法治政府建设的体制机制障碍；《健全落实社会治安综合治理领导责任制规定》明确，构建党委领导、政府主导、综治协调、各部门齐抓共管、社会力量积极参与的社会治安综合治理工作格局。

在党对政协的领导方面，《中共中央关于进一步加强中国共产党领导的多党合作和政治协商制度建设的意见》提出，各级党委要加强对同级政协的领导，及时研究并统筹解决人民政协工作中的重大问题，支持人民政协依照章程开展工作；《中共中央关于加强人民政协工作的意见》明确，进一步加强和改善党对人民政协的领导，支持人民政协依照章程独立负责、协调一致地开展工作，把政协工作纳入重要议事日程，听取政协党组的工作汇报，及时研究并统筹解决人民政协工作中的重大问题。

在党对监察机关的领导方面，《中国共产党纪律检查机关监督执纪工作规则》第五条规定，党委应当定期听取、审议同级纪律检查委员会和监察委员会的工作报告，加强对纪委监委工作的领导、管理和监督；《关于深化中央纪委国家监委派驻机构改革的意见》规定，全面加强对派驻机构的领导，建立中央纪委常委会统一领导、中央纪委国家监委统一管理，中央纪委副书记（常委）、国家监委副主任（委员）分管，相关职能部门分工负责、协调配合的派驻工作领导体制，加强对派驻机构的指导、管理、服务和保障。

在党对审判机关、检察机关的领导方面，《中国共产党政法工作条例》规定，审判机关、检察机关是政法单位，政法工作坚持党的绝对领导，把党的领导贯彻到政法工作各方面和全过程；党中央对政法工作实施绝对领导，决定政法工作大政方针，决策部署事关政法工作全局和长远发展的重大举措，管理政法工作中央事权和由中央负责的重大事项；县级以上地方党委领导本地区政法工作，对本地区政法工作中的有关事项落实领导责任；政法单位党组（党委）领导本单位或者本系统政法工作，在领导和组织开展政法工作中，应当把方向、管大局、保落实，发挥好领导作用。

在党对群团组织的领导方面，《中共中央关于加强和改进党的群团工作的意见》提出，群团组织实行分级管理、以同级党委领导为主的体制，工会、共青团、妇联受同级党委和各自上级组织双重领导；地方党委负责指导同级群团组织贯彻落实党的理论和路线方针政策，研究决定群团工作重大问题，管理同级群团组织领导班子，协调群团组织同党政部门的关系及群团组织之间的关系；群团组织中的党组要充分发挥领导核心作用；各级党委和政府要支持群团组织在党组织领导下发挥作用，加强对有关社会组织的政治引领、示范带动、联系服务。

在党对企事业单位和社会组织的领导方面，《中国共产党国有企业基层组织工作条例（试行）》明确要求，坚持和加强党对国有企业的全面领导，提高国有企业党的建设质量，推动国有企业高质量发展；《中共中央、国务院关于分类推进事业单位改革的指导意见》提出，事业单位党组织领导工会、共青团等群众组织开展工作，保证党的基本路线方针政策在事业单位的贯彻执行；《关于加强社会组织党的建设工作的意见（试行）》提出，街道社区、乡镇村党组织要加强对城乡社区社会组织的领导和指导。

中国共产党是中国特色社会主义事业的坚强领导核心，要始终发挥党的领导核心作用，发挥党对各方面工作的全面领导，就必须要完善党的领导法规，健全党的领导法规对巩固党的领导地位、强化党的领导职责、规范党的领导活动等方面发挥的至关重要的作用。

四、党的自身建设法规

党的自身建设法规，是调整党的政治建设、思想建设、组织建设、作风建设、纪律建设等的党内法规，为提高党的建设质量、永葆党的先进性和纯洁性提供制度保障。截至 2021 年 7 月 1 日，现行有效的党的自身建设法规共 1 319 部，其中，中央党内法规 74 部，部委党内法规 76 部，地方党内法规 1 169 部。[①] 这些法规根据党的自身建设领域可以分为党的政治建设法规、党的思想建设法规、党的组织建设法规、党的作风建设法规、党的纪律建设法规等。

党的政治建设法规。《关于党内政治生活的若干准则》《关于新形势下党内政治生活的若干准则》等法规，对党内政治生活提出明确要求，规定党内政治生活基本规范和根本准则，为加强党的政治建设提供思想和行为遵循的法规依据。《关

---

① 《中国共产党党内法规体系》，《人民日报》2021 年 8 月 4 日。

于加强党的政治建设的意见》对加强党的政治建设全面部署作出规范,着眼于凸显党的政治建设的根本性地位,聚焦党的政治属性、政治使命、政治目标、政治追求,坚持与捍卫党的基本路线,坚定政治信仰,强化政治领导,提高政治能力,净化政治生态,坚定维护党中央权威和集中统一领导,全面加强和规范党内政治生活,努力造成又有集中又有民主,又有纪律又有自由,又有统一意志又有个人心情舒畅、生动活泼的政治局面;《中共中央政治局关于加强和维护党中央集中统一领导的若干规定》强调,中央政治局同志必须带头严格遵守党章和党内政治生活准则,自觉在党中央集中统一领导下履行职责、开展工作。

党的思想建设法规。《中共中央关于坚持和完善中国特色社会主义制度、推进国家治理体系和治理能力现代化若干重大问题的决定》确立坚持马克思主义在意识形态领域指导地位的根本制度,提出坚持以社会主义核心价值观引领文化建设制度的要求,对坚定共产主义远大理想和中国特色社会主义共同理想具有规范意义;《中国共产党党校(行政学院)工作条例》强调,加强马克思主义基本理论研究和党的思想理论建设,充分发挥党校(行政学院)干部培训、思想引领、理论建设、决策咨询的作用;《中国共产党党委(党组)理论学习中心组学习规则》等法规提出,要推动理论武装工作深入开展,加强领导班子思想政治建设。

党的组织建设法规。《党政领导干部选拔任用工作条例》《干部教育培训工作条例》等法规强调,建立健全干部选育管用的全链条机制,推动建设忠诚干净担当的高素质专业化干部队伍;《中央企业领导人员管理规定》《中管金融企业领导人员管理暂行规定》等法规明确,要加强国有企事业单位干部队伍建设;《中国共产党党员教育管理工作条例》《中国共产党发展党员工作细则》等法规规定,建设信念坚定、政治可靠、结构合理、素质优良、纪律严明、作用突出的党员队伍。这些法规聚焦党的干部队伍建设、人才建设,对党的各项组织建设活动进行调整和规范,贯彻党管干部原则,坚持德才兼备、以德为先,坚持五湖四海、任人唯贤,坚持事业为上、公道正派,把好干部标准落到实处。

党的作风建设法规。《十八届中央政治局关于改进工作作风密切联系群众的八项规定》及其实施细则,坚持以上率下,深入整治形式主义、官僚主义、享乐主义和奢靡之风,为党和国家事业开创新局面提供坚强政治和作风保证;《党政机关厉行节约反对浪费条例》《党政机关国内公务接待管理规定》等法规弘扬艰苦奋斗、勤俭节约的优良作风。党的作风建设法规着眼于加强和改进党的作风、密切党同人民群众的血肉联系，聚焦巩固落实中央八项规定精神、整治"四风"问题，切实解决形式主义、官僚主义突出问题，对党的各项作风建设活动进行调整和规范。

党的纪律建设法规。《中国共产党廉洁自律准则》突出党的理想信念宗旨、优良传统作风，展现共产党人高尚道德追求；《关于进一步制止党政机关和党政干部经商办企业的规定》《国有企业领导人员廉洁从业若干规定》《农村基层干部廉洁履行职责若干规定（试行）》等法规明确，要强化重点领域、关键环节廉洁要求，贯彻用严明的纪律管党治党，聚焦严明党的政治纪律、组织纪律、廉洁纪律、群众纪律、工作纪律、生活纪律，对党的各项纪律建设活动进行调整和规范。

五、党的监督保障法规

党的监督保障法规，是调整党的监督、激励、惩戒、保障等的党内法规，为保证党组织和党员干部履行好党和人民赋予的职责提供制度保障。截至 2021 年 7 月 1 日，现行有效的党的监督保障法规共 1 370 部，其中，中央党内法规 77 部，部委党内法规 57 部，地方党内法规 1 236 部。[①] 这些法规按照功能划分，可以分为监督类党内法规、奖惩类党内法规、保障类党内法规。通过建立健全权力运行制约监督机制、党内奖惩机制、党员权利保障机制和党组织运行保障机制等，使各类党组织和广大党员、干部有所为有所不为，行使好党和人民赋予的权力。

监督类党内法规，主要以日常监督管理、精准考察考核、严肃追责问责等为主要内容，发挥规范、监督等作用。《中国共产党党内监督条例》等法规提出，把强化党内监督作为党的建设的重要基础性工程，全面落实党内监督责任，着力使监督的制度优势充分释放出来；《中国共产党巡视工作条例》等法规明确，深化政治巡视，充分发挥巡视监督的利剑作用；《中国共产党纪律检查机关监督执纪工作规则》《纪检监察机关处理检举控告工作规则》等法规规定，保证纪检机关依规依纪履行监督执纪职责；《关于党员领导干部述职述廉的暂行规定》《关于对党员领导干部进行诫勉谈话和函询的暂行办法》等法规明确，加强对"关键少数"的监督，确

---

① 《中国共产党党内法规体系》，《人民日报》2021 年 8 月 4 日。

保领导干部尽职尽责、廉洁从政；《党政领导干部考核工作条例以及高质量发展综合绩效评价办法（试行）》等法规提出，完善考核评价机制，树立讲担当、重担当、改革创新、干事创业的鲜明导向。

奖惩类党内法规，主要分为奖励类党内法规和惩戒类党内法规。其中，奖励类党内法规以表彰表扬、关怀帮扶、容错纠错等为主要内容，发挥正向激励作用；惩戒类党内法规以批评问责、处分降职等为主要内容，最大限度地防范和纠正违法渎职行为，发挥负向激励作用。《中国共产党党内功勋荣誉表彰条例》《国家功勋荣誉表彰条例》等法规提出，充分发挥功勋荣誉表彰的精神引领、典型示范作用，推动全社会形成见贤思齐、崇尚英雄、争做先锋的良好氛围；《中国共产党党内关怀帮扶办法》等法规明确，坚持严管和厚爱结合、激励和约束并重，增强广大党员荣誉感、归属感、使命感；《中国共产党问责条例》以及《关于实行党政领导干部问责的暂行规定》等法规规定，推动失责必问、问责必严成为常态，督促各级党组织和领导干部负责守责尽责，保证党的路线方针政策和党中央重大决策部署贯彻落实；《中国共产党纪律处分条例》等法规提出，严肃党的纪律，纯洁党的组织，努力使铁的纪律真正转化为党员干部的自觉遵循。

保障类党内法规，主要以党员权利保障、制度建设保障、机关运行保障为主要内容，发挥保障作用。《中国共产党党员权利保障条例》《中国共产党党务公开条例（试行）》等法规明确，发扬党内民主，保障党员权利，增强党的生机活力；《中国共产党党内法规制定条例》《中国共产党党内法规和规范性文件备案审查规定》《中国共产党党内法规执行责任制规定（试行）》《中国共产党党内法规解释工作规定》《中央文件制定工作规定》等法规明确，将党内法规制度建设和中央文件制定工作纳入制度化规范化轨道。《党政机关公文处理工作条例》《机关档案工作条例》《电子文件管理暂行办法》等法规提出，推动提升机关运行服务保障水平。

💬 **本章思考题**

1. 党的指导思想为什么必须与时俱进地发展？
2. 应该怎样坚持党的性质宗旨？

3. 如何认识坚持中国共产党领导的必要性？

4. 确定党的建设目标有什么规律可循？

5. 党的建设布局是怎样形成的？

6. 党的路线包括哪些？

7. 党的建设主线是什么？

8. 党内法规由哪些方面构成？

第四章

党的建设基本内容

把党的建设视为一项伟大工程，是中国共产党建设最为深刻的认识。从毛泽东到习近平，历届党中央领导人都坚持以工程思维不断推进党的建设，不仅以理论上的创新丰富发展了马克思主义党建思想，而且在实践上创造了富有中国特色的马克思主义政党建设道路。工程代表结构性的系统，其内在的构造形成紧密联系、关联互动的建设逻辑。党的建设以工程定位来开展，系统性、整体性、协调性是关键，科学地部署党的方方面面建设形成合理布局可以有序有效地实现伟大工程全面发展。新时代加强党的政治建设、思想建设、组织建设、作风建设、纪律建设，把制度建设贯穿其中，深入推进反腐败斗争的党的建设整体部署，是党的建设历史经验不断积累形成的伟大工程系统性布局的重大成果。党的建设围绕这些方面形成基本内容，在历史实践中丰富发展，日益深化的思想认识推进党的建设布局不断提高科学化水平。

第一节　党的政治建设

一、党的根本性建设

党的政治建设在党的建设伟大工程中占有极其重要的地位,加强党的政治建设贯穿于领导中国革命、建设、改革和新时代实践的全过程。在党领导中国人民不懈奋斗的整个历史实践中,党的政治建设始终在场。永无止境的实践发展推动党的政治建设认识不断升华。中国共产党100多年政治建设发展形成的一系列深刻思想,是党的理论创新成果的重要内容。从社会主义发展史看,中国共产党加强政治建设的理论为马克思主义党建思想宝库增添了弥足珍贵的财富。

政治问题,任何时候都是根本性的大问题。人类社会历史进程中,政党是近代社会政治发展的产物,政党进入国家政治生活并发挥重要作用,是文明进步的体现。中国共产党登上历史舞台是近代中国政治发生深刻变化的重大事件,其政治意义十分显著。党领导的反帝反封建斗争从根本上说就是一场深刻的政治革命,因此,党从建立之日起就注重党的政治建设,并在实践中不断加深思想认识。

在党的十九大之前,党的思想建设始终被摆在首要位置,这是党的建设的一条宝贵经验,必须始终坚持。党的十九大总结党的建设创新经验,作出把党的政治建设摆在首要位置的新论断,指出:"旗帜鲜明讲政治是我们党作为马克思主义政党的根本要求。党的政治建设是党的根本性建设,决定党的建设方向和效果。"①之所以把党的政治建设摆在首要位置,首先是因为政治属性是马克思主义政党的根本属性,其次是因为党的各方面建设需要党的政治建设提供方向保证,

---

① 《十九大以来重要文献选编》(上),中央文献出版社2019年版,第44页。

第三是因为坚定正确的政治立场党的建设才能取得切实效果,第四是因为党的政治建设对党的各方面建设具有统领作用。

党的十九大把党的政治建设摆在首要位置,是中国特色社会主义进入新时代,党中央推动全面从严治党创新实践的重大理论成果。正是由于从政治站位和政治高度审视党的建设,党中央才在党的思想建设、组织建设、作风建设、纪律建设、制度建设和反腐败斗争中取得了历史性成就。

党的政治建设历史实践显示认识不断深化的发展逻辑,一以贯之地坚持推进党的政治建设,体现了中国共产党人的行动坚守,党的十九大把党的政治建设摆在首要位置,是对新时代全面从严治党新经验的深刻提炼。党的发展历史淬炼、沉淀了党的政治建设的丰富经验,把党的政治建设不断引向深入,坚持发挥党的政治建设统领作用,是夺取新时代中国特色社会主义伟大胜利的根本保证。

二、党的政治建设的含义

党的建设发展过程是认识不断加深、觉悟不断提高的过程,实践不是一次完成的,思想不是一步到位的。一方面,党的建设总在特定环境下开展,阶段性的实践决定了党的建设问题、要求、任务以及思想的针对性和具体性因时而异、因势而变;另一方面,党的建设规律不可能一下子被发现,也不可能全部展现出来,由浅到深、从特殊到普遍、从不自觉到自觉是认识和把握规律的必然要求。虽然把党的政治建设摆在首要位置是党的十九大形成的新论断,但这决不是说新时代才开始讲党的政治建设,更不表示此前没有进行党的政治建设。中国共产党从建立伊始就具有鲜明的政治意识,在实践中注重加强自身建设的政治方向。

毛泽东指出,中国共产党是为人民谋利益的党,党的政治方向就是打倒帝国主义,完成民主政治,"共产党之所以被人们信仰,是由于它的政治方向代表了全中国绝大多数人的意愿"。① 这个论述为认识党的政治建设提供了理论依据。党的十九大把党的政治建设摆在首要位置,是党的建设长期实践经验的思想飞跃,

―――――――――

① 《毛泽东年谱(1893—1949)(修订本)》(中),中央文献出版社 2013 年版,第 63 页。

是从规律上对党的政治建设根本性意义的深刻把握。

2019 年 1 月中共中央颁布的《关于加强党的政治建设的意见》，代表着中国共产党对自身政治建设思想的集大成，系统的框架、丰富的内容、深刻的观点、具体的部署体现了加强党的政治建设达到的成熟程度。该《意见》提出了一系列创造性的概念，将其与党的十九大之前的相关概念进行比对（见下表），可以窥见中国共产党 100 多年政治建设的发展逻辑。

党的十九大之前	党的十九大之后
政治坚定；政治领导；政治方向；政治问题；政治生活；政治生态；政治纪律；政治路线；政治影响；政治立场；政治机关；政治规矩；政治水平；政治工作；政治训练；政治战线；政治面貌；政治要求；政治委员；政治面目；政治斗争；政治理论；政治思想；政治倾向；政治观点；政治教育；政治领域	**政治坚定；政治领导；政治方向；政治问题；政治生态；政治生活；政治纪律；政治路线；政治影响；政治立场；政治机关；政治规矩；**政治根基；政治风险；政治本色；政治信仰；政治属性；政治行为；政治作用；政治功能；政治站位；政治基础；政治定力；政治安全；政治隐患；政治体验；政治灰尘；政治灵魂；政治权力；政治文化；政治经验；政治智慧；政治规范；政治偏差；政治导向；政治能力；政治保证；政治使命；政治目标；政治追求；政治标准；政治要求；政治意识；政治责任；政治自觉；政治效果；政治引领；政治本领；政治是非；政治原则；政治道路；政治担当；政治局面；政治气节；政治风骨；政治素质；政治忠诚；政治自律；政治高线；政治底线；政治清明；政治组织；政治动员；政治教育；政治任务；政治实践；政治生日；政治仪式；政治把关；政治历练；政治巡视；政治监督

说明：党的十九大之前相关概念检索来源包括新民主主义革命时期、社会主义革命和建设时期、改革开放和社会主义现代化建设新时期党的文件资料，党的十九大之后相关概念检索来源以《中共中央关于加强党的政治建设的意见》为文本。

从上表看，党的十九大之后党的政治建设相关概念比党的十九大之前要多得多，说明认识达到了前所未有的高度。但这不是主要的，从党的十九大前后党的政治建设相关概念比对中可以得出三个基本结论。其一，党的政治建设具有继承性。上表中前面用粗体标出的概念相同，虽然数量不多，但大多是涉及党的政治建设的一些关键性概念，呈现中国共产党 100 多年政治建设一脉相承的发展逻辑。其二，党的政治建设具有拓展性，党的十九大后许多相关概念表现了从思想向实践、从要求向举措、从宏观向微观、从抽象向具体的拓展。如政治本色、政治信仰、政治是非、政治追求、政治站位等概念是对政治坚定的实践要求；如政治安全、政治隐患、政治偏差是对政治问题的具体化；如政治巡视、政治监督、政治动员、政治效果突出政治工作的微观性等，这些拓展表明党的政治建设达到的深刻程度。其三，党的政治建设具有创新性，如政治能力、政治气节、政治底线、政治担当、政治规范、政治风骨、政治文化等党的十九大后提出的新概念,含义很深,富有创造意义。

从党的政治建设发展逻辑看,党的十九大设计和部署党的建设形成的重大创新,重点不在于布局结构的位置排序,而在于政党功能的战略定位。从"根本性建设"定位党的政治建设,侧重和突出了政党功能。从功能上看,"政治属性是党组织的根本属性,政治功能是党组织的基本功能",党的政治建设决定党的建设的方向和效果,这是把党的政治建设摆在首要位置的重要考量。

三、加强党的政治建设的主要任务

从党的建设实践看,党的政治建设在历史发展中既有持之以恒的共同任务,也在创新实践中形成新的要求。以习近平同志为核心的党中央对加强党的政治建设作出的部署,体现了继承和创新相统一。

第一,必须以维护党中央权威为党的政治建设的首要任务。党的十九大报告指出:"保证全党服从中央,坚持党中央权威和集中统一领导,是党的政治建设的首要任务。"①把维护党中央权威作为党的政治建设的首要任务,是因为它关系三个层面的重大问题:一是实现党内团结;二是坚持制度执行;三是严密组织体系。

维护党中央权威是巩固全党团结的必然要求。在党的历史实践中,破坏党中央权威最严重的表现就是在党内搞分裂,典型的如张国焘分裂党中央的活动、林彪和"四人帮"的篡党夺权阴谋,这虽然是党的发展中极少发生的个案,但给全党团结带来的危害极大,必须坚决与这种挑战党中央权威、破坏全党团结的行为作斗争。加强党的政治建设更要重视党中央权威问题上违纪违法的表现,比如,一些领导同志公开发表损害党中央权威的言论和进行破坏党内团结的活动;有的党员干部耍"两面派"手段,对待党中央权威口头上说维护的话,行动上做违背的事。

维护党中央权威是坚持党的民主集中制的必然要求。全党服从中央,才能达成思想统一、意志统一、行动统一。在党的建设历史实践中,片面强调党内民主,否定高度集中的必要性和重要性的错误思想客观存在,影响党中央权威的实现。

---

① 《十九大以来重要文献选编》(上),中央文献出版社 2019 年版,第 44 页。

加强党的民主集中制建设始终是党的政治建设的重要内容,由此形成的思想理论和实践举措成为党的政治建设经验的重要组成部分。

维护党中央权威是严密党的组织体系的必然要求。具有严密的组织体系是中国共产党的政治优势,"党的力量来自组织。党的全面领导、党的全部工作要靠党的坚强组织体系去实现"。①党中央是全党的指挥中心,在党的组织体系中发挥"大脑"和"中枢"的作用。削弱党中央权威必然导致党的组织体系紊乱和运行失常。党的政治建设必须提高坚决维护党中央权威的思想和行动自觉,保证党的组织体系的严密性。习近平指出:"我们这么大一个党、一个国家,没有集中统一,没有党中央坚强领导,没有强有力的中央权威,是不行的、不可想象的。"②

第二,必须加强和完善党的领导制度。中国共产党是最高政治领导力量,无论对党的事业还是对国家和人民的事业来说,突出政治最重要的就是坚持党领导一切这个根本政治原则。"党的领导是做好党和国家各项工作的根本保证,是我国政治稳定、经济发展、民族团结、社会稳定的根本点,绝对不能有丝毫动摇。"③中国革命、建设和改革之所以取得一个又一个胜利,归根到底是有中国共产党的坚强领导,各种敌对势力的破坏活动和攻击矛头集中在党的领导问题上,削弱、动摇、否定党的领导,将犯颠覆性的错误。新时代党的政治建设决不能在坚持党的领导上有一丁点的闪失,党的十九届四中全会从十三个方面提出构建中国特色社会主义制度体系的任务,"坚持和完善党的领导制度体系"处于首要地位,习近平强调党的领导是根本领导制度:"在坚持党的领导这个重大原则问题上,我们脑子要特别清醒、眼睛要特别明亮、立场要特别坚定,绝不能有任何含糊和动摇。"④不断推进党的政治建设,必须做好坚持党的全面领导这篇重头文章。

第三,必须增强"四个意识",坚定"四个自信",做到"两个维护"。党的建设历史经验尤其是党的十八大、十九大、二十大以来全面从严治党的新经验表明,政治意识、大局意识、核心意识、看齐意识强不强,决定着党的政治方向正不正,决定着党的建设效果好不好。做政治上的明白人,必须牢固树立并不断增强"四个意

① 《十九大以来重要文献选编》(上),中央文献出版社 2019 年版,第 560 页。
② 《习近平关于全面从严治党论述摘编》,中央文献出版社 2016 年版,第 84 页。
③ 《习近平关于社会主义政治建设论述摘编》,中央文献出版社 2017 年版,第 30—31 页。
④ 《习近平谈治国理政》(第二卷),外文出版社 2017 年版,第 20 页。

识"。中国特色社会主义道路自信、理论自信、制度自信、文化自信坚定不坚定，检验着党员和党的干部对党的事业忠诚不忠诚，检验着全党在政治认同上一致不一致。做政治上的担当者，必须坚定"四个自信"。坚决维护习近平总书记在党中央和全党的核心地位，坚决维护党中央权威和集中统一领导，是增强"四个意识"的必然要求，也是坚定"四个自信"的集中体现。做政治上的行动者，必须做到"两个维护"。

第四，必须不断提高政治判断力、政治领悟力、政治执行力。政治的复杂性在于发展的多变性，提高党的政治建设水平取决于对政治动态发展的洞察能力和对政治内在规律的把握程度。习近平指出："我们党要始终做到不忘初心、牢记使命，把党和人民事业长长久久推进下去，必须增强政治意识，善于从政治上看问题，善于把握政治大局，不断提高政治判断力、政治领悟力、政治执行力。"[1]这三个"力"构成党的政治建设一体三面的行动逻辑。对错综复杂的政治现象、层出不穷的政治问题、变动不居的政治局势，作出正确判断是进行政治实践的前提，政治判断发生偏误，就会迷失方向。政治判断一旦形成，还必须从内涵上加以深入研究，领悟越深刻，思想越自觉。政治判断力、政治领悟力最后都要落实到政治执行力上来，使政治判断和领悟转化为实际行动。

第五，必须坚持以问题为导向，勇于自我革命，有效清除政治隐患，确保党的政治安全，为深入推进党的政治建设注入不竭动力。党的政治建设从来就是奔着问题去的，防止偏离正确政治方向和政治发展轨道，抵制各种病毒腐蚀党的健康肌体，是加强党的政治建设的目的所在。马克思主义政党的生命说到底就是政治生命，党的政治建设是党的政治生命工程，政治上生病是致命性的危险，懈怠党的政治建设后果不堪设想。习近平指出，"全党必须讲政治，把政治纪律摆在首位，消弭隐患、杜绝后患"，"使讲政治的要求从外部要求转化为内在主动"。党的政治建设正视问题的自觉要求具有刀刃向内的勇气，发扬自我革命精神才能把讲政治转化为内在主动。一个缺乏自我革命精神的党，是政治不安全的党，"要兴党强党，保证党永葆生机活力，就必须实事求是认识和把握自己，以勇于自我革命精神

---

① 《习近平著作选读》(第二卷)，人民出版社 2023 年版，第 391 页。

打造和锤炼自己"。① 党的政治建设深入发展依赖对问题的深刻把握,依赖自我革命精神的发扬力度。

第六,必须坚持以人民为中心的发展思想,不忘初心、牢记使命,为深入推进党的政治建设树立价值取向。从毛泽东提出"全心全意为人民服务",到习近平提出"坚持以人民为中心的发展思想",党中央历届领导人把人民利益放在最高位置的思想一脉相承。中国共产党人除了人民利益没有自身特殊利益的观点,成为坚持党性立场与人民立场相统一的核心话语表达。党的十九大把为中国人民谋幸福、为中华民族谋复兴概括为中国共产党人的初心和使命,深刻揭示了中国共产党红色基因的内涵,保持中国共产党人的政治本色必须坚守和牢记这个初心和使命。习近平围绕以人民为中心的发展思想作出的一系列重要论述,赋予不忘初心、牢记使命基本的政治要求。"中国共产党根基在人民、血脉在人民。"②"加强党的政治建设,要紧扣民心这个最大的政治,把赢得民心民意、汇集民智民力作为重要着力点。"③脱离群众是党执政的最大危险,违背人民利益是党最大的政治偏离,中国共产党人讲的就是服务人民的政治,党的政治建设不立足实现好、维护好、发展好人民利益,就会站错立场、迷失方向、走偏道路,从而破坏政治形象、埋下政治隐患、危及政治安全、导致政治风险。

四、马克思主义政党的优势所在

党的建设不是为建设而建设,着力加强自身建设的目的是为了更好地带领人民创造美好生活,党的政治建设必须把内外效应统一起来。党的政治建设内效应集中体现在"坚定政治信仰,强化政治领导,提高政治能力,净化政治生态,实现全党团结统一、行动一致"④的党建目标实现上。党的政治建设外效应集中体现在建设富强民主文明和谐美丽的社会主义现代化强国,让人民生活得更加美好的执政目标实现上。"要坚持以人民为中心,立党为公、执政为民,践行全心全意为人民

① 《十八大以来重要文献选编》(下),中央文献出版社2018年版,第591页。
② 《十九大以来重要文献选编》(中),中央文献出版社2021年版,第765页。
③ 《十九大以来重要文献选编》(上),中央文献出版社2019年版,第538页。
④ 《十九大以来重要文献选编》(上),中央文献出版社2019年版,第795页。

服务的根本宗旨,树立真挚的人民情怀,把人民放在心中最高位置,始终相信人民,紧紧依靠人民,把人民对美好生活的向往作为奋斗目标。"①党的政治建设只有把内效应转化为外效应,才能满足人民群众对美好生活的期待。全面推进党的政治建设,要落实到让人民群众有更多获得感、安全感、幸福感上,从而增强全社会的政治认同,凝聚起党内党外同心共筑中国梦的磅礴力量。

习近平指出:"我们党作为马克思主义政党,讲政治是突出的特点和优势。"②对于一个政党来说,没有比政治成熟更为重要的事情了。中国共产党之所以能够在近现代中国各种政党和政治力量的博弈中把握胜利的筹码,之所以能够获得最广大人民群众的拥护和支持,政治成熟是关键原因。中国共产党政治成熟不是自然而然的,虽然注重政治建设是马克思主义政党的内在要求,中国共产党从建立之日起就起步开展政治建设,但也经历了一个从懵懂到清醒、从零散到系统、从局部到全局的成熟过程。其间也发生过偏误,遭遇过曲折,中国共产党正是伴随政治上日益成熟而不断发展壮大起来的。

新时代全面推进党的政治建设,必须树立"四个意识",坚决践行"两个维护"。意识决定行为,行为表现意识。党中央提出牢固树立政治意识、大局意识、核心意识和看齐意识的要求,这是党的政治建设坚持正确政治方向的要求,党员和干部切实做到对党忠诚、为党分忧、为党担责、为党尽责,必须在坚持这"四个意识"上始终坚定不移。在复杂的政治环境下,面对的执政考验、改革开放考验、市场经济考验、外部环境考验越来越严峻,面对的精神懈怠危险、能力不足危险、脱离群众危险、消极腐败危险越来越尖锐,缺乏政治意识、大局意识、核心意识和看齐意识,就会犯政治糊涂的错误,就会在政治斗争的大风大浪中迷失方向。牢固树立"四个意识"最重要的表现是坚决维护党中央权威和集中统一领导,坚决维护习近平总书记党中央的核心、全党的核心地位。作为党的政治建设首要任务,践行"两个维护"要求"不断增强拥护核心、跟随核心、捍卫核心的思想自觉政治自觉行动自觉",③与一切挑战政治底线的错误言论和不良风气作坚决斗争,营造新时代党的政治建设风清气正的良好氛围。

① 《十九大以来重要文献选编》(上),中央文献出版社 2019 年版,第 797 页。
② 《习近平关于全面从严治党论述摘编》,中央文献出版社 2016 年版,第 80 页。
③ 《十九大以来重要文献选编》(上),中央文献出版社 2019 年版,第 797 页。

第二节　党的思想建设

一、党的基础性建设

马克思主义政党思想建设的根本要求是坚持科学理论的武装，坚定共产主义理想信念。恩格斯指出："我们党有个很大的优点，就是有一个新的科学的世界观作为理论的基础。"①列宁指出："只有以先进理论为指南的党，才能实现先进战士的作用。"②马克思主义经典作家提出的这个要求，成为中国共产党加强思想建设的理论依据和实践指南。

中国共产党诞生于半殖民地半封建社会的中国，这个国情赋予党的建设特殊性。由于当时近代工业很少，产业工人数量也相对较少，农民和小生产者在数量上占据绝对优势。第一次国内革命战争结束以后，党的工作重心由城市转移至农村，党的组织发展工作也长期在农村进行。这就造成了组织成员结构中农民和小资产阶级出身的党员占绝大多数，这对如何保持无产阶级政党的先进性和纯洁性是一个富有挑战性的难题。为了解决这个难题，中国共产党始终保持着加强党的思想建设的高度自觉，形成把党的思想建设摆在首要位置的党建发展逻辑。

最先把党的思想建设问题提出来的是毛泽东。创建井冈山革命根据地伊始，毛泽东就认识到党的思想建设的重要性，他指出："无产阶级思想领导的问题，是一个非常重要的问题。边界各县的党，几乎完全是农民成分的党，若不给以无产阶级的思想领导，其趋向是会错误的。"③1929年古田会议上，毛泽东首次确立了党的思想建设的基本原则，提出了思想建党的问题。这次会议通过的《中国共产党红军第四军第九次代表大会决议案》提出了从思想上、政治上和组织上建党的

---

① 《马克思恩格斯选集》(第二卷)，人民出版社2012年版，第10页。
② 《列宁选集》(第一卷)，人民出版社2012年版，第312页。
③ 《毛泽东选集》(第一卷)，人民出版社1991年版，第77页。

问题,主要任务是纠正党内的错误思想,克服非无产阶级思想对党的影响,保证无产阶级政党在农村环境下的思想先进和组织纯洁。1930 年,毛泽东发表《反对本本主义》一文,第一次明确提出"思想路线"的概念,指出马克思主义"必须同我国的实际情况相结合",强调共产党人要坚持"从斗争中创造新局面的思想路线"。①1938 年 10 月,毛泽东在党的六届六中全会上作政治报告,号召全党学习马克思主义理论,强调"指导一个伟大的革命运动的政党,如果没有革命的理论,没有历史知识,没有对于实际运动的深刻的了解,要取得胜利是不可能的"。② 这些重要论述为深刻认识党的思想建设指明了方向。

新中国成立后,党的思想建设始终在党的建设伟大工程推进中发挥着统领作用。在领导社会主义建设和改革开放的实践中,党中央部署开展历次整党整风运动,虽然各有针对性的主题,但都贯穿着加强思想建设的要求,反复强调学习马克思主义、毛泽东思想,加强思想武装,坚定理想信念,提高党性觉悟。从党的建设第一位序的首要地位推进党的思想建设得到长期坚持。1994 年 9 月,党的十四届四中全会通过的决定指出:"要继续把党的思想建设放在首要位置。"2004 年 9 月,党的十六届四中全会通过的决定指出:"坚持把党的思想理论建设放在首位。"③ 2007 年,党的十七大报告指出:"思想理论建设是党的根本建设。"④2012 年,党的十八大报告指出:"要抓好思想理论建设这个根本。"⑤由此可见,党中央始终保持着加强党的思想建设的高度自觉。

2017 年,党的十九大提出新时代党的建设总要求,对党的建设新的伟大工程作出全新部署。与以往党的建设要求相比,新时代党的建设总要求的一个鲜明特点是深刻总结党的十八大以来全面从严治党的鲜活经验,运用顶层设计、战略谋划、合理部署、整体推进、合力作用的科学思维,着眼不断提高党的建设质量,实现把党建设成为世界最强大政党的目标。党的十九大作出的加强党的建设新部署有很多亮点,其中最突出的就是把党的政治建设摆在首要位置,这是认识和把握执政党建设规律的思想升华。

①《毛泽东选集》(第一卷),人民出版社 1991 年版,第 112、116 页。
②《毛泽东选集》(第二卷),人民出版社 1991 年版,第 533 页。
③《十六大以来重要文献选编》(中),中央文献出版社 2006 年版,第 291 页。
④《十七大以来重要文献选编》(上),中央文献出版社 2009 年版,第 38 页。
⑤《十八大以来重要文献选编》(上),中央文献出版社 2014 年版,第 39 页。

在把党的政治建设摆在党的建设首要位置的新论断下,怎样认识党的思想建设的地位? 党的十九大报告阐述得十分清楚。首先,对党的思想建设作了明确定位:"思想建设是党的基础性建设。革命理想高于天。共产主义远大理想和中国特色社会主义共同理想,是中国共产党人的精神支柱和政治灵魂,也是保持党的团结统一的思想基础。"①这个"基础性建设"的定位,实际上进一步强化了党的思想建设在党的建设伟大工程中的重要地位。支撑党的建设伟大工程这座大厦必须有坚实牢固的基础,党的思想建设的弱化将给党的建设伟大工程带来倒塌性的危险。其次,党的政治建设这个"根本"必须立足于党的思想建设这个"基础",没有了基础,也就没有了根本。党的政治建设诸多内涵如政治立场、政治方向、政治原则、政治道路以及政治生活、政治生态、政治文化、政治纪律等,都与党的思想不可分割,党的十九大报告中用"政治灵魂"强调党的思想建设重大意义,揭示了党的根本性建设与基础性建设的辩证关系。因此,党的思想建设在党的建设伟大工程中的位序调整并不意味着它的地位降低了,在党的政治建设提升到党的建设首要位置的新格局下,如果认为可以忽视党的思想建设的重要地位,是完全错误的。长期以来,把党的思想建设摆在首要位置,是中国共产党从实践中形成的深刻认识,是党的建设伟大工程实践的经验集成。事实证明,这个认识以及由此形成的思想自觉和行动自觉,保证了党在不断发展壮大中永葆先进性和纯洁性,也是党能团结带领人民取得一个又一个伟大胜利的思想保证。从把党的思想建设摆在首位,到把党的政治建设摆在首位,只是党的建设重心位序的调整,而不是分量轻重的变化。

固然,位序体现重要性,但不能作机械的理解。党的十九大形成全面推进党的政治建设、思想建设、组织建设、作风建设、纪律建设,把制度建设贯穿其中,深入推进反腐败斗争的新部署,绝不意味着党的建设哪个方面要重视、哪个方面可以忽视。党的建设伟大工程作为结构性的系统,其布局自然要形成位序,先后顺序排列只是体现党的建设内在关系的逻辑。从"根本性建设"定位党的政治建设与从"基础性建设"定位党的思想建设,都不影响对党的政治建设和党的思想建设极端重要性的认识。从一定意义上说,党的思想建设的重要性因党的政治建设摆

①　《十九大以来重要文献选编》(上),中央文献出版社 2019 年版,第 44 页。

在首要位置而显得更加重要,没有思想的灵魂支撑和价值引领,党的政治建设要达成坚定政治立场、端正政治方向、把握政治原则、坚持政治道路的高度自觉就没有了思想遵循。

二、党的思想建设的含义

党的思想建设要解决的重大问题是如何从思想上真正解决党是什么、要干什么,牢记为谁执政、为谁用权、为谁谋利。这两个根本问题关乎马克思主义政党先进本质,关乎党的理想信念,关乎党的性质宗旨。

从历史实践看,党的思想建设始终以坚定理想信念为目标,加强学习,提高马克思主义理论水平,着力解决好共产党人的世界观、人生观、价值观这个"总开关"问题。"面临着繁重艰巨的任务,普遍地深入学习和运用马克思主义理论,更是一个亟待解决的重大问题。"①习近平强调,"我们党之所以能够不断历经艰难困苦创造新的辉煌,很重要的一条就是我们党始终重视思想建党、理论强党,坚持用科学理论武装广大党员、干部头脑,使全党始终保持统一的思想、坚定的意志、强大的战斗力。"②党开展的历次整风整党运动都是马克思主义教育运动,提高马克思主义理论水平的过程就是不断坚定共产主义理想信念的过程,党的思想建设的发展水平体现把握马克思主义的广度和深度。

坚持实事求是是党的思想建设的路线遵循。马克思主义思想的科学性突出表现在实事求是精神上,照搬经典的教条主义与立足国情从实际出发的实事求是这两种态度,形成党的建设截然不同的结果。新民主主义革命时期,党内发生的思想分歧根源在于是否坚持实事求是,延安整风运动最重要的收获就是在马克思主义普遍真理与中国实际相结合的问题上达成全党思想上的统一,由此确立的毛泽东思想成为中国共产党人坚持实事求是的思想标识。经验表明,坚持实事求是,党的事业顺利发展就有了思想保证,什么时候背离实事求是,党的工作就会发生失误和遭遇挫折。"实事求是是马克思主义的精髓,是我们共产党人的重要思

---

① 《十四大以来重要文献选编》(上),人民出版社 1996 年版,第 387 页。
② 《习近平谈治国理政》(第二卷),外文出版社 2017 年版,第 67 页。

想方法。我们过去取得的一切成就都是靠实事求是。今天,我们要把中国特色社会主义事业继续推向前进,还是要靠实事求是。"①实事求是作为党的思想路线,是党的思想建设必须遵循的原则。

马克思主义政党进行组织管理要从思想管理入手,管党治党从来就离不开对党员、干部的思想教育。中国共产党人的先进性首先表现为思想的先进性,党员发挥先锋模范作用以思想先进为前提。组织上加入党的队伍只是个人在形式上获得先进分子的身份,思想上的先进是党员一辈子的事情。在党的发展中,无论是在党员队伍弱小的时候,还是在组织规模庞大的情况下,党内思想教育都不能放松。一方面,组织上入党不等于思想上入党,党员、干部的思想发生波动和变化是常有的事情,在形势发生变化和社会发生深刻变革的情况下尤其如此;另一方面,损害党的先进性和纯洁性的因素始终存在,思想教育松懈就会带来党员与干部立场动摇、思想滑坡、政治变质的危险。思想政治工作从来就是党内教育的中心环节,在历史实践中,采取各种方式抓好思想教育是开展党的建设和进行组织管理的工作重点。

加强党的思想建设是保持党的先进性和纯洁性的必然要求。在党的建设实践中,"先进"和"纯洁"是表达党的马克思主义本质的两个核心话语。中国共产党以思想先进而起步创业,靠先进思想而经久不衰;以组织纯洁而强身健体,靠纯洁组织而战无不胜。思想先进要求组织纯洁,组织纯洁取决于思想先进。党的先进性和纯洁性不是一成不变的,因此,党的思想建设也不会一劳永逸。中国共产党的先进性和纯洁性不仅是同其他政党相比较而言,而且也与自身实践同步发展。社会发展和形势变化不断检验党的先进性和纯洁性的水平。思想如果偏离了正确轨道,党组织及其成员就会迷失方向,先锋模范作用就难以发挥。党的先进性和纯洁性在动态发展中保持,党的思想建设的不断推进对党的先进性和纯洁性建设提出新的要求,党的思想建设有没有成效,以党的先进性和纯洁性水平提高与否来检验。

① 习近平:《在纪念朱德同志诞辰 130 周年座谈会上的讲话》,人民出版社 2016 年版,第 9 页。

三、加强党的思想建设的主要任务

党的十九大报告提出新时代党的建设总要求,不断提高党的建设质量成为党的建设新的伟大工程向纵深推进的重要任务。党的思想建设长期摆在首要位置贯穿于党的历史实践。中国特色社会主义进入新时代新阶段,在全面建成小康社会取得伟大胜利的新形势下,我国迎来了近代以来最好的发展时期。面对中华民族伟大复兴战略全局和世界百年未有之大变局,努力做到把握机遇与应对挑战相统一、再创辉煌与战胜风险相统一、统筹"两个大局"与运筹"时"和"势"相统一,要求进一步提高党的思想建设质量,把党建设得更加坚强有力。

第一,必须把坚定共产主义理想信念作为党的思想建设首要任务。"我们的党从它一开始,就是一个以马克思列宁主义的理论为基础的党,这是因为这个主义是全世界无产阶级的最正确最革命的科学思想的结晶。"[1]共产主义理想信念是共产党人一切奋斗追求的崇高目标,远大理想成为激励中国共产党不懈奋斗的精神支撑。党的思想建设实践始终贯穿着理想信念教育的内容,在每次整党整风运动中,党中央都对坚定理想信念提出明确要求,并要求把实现崇高理想与现实工作相结合,做到最终目标与发展阶段相统一,循序渐进地推动党的事业向前发展。中国共产党表现的高尚品德以坚定的共产主义理想信念为底蕴,党员干部出现这样那样的问题归根到底是理想信念上出了问题。"坚定理想信念,坚守共产党人精神追求,始终是共产党人安身立命的根本。对马克思主义的信仰,对社会主义和共产主义的信念,是共产党人的政治灵魂,是共产党人经受住任何考验的精神支柱。"[2]习近平把理想信念比喻为共产党人的"精神之钙",指出没有理想信念,理想信念不坚定,精神上就会"缺钙",就会得"软骨病"。党中央明确规定以坚定理想信念为重点加强党的思想建设,为党员干部加强党性淬炼提供了指南。

第二,必须深入学习贯彻习近平新时代中国特色社会主义思想,用当代中国

---

① 《毛泽东选集》(第三卷),人民出版社1991年版,第1093页。
② 《习近平谈治国理政》(第一卷),外文出版社2018年版,第15页。

马克思主义、21世纪马克思主义作为党的思想建设的强大思想武器。党的思想建设要往深里走，就需要在领悟新思想上花功夫。党的十九大在全面总结新时代伟大实践鲜活经验的基础上，确立习近平新时代中国特色社会主义思想为党的指导思想，为党团结带领中国人民实现中华民族伟大复兴和建设社会主义现代化国家奋斗目标确立了根本遵循。全党要把握好习近平新时代中国特色社会主义思想的世界观和方法论，坚持好、运用好贯穿其中的立场观点方法，在新时代伟大实践中不断开辟马克思主义中国化时代化新境界。

第三，必须认真落实党中央关于把握新发展阶段、贯彻新发展理念、构建新发展格局的要求，深刻把握党的思想建设向纵深推进的新形势。必须立足中华民族伟大复兴战略全局和世界百年未有之大变局，不断提高政治判断力、政治领悟力、政治执行力，心怀"国之大者"，不断提升把握新发展阶段、贯彻新发展理念、构建新发展格局的政治能力、战略眼光、专业水平，敢于担当，善于作为，把党中央决策部署贯彻落实好。加强党的思想建设有助于把握新发展阶段，贯彻新发展理念，构建新发展格局，确保新时代中国特色社会主义事业不断夺取伟大胜利。在奋斗新征程的实践中党的思想建设必须始终在场、到位和发挥作用。

第四，必须统筹新时代党的建设新的伟大工程整体性发展，协调党的思想建设同政治建设的关系，把具有基础地位的党的思想建设做实做强。新时代党的政治建设的根本性地位与党的思想建设的基础性地位是辩证统一的关系，党的政治建设"统领"建立在党的思想建设"基础"上。党的政治建设根本性地位如果没有党的思想这个基础性建设的支撑，要发挥统领作用就失去了最重要的依托。有一种认识需要澄清，即把思想等同于空谈，以为思想只是务虚而不解决实际问题。这样的观点十分有害。马克思主义强调思想来源于实践，党的思想建设历来就有实践的针对性，解决的是党的发展中存在的实际问题。从政治上看党的思想建设，就是要从"根"和"魂"上筑牢党的建设基础。全面推进党的政治建设、思想建设、组织建设、作风建设、纪律建设，把制度建设贯穿其中，深入推进反腐败斗争，发挥新时代党的建设新的伟大工程这个整体布局的合力作用，做实做强党的思想建设是内在的要求。

第五，必须继承党的红色血脉，在新时代党的思想建设实践中传承党的红色基因，赓续党的革命传统。思想是停不下来的永恒运动，构成政党生命的表现力，代表政党组织的感召力。在党的建设实践发展中,注重思想建设的优良传统,使党的红色基因在代际更替中复制遗传,党的革命传统在历史延伸中赓续传承。红色基因决定了中国共产党永不变色的优良品质,党的思想建设的一个重要功能就是教育全党始终不忘为中国人民谋幸福、为中华民族谋复兴的初心和使命,就是激励全党始终弘扬心系天下、立党为公、无私奉献、勇于担当、艰辛创业、艰苦奋斗、服务人民等革命精神。新时代加强党的思想建设,"要教育引导全党大力发扬红色传统、传承红色基因,赓续共产党人精神血脉,始终保持革命者的大无畏奋斗精神,鼓起迈进新征程、奋进新时代的精气神"。①

第六,必须坚持马克思主义在意识形态领域指导地位的根本制度,以加强党的思想建设、制度建设和构建党的建设长效机制,落实思想建党的要求。加强党的思想建设是坚持马克思主义意识形态的硬任务,如果以科学理论为思想武装的中国共产党对马克思主义的态度不坚定、不鲜明、不彻底,主流意识形态就会被消解、被弱化、被冲击。党的十九届四中全会明确提出坚持马克思主义在意识形态领域指导地位的根本制度,要求健全用党的创新理论武装全党的各层级学习制度,把坚持以马克思主义为指导全面落实到党的思想理论建设中。将制度建设贯穿党的思想建设,必须结合党的领导制度体系建设来开展,构建党的思想建设长效机制,推进全面从严治党的制度化和规范化。党的思想建设制度得到巩固,长效机制构建起来,思想建党才能以制度化的形式实现常态化长效化的发展。

四、思想建党固本培元

"思想"和"理论"是两个难以区分的名词,因此在党的历史文献使用中,这两个名词统称"思想理论"。中国共产党在 100 多年发展的进程中,学习马克思列宁主义,学习马克思主义中国化时代化理论成果,体现中国共产党人不断推进理论创新和进行理论创造的思想建设发展轨迹。毛泽东思想、邓小平理论、"三个代表"重要思想、科学发展观和习近平新时代中国特色社会主义思想,都是党的思想建设深入发展创获的理论成果。这些党的指导思想的每一次确立,都使党的思想

---

① 《习近平著作选读》(第二卷),人民出版社 2023 年版,第 424—425 页。

建设在广度和深度上得到提升,不断推进理论创新、进行理论创造,为提升党的思想建设实践的力度和强度提供了支撑。

习近平指出:"党内存在的一些突出问题,从根源上说都是思想上的问题。从延安整风运动以来,我们党开展历次集中性教育活动,都是以思想教育打头。"思想建党要求加强党的思想建设,"党的思想理论建设是党的建设的基础,是最基本的建设"。① 党的十八大以来,习近平对党的思想建设作出一系列重要论述,许多深刻论断都对加强党的思想建设具有重大指导意义。如强调共产党人必须补足理想信念的"精神之钙",对坚定政治信仰提出严格要求;如强调党内出现这样那样的问题,从根子上说就是因为理想信念出了问题;如强调"理想信念动摇是最危险的动摇,理想信念滑坡是最危险的滑坡"②,要求全党筑牢抵御各种腐蚀的思想篱笆;如强调必须抓好思想教育这个根本,强化思想建党和理论强党的意识;等等。这些重要论述揭示了党的思想建设对党强身健体的重大意义。

作为基础性建设,党的思想建设具有固本培元的重大意义。首先,党的思想建设在党的建设伟大工程中具有立根铸魂的作用,共产主义理想信念坚定地树立起来,共产党人才有了"根"和"魂"。其次,党的思想建设为党的政治建设奠定基础,党的思想建设是党开展政治建设的根本保证,政治路线的形成、政治能力的提高、党的路线方针政策的贯彻,都必须以正确思想和科学理论为指导。第三,党的思想建设是否有力有效,直接影响党的各方面建设,党的组织建设、作风建设、纪律建设以及制度建设和推进反腐败斗争都体现鲜明的思想性,党的思想建设弱化必然影响党的各方面建设正确方向的坚持。以党的思想建设固本培元,有助于党从思想上筑牢篱笆,始终保持和强壮党的健康肌体,防止各种疾病缠身。

——————

① 《十四大以来重要文献选编》(上),人民出版社 1996 年版,第 386 页。
② 《习近平谈治国理政》(第二卷),外文出版社 2017 年版,第 34 页。

第三节　党的组织建设

一、基础不牢，地动山摇

习近平指出，"组织建设是党的建设的重要基础"，"组织是'形'，思想是'魂'。加强的组织建设，既要'造型'，更要'铸魂'"，加强党的组织建设是从实体上兴党强党的重要任务。马克思主义政党力量的凝聚和运用，在于科学的组织。在党的建设实践发展中，组织建设每时每刻在进行，党中央总是与时俱进地结合社会环境变化提出党的建设目标，其根本目的就是要打造一个具有牢固组织基础的先进的马克思主义政党。党员、干部和各级组织按照党的建设目标、遵循客观规律开展积极有为的工作，是夯实党的组织基础的保证。加强党的组织建设必须深刻认识和把握实体性建设这个定位。

党的组织是党的实体性资源。政党以成员、组织机构、核心骨干以及相应的章程、规则和制度进行组建，并以此代表组织体系的基本构件。这样的组织体系表明，因政党成员的集合而成组织形态，因组织形态的建构而建立进行活动的统一领导，因统一领导的实行而产生核心骨干。在组织体系中，党员、各级组织和干部是最基本的资源，是组织存在的物态化要素，社会和人们评判一个政党，感官上的认知首先从其实体性资源的各种要素开始。组织的能量强弱取决于实体性资源的作用发挥，在党的建设中组织资源的整合，最后的落脚点就是最大限度地激发这些实体性资源的能量，充分调动党员、各级组织和干部的积极性，在党的事业发展中发挥主体作用。

党的组织作为一个单位，是党的创造力、凝聚力、战斗力实现的载体。任何政党实现自身组织目标，都要依靠组织起来的力量。衡量政党力量强弱，既要看其自身对组织资源的控制能力，也要看它对外扩散的影响能力。政党力量的显示，更重要的是看其影响社会的能量大小。中国共产党加强建设的意义并不局限于自身,管党治党针对的是党组织内部存在的问题,而其效能则是通过自身治理而影响社会。党中央提出不断提高党的凝聚力、战斗力、创造力的要求,目的就是以此检验党的力量。凝聚力、战斗力、创造力代表着中国共产党组织力量的坐标,它的实现如果缺乏体系化的组织载体,提高凝聚力、战斗力、创造力也就失去了根基。

党的组织是党的先进性和纯洁性整体展示的依托。政党的组织性表现为整体性,组织建设之所以具有基础工程的意义,就在于它决定着党的整体形象,是一种"组织呈现"。习近平曾借用国外管理学家提出的"木桶理论"阐述党的建设,指出健全党的组织、做好党的工作,必须"固本强基,防止'木桶效应'",说的就是"组织呈现"的整体观。所谓"木桶理论"是指短板效应,一个木桶由很多块木板组成,它能够盛多少量的水不取决于最长的板块,木桶再高,它所装的水都会在最短板块的缺口流出去。"木桶理论"对党的先进性和纯洁性建设的借鉴意义是:只有全体党员整体性的组织呈现,才能完整塑造党的形象。"组织呈现"要求全党思想和行动的整齐划一,任何一个干部、党员和单位组织成为"木桶理论"中的短板,都会影响"组织呈现"的整体性。党中央要求"努力做到一个党组织就是一座坚强堡垒、一个干部就是一个先进标杆、一个党员就是一面光彩旗帜"。这就表明,保持马克思主义政党的先进性和纯洁性必须保持党的组织的整体呈现。

党的组织是党的功能发挥的工具。政党组织的效用表现为相应的功能,不同属性的政党具有不同的功能,相同属性的组织在功能确定和发挥上也存在差异。政党理论研究者一般从政党竞选、社会动员、政治输入、精英吸纳、民主参与、信息采集和诉求表达等方面研究政党的组织功能,对认识政党的组织效用具有诠释价值。党中央提出建设服务型政党的任务,是对马克思主义先进政党组织功能的创新认识,进一步拓展了政党组织效用的范围。中国共产党组织资源的优势只有在组织功能良好发挥时才能显示,党的路线方针政策的制定和贯彻落实,要靠广大党员积极参与;党的战斗力的提高、党的组织的发展、党的群众基础的扩大,要靠党的基层组织卓有成效的工作;党的良好形象,也要靠广大党员和基层组织去树立、去维护。作为党的组织功能发挥的工具,党的组织实体建设具有基础性意义。对政党来说,思想是其魂,作风是其形,组织是其体,组织的实体性决定了其建设的极端重要性。"基础不牢,地动山摇",这里的"地"和"山"指的是党的事业,忽视和削弱党的组织建设必然给党的事业造成地动山摇的危险。

二、党的组织建设的含义

对一个政党来说,加强组织建设的直接目的是扩大成员、扩张规模、壮大队伍。发展党员无疑是组织建设最主要的任务,但政党规模只是一个数量概念,大党不等于强党。在党的建设实践中,吸收社会先进分子加入党组织、建设高素质干部队伍、打造基层党组织战斗堡垒、贯彻民主集中制等构成党的组织建设聚焦的主要方面。

积极发展党员。先进政党由先进分子所组成,党员的质量关系到保持党的马克思主义先进本质。数量与质量是事物存在和发展的一对辩证关系,质量以数量为条件,数量以质量为保证。有质量没有数量,限制政党的影响力和战斗力;有数量没有质量,政党规模再大也发挥不了作用。中国共产党历来重视党员的质量。在建党之初,毛泽东就主张发展坚定信仰马克思主义的"真同志"做党员。刘少奇把党员质量的提高作为党的建设基本要求,指出:"只有我们大多数党员努力工作,努力学习,努力提高与增进自己的品质,努力前进,才能建设一个好的党。"邓小平指出:"一个人数少但有战斗力的党比一个人数多而缺乏战斗力的党要强得多。"①陈云指出:"提高共产党员的素质,是非常重要的事情,是党的建设上的一个根本问题。"②江泽民提出:"共产党的力量和作用,主要不在于党员的数量,而在于党员的素质。"③习近平强调:"马克思主义政党的力量和作用,既取决于党员数量,更取决于党员质量。对我们这样一个长期执政的党来说,数量应该没什么大问题,难的主要是提高质量。"④这些思想一脉相承,体现了注重质量保证、防止片面追求数量的组织建设思想。坚持数量发展与质量提升相统一,在规模逐渐扩大过程中注重强党的质量标准,以保证质量为前提是党的组织建设的重要原则。

建设高素质干部队伍。党的二十大报告指出:"全面建设社会主义现代化国

---

①　《邓小平文选》(第一卷),人民出版社 1994 年版,第 348 页。
②　《陈云文集》(第一卷),中央文献出版社 2005 年版,第 541 页。
③　《江泽民文选》(第二卷),人民出版社 2006 年版,第 555 页。
④　《十八大以来重要文献选编》(上),中央文献出版社 2014 年版,第 351 页。

家,必须有一支政治过硬、适应新时代要求、具备领导现代化建设能力的干部队伍。"①一支能打胜仗、具有坚强领导力的干部队伍是中国共产党能够不断走向成功的关键。中国共产党善于在组织建设中推进干部队伍建设,并把干部队伍建设视为组织建设的重要内容。政治路线确定之后,干部是决定一切的。正确的政治路线需要正确的干部路线保驾护航。经过多年实践发展,中国共产党形成了自身独特的干部路线。一方面要坚持德才兼备、以德为先的选拔原则。德乃帅之资也,缺少以德为先的干部队伍,在实践中党的领导能力提高就没有保证。另一方面要坚持"五湖四海、任人唯贤,事业为上,公道正派"的原则。在组织发展中,培养干部必须坚持公道正派、一视同仁。党的十八大以来,习近平在多个场合对干部队伍建设提出了严格要求,尤其注重强调抓好领导干部这个"关键少数"。

打造基层党组织战斗堡垒。中国共产党自成立后,就把夯实基层视为组织建设的重要内容。在党的组织体系中,各级组织承担着不同的政治功能,发挥的作用也有所差异。基层党组织是中国共产党干事创业的攻坚力量,党的顶层制度设计归根结底要落实到基层上。党的二十大强调:"坚持大抓基层的鲜明导向,抓党建促乡村振兴,加强城市社区党建工作,推进以党建引领基层治理,持续整顿软弱涣散基层党组织,把基层党组织建设成为有效实现党的领导的坚强战斗堡垒。"②无论是农村,还是城市,抑或是学校,基层党组织都是中国共产党赢得政治认同,实现既定政治目标的坚强战斗堡垒。

贯彻民主集中制。马克思主义关于民主集中制思想,基本要义是两条:一是在党内充分发扬民主,尊重党员主体权利;二是在党内形成高度的一致性,保证思想、意志和行动的统一。发扬党内民主是马克思主义政党先进性的体现,加强党内集中是实现党中央统一领导的要求。民主集中制的民主,是党员和党组织的意愿、主张的充分表达和积极性创造性的充分发挥;民主集中制的集中,就是全党意志、智慧的凝聚和行动的一致。民主与集中形成相辅相成的辩证关系,党内民主得不到发扬,党员、干部的积极性就调动不起来;党内集中不能够实现,党的组织就会陷入软弱涣散的境地。习近平强调,党的先进性和纯洁性"体现在组织上,就

① 《习近平著作选读》(第一卷),人民出版社 2023 年版,第 54 页。
② 《习近平著作选读》(第一卷),人民出版社 2023 年版,第 55 页。

是要求各级党组织和广大党员、党的领导干部必须坚持贯彻民主集中制原则和遵守党的组织纪律的要求，自觉维护党的团结统一"。贯彻执行民主集中制在党的组织建设实践中占有重要地位。

三、加强党的组织建设的主要任务

从建立时还是一个稚嫩的政党小组织，如今壮大为一个拥有近亿党员的世界第一大马克思主义执政党，如此规模扩大的事实为党的组织建设有效性作出了诠释。更为重要的是，衡量当代中国共产党早已不是看其组织规模大小，而是看其质量水平高低，中国共产党对社会的强大领导力、组织力、影响力成为认知和评价党的组织建设的主要方面。必须通过落实各项任务，不断提高党的组织建设质量。

第一，必须紧紧围绕加强民主集中制这个重点加强党的组织建设。民主集中制是中国共产党的根本组织原则和活动原则。党的二十大报告指出："坚持制度治党、依规治党，以党章为根本，以民主集中制为核心，完善党内法规制度体系，增强党内法规权威性和执行力，形成坚持真理、修正错误，发现问题、纠正偏差的机制。"①民主基础上的集中、集中指导下的民主是民主集中制的核心内容，彰显着这一制度的科学性。从民主的角度讲，践行民主集中制就是高度发扬党内民主的过程。从集中的角度讲，贯彻民主集中制就是发挥社会主义政党能够集中力量办大事的优势。

第二，必须坚持党的领导，健全党的领导制度体系，从组织体系上夯实党发挥总揽全局、协调各方的领导核心作用的组织基础。坚持党的领导是党的组织不断发展壮大的前提。从党的组织建设意义上说，坚持党的领导重要意义是确立组织体系的轴心，党的组织"没有集中统一，没有党中央坚强领导，没有强有力的中央权威，是不行的、不可想象的"②。在新民主主义革命时期，党中央就建立了许多领导制度，如党领导军队的制度、地方党委向中央请示和报告制度等。新中国成立

① 《习近平著作选读》(第一卷)，人民出版社 2023 年版，第 54 页。
② 《习近平关于全面从严治党论述摘编》，中央文献出版社 2016 年版，第 84 页。

后尤其是改革开放和社会主义现代化建设新时期,党的领导制度日益完善并向建构制度体系发展。党的领导核心作用体现在国家建设上,就是指包括经济、政治、文化、社会、生态文明建设一切方面的领导;体现在党的建设上,就是指包括所有干部、全体党员、各级组织的全面领导。不管是国家层面,还是党的层面,实现党的领导都必须依靠党的组织体系围绕轴心有序运转,确保党总揽全局、协调各方。

第三,必须立足政治站位,以党的政治建设统领组织建设,为党的组织建设坚持正确方向提供保证。加强党的政治建设,目的是坚定政治信仰,强化政治领导,提高政治能力,净化生态,实现全党团结统一、行动一致。实现这样的目的对干部政治素质、党员政治训练、党组织政治实践提出了严格要求,全面从严治党必须把党的政治建设同党的组织建设紧密结合起来,使马克思主义政党的根本属性体现在党的组织政治化建设上。党员吸纳、干部培养使用、基层组织设置、组织生活开展、民主评议活动等,党的组织建设各项工作具有日常、细致、微观的特点。保证党的组织建设取得效果必须坚持务实态度,脚踏实地地做好各项工作,但又不能使党的组织建设停留在对事务性工作的认知上,必须有鲜明的政治站位,把正确政治方向与组织工作效果统一起来。党的政治建设决定着党的组织建设方向,必须紧紧围绕提高党的引领力、组织力、战斗力以及发挥政治功能和政治作用加强党的组织建设,用党的组织建设工作成效检验党的政治水平。

第四,必须按照新时代党的建设总要求,做好“打铁必须自身硬”的全面从严治党大文章,不断提高党的建设质量。提高党的建设质量,是党的十九大总结实践经验、达到新时代党的建设总要求提出的重大任务。对马克思主义政党来说,质量强党具有重大战略意义。注重提高党的建设质量是全面性的任务,党的各方面建设都要在提高质量上下功夫。就党的组织建设而言,提高质量的目标是实现从大规模的党向高质量的党提升。政党强不强,不在于规模大不大;党有没有战斗力,不取决于党员数量有多少。新民主主义革命时期长期处于敌强我弱的环境,中国共产党以有限的组织规模展示出强大的战斗力,最终取得了革命胜利。在社会主义建设、改革开放和新时代伟大实践中,党的队伍虽然不断扩大,但党员、干部和党员先锋模范作用的发挥才是党组织强大战斗力的根本展示。习近平提出,要把我们党建设为世界上最强大的政党,加强党的组织建设就是要使党的身板更加硬朗、更加壮实、更加坚挺。

第五，必须坚持问题导向与目标导向相结合，针对问题提出对策和围绕目标采取措施，以切实解决短板和软肋，体现党的组织建设实效。党不是生存在真空之中，没有世外桃源之境，党的组织肌体遭受各种病毒的侵蚀难以避免。中国共产党历久弥坚的强大不是温室哺育出来的，取得革命、建设、改革和新时代伟大实践一个又一个伟大胜利是不断战胜自我的战果。在党的发展历史进程中，党的组织建设充满艰难险阻，既有革命环境下党员遭屠杀、组织受破坏的经历，又有路线错误情况下党内政治生活不正常、党的组织受冲击的遭遇，还有社会主义市场经济条件下党员精神懈怠、党组织涣散软弱问题的发生。党的组织建设从来就是为了解决问题，有问题感知才有忧患意识，不断检视自身存在的问题才能实现组织修复。党的组织建设始终是在解决问题中向前推进的，旧的问题解决了就要去发现新的问题，没有问题意识就没有加强党的组织建设的动力。加强党的组织建设必须不回避党内存在的问题，以在自己身上动手术的勇气和魄力，及时排除党的组织建设的各种障碍和隐患，坚持问题和目标的"双导向"，以解决问题的对策和实现目标的举措，保证党的组织建设收获看得见、摸得到的成绩。

第六，必须坚决贯彻新时代党的组织路线，把握党的组织工作核心要义，始终坚持党的组织建设的路线遵循。从 1928 年党的六大明确提出"党的组织路线"概念，到以习近平同志为核心的党中央对新时代党的组织路线的深刻揭示和全面阐述，显示党认识和把握组织建设规律达到了新高度。"组织路线对坚持党的领导、加强党的建设、做好党的组织工作具有十分重要的意义。"①新时代党的组织路线是加强党的组织建设的实践遵循，以组织体系建设为重点，着力培养忠诚干净担当的高素质干部，着力集聚爱国奉献的各方面优秀人才，坚持德才兼备、以德为先、任人唯贤，为坚持和加强党的全面领导、坚持和发展中国特色社会主义提供坚强组织保证。这条党的组织路线集历史经验的精髓，融鲜活经验的成果，揭示了新时代加强党的组织建设的核心要义。深入贯彻执行新时代党的组织路线，必须体现在党员队伍、干部队伍和基层党组织建设的高质量发展上，从而以严密党的组织体系为党的健康发展提供坚强的组织保证。

---

① 《十九大以来重要文献选编》(上)，中央文献出版社 2019 年版，第 559 页。

四、干事创业的组织保证

从组织行为学的角度看,政党是由组织体系建构而成的政治团体,政党的组织化程度与组织的体系化水平呈正向关系,组织体系越严密,组织化程度越高。组织体系不严密,政党组织就容易变成"大车店""大卖场""俱乐部",党的组织就难免陷于想走就走、想吃喝就吃喝、出入自由的乱象。中国共产党具有严密的组织体系,"这是世界上任何其他政党都不具有的强大优势"①。组织体系代表党的组织机构、内部关系和机制运行的系统构造,党强大的组织力产生于严密的组织体系。

习近平指出:"党的力量来自组织。党的全面领导、党的全部工作要靠党的坚强组织体系去实现。进入新时代,开启新征程,我们必须更加注重党的组织体系建设。"在党的组织建设历史发展中,以健全中央组织、地方组织、基层组织机构设置形成上下贯通、执行有力的体制,以贯彻民主集中制原则保证组织体系严密运行的效能,以严格遵守党章党纪约束维系党员和党组织言行举止的规范,创造了严密党的组织体系的丰富经验。新时代严密党的组织体系,必须把制度建设贯穿于党的组织建设之中,在党的组织体系上开拓党的组织资源,进一步提高党的组织体系建设水平,最大限度地发挥党的组织体系的独特资源优势。

党的事业不断发展壮大,是以一代代中国共产党党员、干部和各级党组织为主体力量而实现的。党的事业像接力赛那样一棒棒传下去,必须在党的组织建设上持续发力。有战无不胜的党组织,才有党的事业不断兴旺发达。建设社会主义现代化强国需要马克思主义强大政党作保证,坚持以习近平新时代中国特色社会主义思想为武装,把党建得更加坚强有力,既是时代的要求,也是人民的期待。丰富的历史经验积累为新时代交上一份党的组织建设出色答卷奠定了厚实功底,把党的组织建设经验充分利用好是全体共产党员义不容辞的责任。

① 《十九大以来重要文献选编》(中),中央文献出版社2021年版,第598页。

第四节　党的作风建设

一、作风就是形象

党的二十大报告指出:"党风问题关系执政党的生死存亡。"①中国共产党最初以一个新型政党登上历史舞台,她与此前已经成立的各种政党迥然不同的地方首先是性质上的区别。以马克思主义建党思想组成的无产阶级政党,在信仰选择、纲领诉求、奋斗目标、组织宗旨和价值取向等方面形成了自身的特质。这对一个政党的风格和面貌来说具有决定性的意义,因为它从思想理论上诠释了建党是为什么、要干什么以及怎么干的根本问题。近代中国自中华民国建立起,各种政党就竞相纷争,多一个或少一个政党似乎无关紧要,但中国共产党的建立则体现出历史性的重大变革,新型政党给中国带来新型革命,新型革命铸造新的政党作风。

马克思主义政党的先进本质决定着中国共产党作风建设的任务和要求。刘少奇在党的七大作的《关于修改党章的报告》中指出:我们党从它产生时起,"就具有无产阶级先进政党的各种优良作风,因而就使中国革命的面目为之一新"②。这个论断包含两层意思:其一,中国共产党的组织创建与优良作风的形成相伴随,党的成立就是党的作风建设的历史起点;其二,党的优良作风是改变中国革命面目的重要原因。

在历史发展进程中,党对作风建设的认识不断丰富、加深、升华,一以贯之的实践结出了继承传统和创新党的作风的丰硕成果。党的作风建设作为党的建设伟大工程的重要组成部分,既与党的建设其他方面建设有着紧密联系的互动关系,又有其自身建设的要求、任务和发展规律。无论是夺取新民主主义革命伟大

---

① 《习近平著作选读》(第一卷),人民出版社 2023 年版,第 56 页。
② 《刘少奇选集》(上卷),人民出版社 1981 年版,第 323 页。

胜利,完成社会主义革命和推进社会主义建设、进行改革开放和社会主义现代化建设,还是开创中国特色社会主义新时代,党中央始终高度重视党的作风建设,比较多的提法是"把党的作风建设放在更加突出的位置",这是因为党的作风建设是中国共产党的形象工程,党的作风是党的建设的门面展示。党的作风是否端正从来就不是小事,忽视和懈怠党的作风建设,会给马克思主义政党带来致命的危害。党的作风在党的工作及日常表现中实际存在,看得到,摸得着,是社会和人民群众从直观上感知党的窗口,党的作风关系党的形象。

习近平指出:"党的作风就是党的形象,关系人心向背,关系党的生死存亡。我们党作为一个在中国长期执政的马克思主义政党,对作风问题任何时候都不能掉以轻心。"[1]"党的作风是党的形象,是观察党群干群关系、人心向背的晴雨表。党的作风正,人民的心气顺,党和人民就能同甘共苦。"[2]中国共产党的形象树立于中国革命、建设、改革和新时代伟大实践的全过程,塑造于领导中国人民为实现民族复兴而不懈奋斗的各环节,在党的建设中发扬优良作风是中国共产党形象塑造的重要着力点。中国共产党塑造形象不是为了自我欣赏,而是要赢得社会和人民群众的认可。"疏远了人民群众,败坏了党风政风,最终会严重损害党的先进性和纯洁性、严重损害党的执政基础和执政地位。"[3]党中央历届领导人反复强调,党除了人民的利益外没有自身的利益,任何违反人民根本利益的思想和行为都是对党的形象的破坏。

作风塑党是党的作风建设的功能定位。党的建设伟大工程的各方面建设具有不同的功能,党中央提出"理论强党""思想建党"和"制度治党"等重要观点,就是对党的理论建设、思想建设、制度建设的功能定位。由此演绎,组织建设具有建制性的立党功能,纪律建设具有约束性的管党功能,作风建设具有打造性的塑党功能。

二、党的作风建设的含义

党的作风建设发展史展示了一幅内容丰富的画面,党的建设伟大工程体现在

---

[1] 《习近平关于党风廉政建设和反腐败斗争论述摘编》,中国方正出版社、中央文献出版社2015年版,第8页。

[2] 《十八大以来重要文献选编》(下),中央文献出版社2018年版,第356页。

[3] 《习近平关于党的群众路线教育实践活动论述摘编》,党建读物出版社、中央文献出版社2014年版,第24页。

党的作风建设上,同时也具有系统的构造。党的作风体现党的精神品格,它以外在的表现形式承载着丰富的内容。内容决定形式,形式表现内容,中国共产党的初心使命、思想原则、组织宗旨、党性要求锻造出的优良作风,是内容与形式的统一。

党中央关于党的作风建设经常使用的提法包括:党风、学风、文风、会风,思想作风、工作作风、领导作风、生活作风、干部生活作风,以及三大优良作风和艰苦朴素、谦虚谨慎、求真务实、勇于担当、敢于作为等。这些丰富的话语表述构成党的作风建设的内容图谱。延安整风运动时期党中央提炼概括的三大优良作风具有标志性的意义,构成党的作风建设内容图谱的中轴,各种作风建设围绕三大优良作风延伸性地展开。三大优良作风集中体现了中国共产党的优良品质,是人民群众观察、了解和评判党的先进性和纯洁性的标准。

理论与实践相结合,是马克思主义科学精神决定的党的作风建设要求。在开辟新民主主义革命道路、探索社会主义建设和发展中国特色社会主义事业的历史实践中,党深入研究中国社会阶级和阶层关系,立足本国国情,坚持马克思主义中国化时代化,贯穿着一条思想作风建设的主线。延安整风运动时,坚持理论与实践相结合被作为整顿党风的首要问题加以突出强调,成为党的思想作风建设的主要内容。围绕理论与实践相结合的作风,党中央始终倡导一切从实际出发,实事求是,具体问题具体分析,学以致用、深入调查研究,反对主观主义、教条主义、经验主义,以优良作风为党的思想路线提供了支撑。

保持党同人民群众的血肉联系,是党的根本宗旨决定的党的作风建设要求。中国共产党建立不久就形成了党根植于群众的思想,在领导革命的实践中,党深刻认识到,离开人民群众,党就会寸步难行,党的事业将一无所成。践行党的根本宗旨,要求党员深入贯彻群众路线,坚持从群众中来到群众中去,坚持在群众实践中检验真理、修正错误,坚持以有效的工作维护、实现和发展人民群众的根本利益。党的七大把密切联系群众作为党的根本工作路线,是党的工作作风的核心要求,改革开放以来,党中央把保持党同人民群众的血肉联系作为加强作风建设的重点,倡导做人民公仆、为人民服务、艰苦朴素、谦虚谨慎、不骄不躁、对人民负责、勇于担当,等等,都与保持党同人民群众血肉联系这一优良作风的具体要求紧密联系。

批评和自我批评,是马克思主义政党先进政治品格决定的党的作风建设要求。从延安整风运动起,批评和自我批评始终作为重要法宝在党内政治生活中起到重要作用,彰显了党坚持真理的精神追求、光明磊落的思想品格、修正错误的政治勇气,对增进党内团结、密切党群关系、维护党的形象具有重要意义。批评和自我批评的优良作风延伸出胸怀坦荡、光明磊落、说真话、党内民主、自我革命的品格和精神。

党的作风建设主要内容体现两个特点。一个是宏观层面党的作风建设,最典型的是延安整风运动中的整顿"三风",即学风、党风、文风;另一个是微观层面党的作风建设,如1960年底的纠正"五风",即共产风、浮夸风、命令风、干部特殊风、对生产瞎指挥风。如党的十八大部署的群众路线教育实践活动,聚焦反对形式主义、官僚主义、享乐主义和奢靡之风。前一个特点是抽象出作风建设宏观层面的问题,后一个特点是着眼作风建设具体表现的问题。党的作风建设发展体现两个层面的统一,发扬光大党的优良作风必须覆盖思想、工作、领导、干部和生活作风等各个方面,全方位地体现党的作风建设内容。

三、加强党的作风建设的主要任务

作为伟大工程,党的建设各个方面都有丰富的内容,党的作风建设也是一个子系统,包括多方面的内容。无论哪方面的作风存在问题,都会损害党的形象。党的形象塑造要求党的思想作风、工作作风、领导作风、生活作风在建设中实现同步发展。

第一,必须坚持以保持党同人民血肉联系为重点加强党的作风建设。党在历史实践中形成的群众路线是党的优良作风的集中体现,党的三大优良作风以及其他各种作风,核心就在于保持党同人民的血肉联系。习近平指出:"作风问题根本上是党性问题。作风反映的是形象和素质,体现的是党性,起决定作用的也是党性。"[①]"作风问题本质上是党性问题。对我们共产党人来讲,能不能解决好作风问题,是衡量对马克思主义信仰、对社会主义和共产主义信念、对党和人民忠诚的一把十分重要的尺子。"把党性与人民性相统一,必须以发扬党的优良作风保证党的群众路线切实得到贯彻执行。

---

① 《习近平关于"不忘初心、牢记使命"论述摘编》,党建读物出版社、中央文献出版社2019年版,第190页。

　　第二，必须从执政党作风关系党的生死存亡高度提高思想自觉。党的发展壮大历程不仅伴随着与各种反动势力作英勇斗争的过程，而且也伴随着战胜自我的自我革命过程。因此，决定党生死存亡的因素既包括外在的威胁，也包括内在的隐患。党的建设始终保持忧患意识，必须高度重视党内不正之风对党的危害。从决定党的生死存亡高度加以深刻认识，就要始终绷紧党的作风建设之弦。

　　第三，必须把党的作风建设作为永恒课题抓长抓实抓细。作为永恒课题，党的作风建设在党的建设发展中是一项长期任务。常提常新，常说常新，常做常新。实践不断深入发展，党的作风建设在不同历史时期不同发展阶段具有不同的要求和任务。党的作风养成重在日常教化，作风建设贵在常抓不懈。加强党的作风建设不仅要时刻摆上位置，而且要有机融入日常工作。作风问题必须抓长、长抓，抓实、实抓，抓细、细抓，扭住不放，持之以恒，才能久久为功。作风建设永远在路上，永远没有休止符，不可蜻蜓点水，不可虎头蛇尾，不可只是一阵风，否则不仅不可能从根本上解决问题，而且会导致作风问题不断反弹、愈演愈烈，最后失信于民。

　　第四，必须构建党的作风建设长效机制。党的建设要取得成效必须形成有效的机制。构建党的作风建设长效机制，有助于使全体党员和干部明白自己在日常工作中应该做什么、不可以做什么，明白自己的行为是在维护党的形象还是在损害党的形象，明白自己的表现是在光大党的优良作风还是在制造歪风邪气。健全机制是党的作风建设产生长期效果的保证，尤其是构建密切党群干群关系的长效机制，对加强党的作风建设有着极其重要的意义。

　　第五，必须加强廉洁文化建设，为创新发展党的优良作风提供支撑。党的优良作风是共产党人人格力量的体现，加强党的作风建设必须以先进文化为滋养。党的革命文化、社会主义先进文化为党的作风建设提供深厚土壤。习近平提出"要注重加强党内政治文化建设"的任务，对加强党的作风建设具有重要指导价值。中共中央办公厅印发的《关于加强新时代廉洁文化建设的意见》提出要厚植廉洁奉公文化基础，用革命文化淬炼公而忘私、甘于奉献的高尚品格，用社会主义先进文化培育为政清廉、秉公用权的文化土壤，用中华优秀传统文化涵养克己奉公、清廉自守的精神境界，为加强党的作风建设奠定文化底蕴。

　　第六，必须注重家风建设，拓展党的作风建设范围。在加强党的思想作风、工作作风、领导作风、生活作风、干部生活作风建设的同时，还必须高度重视家风建设。

党的作风关系政风、民风,党要在全社会起到示范的榜样作用,必须营造良好的家风。党员尤其是领导干部的家风对人民群众有非常大的影响,对中国共产党人来说,家风绝不是私人领域的问题。家风不正的影响不局限在家庭范围,更大的危害是助长社会的歪风邪气。把加强家风建设纳入党的作风建设范围,关系党的形象塑造。

四、党的建设永恒课题

全面从严治党永远在路上,要求党的作风建设不能有任何喘口气、歇歇脚的念头。党的历史实践积淀了党的作风建设丰富的经验,这笔宝贵的资源是把党建设得更加坚强有力的自信和底气所在。

与时俱进地发扬光大党的优良作风,就能促进党兴旺发达,容忍不正之风和不良习气滋生,就会导致党萎靡不振。党的奋斗实践取得的每一个胜利,都证实了两个基本道理:一是党的路线正确;二是党的作风优良。只有正确的政治路线、政策是不够的,还要有正确的组织路线和优良的作风。这两个方面结合起来才能把我们的党搞好。党的优良作风是贯彻落实党的正确路线的保证,没有优良作风,再好的路线在实践中也会偏离正确的轨道。丢掉优良作风就意味着丧失了党的立足根基。把党的作风建设作为党的建设永恒课题持之以恒地抓好,才能使党永远保持旺盛的生机活力。

回答好党的建设永恒课题,必须深刻认识作风塑党对于质量强党的重要意义。党的先进性和纯洁性在很大程度上是通过自身的作风来展示的,党组织、党员干部和党员无论是开展工作还是日常生活中的言行举止,实际上都在展示着党是干什么的、图什么的、谋什么的。党的作风建设是塑造党的形象的重大工程,必须深刻认识它的复杂性、长期性、艰巨性,坚决落实"作风过硬"的要求,把过硬的作风作为质量强党的一项重要任务,在全面从严治党的路上永远发扬党的优良作风。

党的建设永恒课题需要以党的作风建设的韧劲来做好。历史淬炼是党的作风的筛选过程,把不良作风作为靶子进行批判,把优良作风作为示范加以弘扬,彰显党的先进性和纯洁性。现实创新是党的作风发展要求,结合形势发展和时代要求培育党的新作风,是加强党的作风建设的必然要求。必须坚持把继承党的历史传统与创新优良作风相结合,推进党的优良作风在不断创新中传承,在传承中创新。

做好党的建设永恒课题,要着力从解决表层现象向挖掘深层次问题发展。在长期实践中,党的作风存在整治效果不明显的事实。有的不正之风经过整治虽然暂时有所缓解,但不久又重新发生,有的甚至一边整治一边还在发生。很重要的原因是没有找到根本原因,没有挖到根子。党的作风建设就不能局限于就事论事的思维方式,必须既有治标举措,也有治本方略。治标能够产生一定的效果,但只有把练内功放在治本上,才能使党的作风建设建立在牢固的基础上。

第五节 党的纪律建设

一、党的优良传统和政治优势

没有纪律不成其为组织,以政治属性为根本属性的政党更是以纪律严格约束为存在前提和发展基础。严明纪律是马克思主义政党建设的内在要求。党的纪律建设贯穿于党的100多年历史实践的全过程。

人类社会发展进入近代历史阶段以后,世界各国建立的政党虽然面貌各异,但都有一定的纪律规定,区别仅在于纪律规范的内容、遵守的理念及执行的程度等方面有差异。马克思主义政党具有严格的组织性和纪律性,这是由马克思主义政党的先进性所决定的,也是马克思主义政党区别于其他类型政党的重要特征。严明纪律是马克思主义党建思想的重要内容。

马克思和恩格斯强调无产阶级政党严明纪律的极端重要性,提出了一系列重要思想,阐明无产阶级政党必须遵守的纪律。列宁指出无产阶级政党"必须实行极严格的集中和极严格的纪律”,“需要有铁一般的纪律,铁一般的组织”。① 中国共产党是在马克思主义建党原则和党建思想指导下成立的,是靠革命理想、铁的纪律组织起来的马克思主义政党。毛泽东提出“加强纪律性,革命无不胜”②的著名观点,邓小平指出“共产党员一定要严格遵守党的纪律”,③习近平指出,“党面临的形势越复杂、肩负的任务越艰巨,就越要加强纪律建设”,“身为党员,铁的纪律就必须执行”,“党要管党、从严治党,靠什么管,凭什么治? 就要靠严明纪律”。④这些重要论述都鲜明地揭示了加强党的纪律建设的重大意义。

习近平指出:“组织严密、纪律严明是党的优良传统和政治优势,也是我们的力量所在。”⑤正是基于马克思主义政党建设的机理,党的十九大深刻总结党的建设历史经验,尤其是党的十八大以来全面从严治党的鲜活经验,在党的建设总体布局中增加了纪律建设。把纪律摆在更加突出的位置,纳入党的建设总体布局,表明了用严明的纪律管党治党的坚定决心。党的纪律建设以布局中的明确定位凸显了它的极端重要性。

二、党的纪律建设的含义

党的纪律建设形成完整的内容体系,政治纪律、组织纪律、廉洁纪律、群众纪律、工作纪律和生活纪律六大纪律相辅相成,互为支撑,连成一体。加强党的纪律建设在不同历史时期和发展阶段有不同的要求和任务,形成不一样的建设风貌。

在革命战争环境下,党的纪律建设服务于反帝反封建革命斗争,严明党的纪律侧重点在于严守党的秘密、坚持民主集中制、执行党的路线方针政策、参加党内生活和组织活动等方面。在和平建设环境下,党的纪律建设服务于党领导国家全面发展,严明党的纪律在继承新民主主义革命时期党的纪律建设经验基础上又增

---

① 《列宁选集》(第四卷),人民出版社 1995 年版,第 154、121 页。
② 《毛泽东文集》(第五卷),人民出版社 1996 年版,第 194 页。
③ 《邓小平文选》(第三卷),人民出版社 1993 年版,第 112 页。
④ 《习近平关于严明党的纪律和规矩论述摘编》,中央文献出版社、中国方正出版社 2016 年版,第 4、5 页。
⑤ 《习近平关于严明党的纪律和规矩论述摘编》,中央文献出版社、中国方正出版社 2016 年版,第 9 页。

添了许多新的内容。如果说新民主主义革命时期党的纪律把约束党员和干部个体行为作为主要目的的话,那么,在社会主义革命和建设时期、改革开放和社会主义现代化建设新时期、中国特色社会主义新时代,党的纪律建设则以牢固全党内在的纪律素养和培育党员、干部严密党的纪律和规矩的素养为建设目标。

党的纪律是具体的,但不是琐碎的;党的纪律是有针对性的,但又具有系统性。在党的历史实践中,党的纪律建设在不断深入发展中日益成熟,收获了党的纪律建设内容体系建构的成果,集中表现在中共中央制定的《中国共产党纪律处分条例》中。这个条例先后有三个版本。第一个版本于 2003 年 12 月颁布。第二个版本在 2015 年 10 月修订后正式印发。第三个版本是 2018 年 7 月 31 日由中共中央政治局审议通过,并于 8 月 26 日公布,10 月 1 日起实施。党中央一次次修订这个条例,高度重视党的纪律建设于此可见一斑。三个版本内容不断充实,规定不断补充,标准不断提高,清晰地体现了开列负面清单、重在立规、从严治党的纪律建设思路,从而形成了党员和干部决不能触碰底线的全面遵循。2018 年的《中国共产党纪律处分条例》把党的纪律归纳为政治纪律、组织纪律、廉洁纪律、群众纪律、工作纪律和生活纪律六大类,这既是党的纪律建设历史实践经验的集大成,又是新时代把从严治党向纵深推进的创新成果。

党的政治纪律。在党的历史实践中,政治纪律的概念早已形成。1927 年 4 月,党的五大明确提出了"政治纪律"问题,大会通过的《组织问题决议案》指出:"党内纪律非常重要,但宜重视政治纪律。"同年 11 月 14 日,中共中央常委会会议审定通过《政治纪律决议案》,强调"只有最严密的政治纪律,才能够增厚无产阶级政党的斗争力量,这是每一个共产党所必具的最低条件"[①]。党的发展壮大过程中,政治纪律始终被强调。在新时代全面从严治党实践中,政治纪律被提到党的纪律建设中最为重要的地位上,形成了更加深刻、更加丰富的内涵。习近平指出:"党的纪律是刚性约束,政治纪律更是全党在政治方向、政治立场、政治言论、政治行动方面必须遵守的刚性约束。"[②]

党的组织纪律。党的纪律都是组织纪律。从党的二大起,全国代表大会制定

---

① 《建党以来重要文献选编(一九二一——一九四九)》(第四册),中央文献出版社 2011 年版,第 208、642 页。
② 《十八大以来重要文献选编》(中),中央文献出版社 2016 年版,第 347 页。

的党章和通过的组织问题决议案都有明确的纪律规定。从广义上说,党的组织纪律建设要求全体党员务必遵守党的所有纪律。党的组织纪律是规范和处理各级党组织之间、党组织与党员之间以及党员与党员之间关系的行为准则。党的纪律不仅包括成文的规定,而且包括没有文件具体规定但实际执行的党内规矩。

党的廉洁纪律。廉洁是马克思主义政党的先进品性,对廉洁提出纪律要求在党的历史实践中早已有之。1926 年 8 月,中共中央发出"坚决清洗贪污腐化分子"的通告,要求对犯有贪污腐化的干部和党员"务须不容情的洗刷出党,不可令留存党中,使党腐化"①。在局部执政时期,党鲜明地树立廉洁政府的建设目标,陕甘宁边区政府制定《惩治贪污暂行条例》《惩治贪污条例》,对建设廉洁政治作出明确规定。新中国成立以来,党在全面执政条件下围绕保持廉洁问题制定各种条例,努力实现政治清明、政府清廉、干部清正。

党的群众纪律。发扬光大党的优良作风需要通过各种纪律加以保证,在历史实践中,党中央提出的很多纪律都与保持和人民群众的血肉联系相关,如"三大纪律八项注意"、夺取全国胜利时解放军进城纪律以及党的十八大后提出的"八项规定",都是体现党的群众纪律的标识性成果。《中国共产党纪律处分条例》贯彻全心全意为人民服务和立党为公、执政为民的根本宗旨,对违反党的群众纪律、损害人民利益的行为作出一系列惩治处罚的规定,为提高党员和干部执行党的群众纪律的自觉性提供了纪律遵循。

党的工作纪律。党的工作纪律是各级党组织和党员、干部行使职权及履行职责时必须遵守的行为规范。党开展任何工作,都必须有规范遵循,不执行纪律甚至违反纪律开展工作祸害无穷。中国共产党从事的事业是有明确目标的,干任何工作都不能无所遵循。没有规矩不成方圆,没有纪律干不成事业。党的工作纪律是保证党和国家各项工作平稳有序运行的重要规范。遵守党的工作纪律,必须自觉履行党章赋予的职责,紧跟中央的决策部署,确保纪律真正执行到位。

党的生活纪律。党的生活纪律要求党员树立健康的生活态度和良好的生活作风,是共产党人主观世界改造和价值观形塑的重要任务。党的生活纪律在党的建设中倡导艰苦奋斗、勤俭朴素、吃苦耐劳等积极价值观。以严格遵守党的生活

---

① 《中国共产党反腐倡廉文献选编》,中央文献出版社 2002 年版,第 2 页。

纪律培养高尚的人格和高雅的情操,始终把好生活关口,保持健康的人际关系,时刻警惕灯红酒绿的腐蚀,坚决反对贪图享乐和骄奢淫逸的行为,是切实维护党的光辉形象的内在要求。

三、加强党的纪律建设的主要任务

党的纪律建设从来就不是小事情,任何违反党的纪律和规矩的行为都将对党的事业造成重大危害。严格遵守党的纪律和规矩是全体党员的义务,党的各级领导干部尤其要把严明党的纪律和规矩作为淬炼党性的重要环节。坚决防止党的组织软弱涣散,必须落实党的纪律建设的各项任务。

第一,必须把政治纪律摆在首要位置,为保证党的政治方向、政治立场、政治言论、政治行动奠定坚实基础。党的纪律建设与党的政治建设密不可分,必须从政治高度认识党的纪律问题。"一个政党,不严明政治纪律,就会分崩离析。""在所有党的纪律和规矩中,第一位的是政治纪律和政治规矩。"①"政治纪律是最重要、最根本、最关键的纪律,遵守党的政治纪律是遵守党的全部纪律的重要基础。"②政治上出问题一定是在党的纪律上犯错误,而不守纪律、不讲规矩的党员、干部则必定是政治上的糊涂人。在明确把党的政治建设摆在党的建设首要位置的要求下,必须坚持把政治纪律放在最前面。捍卫"两个确立",增强"四个意识",坚定"四个自信",做到"两个维护",是党最重要的政治纪律。

第二,必须注重党的纪律建设的功能发挥,正确处理道德激励和纪律约束的辩证关系,坚持自律与他律相统一,充分彰显严明党的纪律对确保党的事业不断夺取胜利的重要价值。纪律的重要功能是约束,而且是具有强制力的刚性约束。"遵守党的纪律是无条件的,要说到做到,有纪必执,有违必查,而不能合意的就执行,不合意的就不执行,不能把纪律作为一个软约束或是束之高阁的一纸空文"。③保证党的事业不断取得胜利就必须充分发挥党的纪律建设的功能。

---

① 《十八大以来重要文献选编》(中),中央文献出版社 2016 年版,第 351 页。
② 《十八大以来重要文献选编》(上),中央文献出版社 2014 年版,第 764 页。
③ 《习近平关于严明党的纪律和规矩论述摘编》,中央文献出版社、中国方正出版社 2016 年版,第 76 页。

第三,必须协调党的纪律建设内容全面开展,敢于同违反和破坏党的纪律的言行作斗争,始终以铁的纪律提高党的建设质量。党的纪律建设内容丰富,在党内政治生活、组织活动、思想品行、工作规范乃至个人生活方面都有全方位的规范要求,必须全面开展。党的纪律不仅必须严格执行,而且需要加强维护,党员和干部既必须把住自己的纪律关,自觉遵守和严格执行党的纪律,又应该坚持原则,是非分明,与任何违反和破坏党的纪律的言行作坚决的斗争。维护党的纪律的严肃性是全体共产党员的共同责任,对党的纪律松懈现象熟视无睹,该反对的不反对,该抵制的不抵制,就会对严明党的纪律和规矩的要求麻木不仁,久而久之,难免使自己有突破纪律防线而违纪违法的危险。

第四,必须推进党的纪律建设制度化,加强党内法规建设,营造全党遵纪守法的氛围。党纪严于国法,是党的纪律建设的一个定律,必须坚定不移。严明党的纪律和规矩关系到严肃党内政治生活和净化党的政治生态,是建设马克思主义先进政党文化的重要组成部分。作为共产党员政治素质和思想修养的反映,纪律问题无小事,党的纪律状态具有政党文化追求的意义。全党形成遵纪守法的良好氛围,马克思主义先进政党文化建设就有了坚实的基础。

第五,必须构建和完善加强党的纪律建设的领导机制,落实责任主体,强化主体责任,全面提高党的纪律执行力。党的纪律建设不是自然而然地发展的,不是无须用力就能保证的。严格遵守和执行纪律主要靠自觉,但又是靠从严管治抓出来的。坚持把党的纪律建设责任压实做强,出台一系列制度建构党委领导责任制,明确各级组织党委是党的建设责任主体,党委书记是第一责任人,使从严管党治党的责任主体和主体责任落实下来。构建和完善加强党的纪律建设的领导机制,是全面提高党的纪律执行力的必然要求。

四、锻造铁一般的马克思主义政党

严明党的纪律和规矩是中国共产党始终保持旺盛和强大生命力的砝码,过去如此,今后更必须坚持下去。在建设社会主义现代化国家、实现中华民族伟大复兴目标的新征程上,始终不渝地加强党的纪律建设,以严明党的纪律和规矩把党建设得更加坚强有力,是中国共产党团结带领中国人民夺取新的伟大胜利的必然要求,也是广大人民群众对马克思主义执政党的热切期待。

　　加强党的纪律建设是全党的责任,每一个共产党员都有义务自觉遵守党的纪律和规矩,搞好党的纪律建设需要全体党员的共同努力。深刻认识党的纪律松弛的危害,不仅要牢固树立纪律意识,管好自己,而且要与一切违反党的纪律和破坏党的规矩的思想和行为作坚决斗争,争当维护党的纪律和规矩的模范。

　　党的领导干部在党的纪律建设上肩负着关键性的责任,因为不管担任什么层次的职务,无论是高级干部还是基层干部,手里都掌握着大大小小的权力,是党的路线方针政策的直接执行者,想问题、作决策、做工作、办事情都绕不开纪律问题。领导干部又是党的纪律执行的风向标,普通群众和一般党员看"领头羊",领导干部无视纪律,遵守和执行党的纪律就无从谈起。上有所好,下必甚焉;上有不好,下必效焉。各级领导干部都要带好严格遵守党的纪律和规矩这个头,为全党树立表率。

　　建设世界上最强的政党,需要以铁一般的纪律为保证。"打铁必须自身硬",必须落实在使党的纪律和规矩像铁一般刚硬上。总结和利用好党的纪律建设历史经验,与时俱进地创造新时代党的纪律建设的鲜活经验,才能使中国共产党在不断提高党的建设质量上作出新作为、形成新气象、开创新局面。

第六节　党的制度建设

一、制度具有根本性、全局性、稳定性、长期性

　　制度就是规范,党的建设以制定各种制度为保证。在党的建设历史发展过程

中,党中央始终高度重视党的制度建设。改革开放初期,邓小平基于对历史教训的反思,向全党深刻揭示了制度的极端重要性,指出:"领导制度、组织制度问题更带有根本性、全局性、稳定性和长期性。这种制度问题,关系到党和国家是否改变颜色,必须引起全党的高度重视。"①这个重大论断是对党的建设历史经验的精辟总结。

新民主主义革命时期,党的制度建设处于初创和探索阶段,更多的努力是结合党组织的运行机制建立相关制度,为党的制度建设打下了基础。社会主义革命和建设时期,党的制度建设的一个重大成果是确立了社会主义基本制度,主要是通过各种法规的制定,确立党的领导制度,实行人民代表大会制度、多党合作和政治协商制度、民族区域自治制度,以及生产资料公有制度等。

改革开放推动党的制度建设进入快速发展的新阶段,一系列重要论断的提出和重大举措的出台,推进了党的制度建设创新发展。进入 21 世纪,党中央把党的制度建设纳入党的建设布局之中。中国特色社会主义进入新时代,以习近平同志为核心的党中央把制度建设摆在突出位置,提出"制度治党"的要求,推动党的建设实现从一项项制度建设向制度体系构建的突破性发展,开创了党的制度建设的崭新局面。

树立制度在党的建设中的权威,是体现制度具有根本性、全局性、稳定性、长期性的必然要求。以制度规范党的建设才能使全党统一思想认识和实践行为。提出"制度治党"的深刻含义在于要切实把制度用起来,制度不能停留于文本的"建",更要着力实践的"治"。治党依赖制度就是把贯彻执行党的意志和路线方针政策纳入规范化的轨道,克服人为因素和其他各种因素的干扰,按照客观规律推进党的建设。

二、党的制度建设的含义

制度规范是一种约束力,它既表现为成文的规章制度,也表现为各种纪律规矩。党的建设中制度具有的约束作用主要是:以组织的坚定意志防止党的发展中发生随心所欲的思想和行为,以党性的统一标尺反对任何特殊化现象,以明确的规范要求提供党员、干部的根本遵循。

制度由人制定,但绝不是主观意志的产物。制度建立在经验基础上,把经验

① 《三中全会以来重要文献选编》(上),人民出版社 1982 年版,第 524 页。

上升为制度形成的规范,体现把握事物发展规律的重要价值。制度具有客观性,能够反映实践的要求。制度具有普遍性,能够形成共同遵循的准则。制度具有约束性,能够形成统一管理的标准。没有规矩不成方圆,党的建设离开制度约束的规矩就难以正常开展。

政党制度受其本质的制约,不同性质的政党具有不同的制度。中国共产党坚持以马克思主义为指导,体现先进本质是党的制度建设的内在规定。习近平指出:"坚持党性原则,关键是立规矩、讲规矩、守规矩。"①在党的建设发展中,不管具体的历史条件如何不同、制度内容如何发展、制度规定如何调整、制度形式如何变化,坚持马克思主义思想指导是确定不移的根本原则。坚持以马克思主义为指导决定着党的制度建设的科学走向。

加强党的制度建设是党的建设治本之策,管党治党要全面严起来,制度要严是关键。中国共产党始终高度重视党的制度建设,虽然历史实践中曾经因为受到各种因素干扰遭遇过曲折,但通过不断总结经验教训加深思想认识,推进了党的制度建设深入发展。尤其在中国特色社会主义新时代伟大实践中,以习近平同志为核心的党中央坚持思想建党和制度治党相结合,坚持制度治党和以德治党相结合,坚持制度治党和依规治党相结合,在党的制度建设上实现了继承性发展、完善性健全、创新性建构的历史性飞跃。

党的制度建设是一个动态的发展过程,与时俱进才能使党的建设制度不断适应形势发展的要求和党的工作中心变化的需要。制度具有铁一般的刚性,但又不是一成不变的。坚持以实践基础上的理论创新推动制度创新,坚持和完善现有制度,从实际出发,及时制定一些新的制度,及时把比较成熟、普遍适用的经验提炼上升为制度,加强党内法规制度理论研究和宏观设计,加强党的制度贯彻落实,是进一步加强党的制度建设的努力方向。

三、加强党的制度建设的主要任务

习近平指出:"制度优势是一个国家的最大优势,制度竞争是国家间最根本的

---

① 《十八大以来重要文献选编》(中),中央文献出版社 2016 年版,第 195 页。

竞争。制度稳则国家稳。"①由此演绎，制度优势也是一个政党的最大优势，尤其是对肩负全面领导国家和社会发展进步使命的中国共产党来说，加强党的制度建设更显得特别重要。加强党的制度建设是立党强党兴党的重要路径依赖。强化制度治党为提高党的建设高质量提供了有力保证，新时代党的建设要有新气象、新作为，需要全党大力开拓制度治党的新路径。

第一，必须坚持以民主集中制为重点推进党的制度建设。党的建设实践发展中形成了很多制度，加强党的管理需要各方面的制度形成规范化的建设。民主集中制在各项党的建设制度中具有最为重要的地位，因为它是党的领导原则、根本组织原则，也是党的工作原则。从建党以来到新时代伟大实践，坚持民主集中制成为党和国家事业发展的根本性制度。坚持这个传统的制度，并且使它更加完善起来，是十分重要的事情，是关系党和国家命运的重大问题。凡是违反这个制度的，都要纠正过来。要在充分发扬民主的基础上实行正确的集中，使全党在思想上、政治上保持统一，在行动上做到步调一致。以加强民主集中制为重点推进党的制度建设，必须完善和落实民主集中制的各项规定，坚持民主基础上的集中和集中指导下的民主相结合，既充分发扬民主，又保证集中统一。

第二，必须坚持以党章为统领加强党的制度建设。党章是党的根本章程，是全党最基本的行为规范，是党的政治立场和组织原则的集中反映，是党的全部活动的基础和依据。邓小平强调："党章是最根本的党规党法。"②习近平指出："党章就是党的根本大法，是全党必须遵循的总规矩。"③从党的二大制定第一部正式章程起一直到党的二十大，每次修订和完善的党章都是党内制度建设最重要的内容。在党章中补充内容的新条文体现了认识和把握党的建设规律的不断深化，每一次修订党章都带动了新一轮党内规章制度建设的创新发展。党章对制度建设的统领意义集中体现为与时俱进地创新思想和实践，形成党的制度新规范，从而为推动党的建设提供保证。

第三，必须把党的建设制度与国家建设制度紧密结合。执政党和领导党的

---

① 《十九大以来重要文献选编》(中)，中央文献出版社 2021 年版，第 300 页。
② 《邓小平文选》(第二卷)，人民出版社 1994 年版，第 147 页。
③ 《习近平关于"不忘初心、牢记使命"论述摘编》，党建读物出版社、中央文献出版社 2019 年版，第93 页。

双重角色决定了党的建设制度与国家建设制度不可分割。与西方国家治理权力分割离散的政党制度不同,中国共产党长期执政和全面领导的制度安排和使命担当,形成了"治国必先治党"的政治建设逻辑。执政党利益与国家利益和人民利益的同质化、一体性的特征,决定了建设好国家务必从严治党的道理。党的十九届四中全会提出中国特色社会主义制度体系建构十三个方面的任务,摆在首要位置的就是坚持和完善党的领导制度体系,强调中国共产党领导是中国特色社会主义最本质的特征,是中国特色社会主义制度的最大优势,要求"把党的领导落实到国家治理各领域各方面各环节"。[①] 党的建设制度融入国家治理各项制度建设之中,体现加强党的建设与推进国家治理体系和治理能力现代化的有机统一。

第四,必须着力党的制度体系建构。在党的建设发展中,任何一项制度作用的发挥都不是孤立的,从单项制度建设向制度体系建构的发展体现对党的制度建设发展规律的深刻把握。党的制度建设的系统化发展,要求坚持以党的政治建设为统领,切实落实把制度建设贯穿于各方面建设之中。党的各方面建设协调发展、同向发力形成合力作用,必须以建构党的领导制度体系为根本,不断健全完善党的政治建设、思想建设、组织建设、作风建设、纪律建设以及反腐败斗争的制度机制,以系统完备、科学规范、运行有效的制度体系,发挥党的建设制度体系的整体优势。

第五,必须牢固树立制度意识和强化制度敬畏感。加强党的制度建设既是理论层面上的思想意识问题,又是实践层面上的行动能力问题。党的制度建设首先要以具备好的制度为前提,但制度再好,得不到有力执行就会成为一纸空文。必须坚决防止制度虚置、制度规避、制度走样的现象发生,决不能让制度成为"橡皮泥""稻草人""壁上挂"。必须坚决反对有规定不执行、打折扣执行、选择性执行,搞上有政策下有对策。制定制度很重要,更重要的是抓落实,九分气力要花在这上面。要狠抓制度执行,扎牢制度篱笆,真正让铁规发力,让禁令生威。增强制度意识、敬畏制度权威,不断提高制度执行能力,是加强党的制度建设的重要任务。

第六,必须发扬改革精神推进党的制度建设。党的建设是在不断适应新形势

---

① 《十九大以来重要文献选编》(中),中央文献出版社 2001 年版,第 272 页。

新情况、不断解决新矛盾新问题中向前推进的。党的制度建设既不可能一蹴而就，也不可能固化停滞。全面深化改革包括改革党的建设制度的要求。党中央明确提出"紧紧围绕提高科学执政、民主执政、依法执政水平深化党的建设制度改革"①，发扬改革精神推进党的制度建设，必须坚持立足现实，充分考虑党的制度建设的紧迫性，及时建立新的制度，对过时的和失效的制度进行修订和调整。党的制度建设必须立足于世情、国情和党情，扎根本土，又放眼全球，着眼党的制度建设的长远性，从战略高度和顶层设计考量作出筹谋，建立完整的完善的制度配套设施和后续措施。

四、管党治党的制度保障

事实证明，什么时候党的制度建设健康发展，党的事业就会顺利前行，什么时候党的制度建设遭受挫折，党的事业就会徘徊不前。党的制度建设滞后，党的各方面建设就会受到影响。

从现实看，虽然党的制度建设已经推进到体系化建构的阶段，但一些软肋还有待排除，尤其是党的制度运行的保障机制亟须完善。制度障碍是最严重的障碍，不加以排除必然制约党的建设更好地向前推进。坚持问题导向，找准党的制度建设的软肋，发扬勇于自我革命的精神，针对存在的突出问题进行靶向治疗，以完善和严密党的制度体系为推进中国特色社会主义事业提供保证，凸显加强党的制度体系建设极端重要的意义。

总结党的制度建设的实践经验，从历史中汲取智慧，必须把加强党的制度建设作为常态，把制度治党作为全面从严治党向纵深推进的路径遵循，不断提高党的建设质量。党中央从贯穿党的各方面建设的要求定位党的制度建设，意味着党的制度建设是党的建设中的支撑性工程，为具有根本性建设地位的党的政治建设和具有基础性建设地位的党的思想建设，提供决定性的支撑。

新时代全面从严治党为提升党的制度建设认识水平和实践深度创造了鲜活经验。从制度保障着眼，在不断推进的制度建设创新发展中，构建党的领导制

---

① 《十八大以来重要文献选编》（上），中央文献出版社 2014 年版，第 513 页。

度体系是着力点。党中央提出建立不忘初心、牢记使命的制度,完善坚定维护党中央权威和集中统一领导的各项制度,健全党的全面领导制度,健全为人民执政、靠人民执政各项制度,健全提高党的执政能力和领导水平制度,完善全面从严治党制度,形成党的制度建设的体系建构任务,为全面推进党的制度建设指明了方向。

第七节　深入推进反腐败斗争

一、腐败与党的性质宗旨水火不容

政党形象是一面多棱镜,党的思想、组织、作风和政治生态都是其形象展示的镜像集成,也是社会和人民群众观察、认知、评价其形象的风景标识。近代中国社会出现过面貌各异的政党,历经风雨后遭遇不一、命运迥异。中国共产党的形象树立于中国革命、建设和改革的历史过程中,塑造于领导中国人民为实现民族复兴而奋斗的伟大实践中。

一百多年来,中国共产党的形象已经深深地烙在中国人民的心里,她不仅以先进思想理论和鲜明宗旨树立起光辉的形象,而且也以引领国家发展和社会进步取得卓越成就的事实,证明了她作为马克思主义政党的先进本质。

中国共产党的DNA决定了她的形象不是可以刻意装扮的,但形象呈现却因为受到社会环境的影响而存在变化性。中国共产党全面执政后的一段特殊时期里,党的形象建设经历了曲折。20世纪50年代后期"左"倾思想指导的失误和十年"文化大革命"的发生,使党的形象受到极大的伤害。改革开放的创新实践也是重新塑造党的形象的历史过程。从总体上看,改革开放以来党的形象建设发展主流是健康的,尤其是进入新世纪后,党中央突出以先进性和纯洁性为主线,持续部署开展党内教育活动,推进全面从严治党,保证了党的形象沿着正确的方向与时俱进地发展。

然而,改革开放四十多年的历史时段,始终处于国内外形势深刻变动的时代环境之中,党的建设发展中的问题也不断产生和暴露出来。在经济体制改革和社会深刻变化的情况下,腐败滋生成为人民群众反映强烈的突出问题,受到党中央高度关注。

从党的十三大起,每一次党代会报告在提出党的作风建设时都强调反腐倡廉。从 2007 年党的十七大开始,反腐倡廉被单列出来,与思想建设、组织建设、作风建设、制度建设相提并论,形成党的"五位一体"建设布局,反腐倡廉在党的建设部署中有了独立的地位。党的作风建设与反腐倡廉紧密相关,但反腐败斗争不是一般意义上的党的作风问题。党内不正之风是腐败滋生的温床,整治党风无疑对防止腐败具有重要作用,但又不可代替反腐败斗争。把党风廉政建设作为党的建设进行布局具有十分重要的意义。党的十九大部署党的建设,将深入推进反腐败斗争单独列出,体现了对党的建设规律的深刻认识和把握。党的二十大提出"坚决打赢反腐败斗争攻坚战持久战",强调"腐败是危害党的生命力和战斗力的最大毒瘤,反腐败是最彻底的自我革命",[1]必须永远吹反腐败斗争的冲锋号。

腐败是附着于党的肌体的毒瘤,是严重违背党的性质宗旨的最大危害,对党的形象破坏性最烈、杀伤力最大。党中央论述党的建设目标,反复提出廉洁的要求,并制定廉洁从政的各种规定,坚定不移地将推进反腐败斗争贯穿于党的全部历史实践。中国共产党积累了党风廉政建设的丰富经验,提出了一系列反腐败斗争的理论,对保持党的先进性和纯洁性起到了重要作用。坚决反对腐败、自觉远离腐败、有效遏制腐败,是坚持党的性质宗旨的必然要求和永久任务。

二、反腐败斗争的含义

反腐败斗争的旨意就是在从政过程中保持廉洁作风,因此,它与党的作风建

---

[1]　《习近平著作选读》(第一卷),人民出版社 2023 年版,第 56 页。

设在理论逻辑上紧密相关。全心全意为人民服务、贯彻执行党的群众路线以及艰苦奋斗等优良作风都对党风廉政建设具有重要意义。党的作风很大程度和很多方面体现在从政行为上，廉政表现党风，党风塑造从政的形象。正因如此，在党的建设部署中，加强党风廉政建设始终成为加强党的作风建设的一项重要内容。

把反腐败斗争作为党的建设布局之一单独部署，把深入推进反腐败斗争作为一项专门任务突出，是长期执政的马克思主义政党加强自身建设的思想创造，为丰富发展马克思主义建党思想作出了重大贡献。党的从政作风集中体现党的思想作风、工作作风、领导作风、生活作风、干部生活作风，这些方面的作风歪斜了，必然危及党的执政安全。以党的作风建设为基础，在党风廉政建设中聚焦深入推进反腐败斗争，是以习近平同志为核心的党中央总结历史经验和深化党的作风建设形成的思想和实践重大创新成果。

习近平指出："我们党把党风廉政建设和反腐败斗争提到关系党和国家生死存亡的高度来认识，是深刻总结了古今中外的历史教训的。中国历史上因为统治集团严重腐败导致人亡政息的例子比比皆是，当今世界上由于执政党腐化堕落、严重脱离群众导致失去政权的例子也不胜枚举啊！"①这个告诫令人警醒。在反腐败问题上，党中央的立场始终非常坚定，态度始终十分鲜明。从建党起，开展反腐败斗争就成为党加强党风廉政建设的自觉，对党的队伍中混入的各种杂质分子和腐化堕落现象作出严肃处理。1926 年 8 月，中共中央发布《坚决清洗贪污腐化分子》的通告，强调务须将丧失革命者的道德、败坏党在群众中的威望的投机腐败分子洗刷出党。党全面执政后，清醒地认识到党掌握了权力容易犯错误，容易脱离群众，容易利用手中的权力谋取私利。改革开放后，党中央把反腐败斗争提到重要位置，深刻认识到，执政党的最大危险是脱离群众，脱离群众的最大危险来自腐败。腐败对党具有极大的腐蚀性，对社会主义建设事业具有极大的破坏性，对人民利益具有极大的危害性。党的十八大报告指出，解决不好反腐败问题，"就会对党造成致命伤害，甚至亡党亡国"。② 以习近平同志为核心的党中央以巨大政治勇气和果断斗争魄力惩治腐败，开创了党的建设历史上前所未有的反腐败斗争新局面。

---

① 《习近平关于党风廉政建设和反腐败斗争论述摘编》，中央文献出版社、中国方正出版社 2015 年版，第 5 页。
② 《十八大以来重要文献选编》(上)，中央文献出版社 2014 年版，第 42 页。

深入推进反腐败斗争以实现干部清正、政府清廉、政治清明、社会清朗为目标,深入推进反腐败斗争是加强党风廉政建设的重点任务。全面从严治党必须坚决遏制腐败滋生蔓延势头,坚持党的全面领导和长期执政始终与坚定不移地反对腐败斗争相伴随。发扬党的伟大斗争精神,必须毫不留情地与各种腐败思想和行为作坚决的、彻底的斗争。

三、深入推进反腐败斗争的主要任务

2015 年 10 月,中共中央印发《中国共产党廉洁自律准则》,这是党执政以来第一部坚持正面倡导、面向全体党员的廉洁自律工作规范的基础性法规。2016 年 10 月,党的十八届六中全会以全面从严治党为主题,审议通过了《关于新形势下党内政治生活的若干准则》和《中国共产党党内监督条例》两个文件,为加强党风廉政建设提供了实践遵循。以深入推进反腐败斗争为重点,加强党风廉政建设的任务十分艰巨。

第一,必须以全面从严治党创新理论指导新时代反腐败斗争深入推进。首先,要从政治高度认识腐败问题。2022 年 6 月 17 日,习近平在主持中共中央政治局第十四次集体学习时发表重要讲话,强调:"反腐败斗争关系民心这个最大的政治,是一场输不起也决不能输的重大政治斗争。"反腐败斗争必须以党的政治建设为统领。其次,腐败发生的根子是理想信念的动摇和放弃。马克思主义世界观、人生观、价值观的"总开关"出了问题,腐朽思想和蜕化变质就会粘附和腐蚀党的健康肌体。反腐败斗争必须以加强党的思想建设为基础。再次,从严管党治党要求用制度管权管事管人,制度治党必须以有力遏制腐败彰显成效。全面从严治党的创新理论为深入推进反腐败斗争提供了强大思想武器。

第二,必须抓住"关键少数"强化从严治吏。习近平用"关键少数"指称领导干部,突出的不是数量意义上的少数,而是领导干部关键的作用。各级领导干部特别是高级领导干部执掌重要权力的特殊地位,决定了他们在党风廉政建设中的重要性。党的从政作风实不实、正不正,首先看领导干部廉不廉。领导干部以"三严三实"(既严以修身、严以用权、严以律己;谋事要实、创业要实、做人要实)为准则,才能在党风廉政建设中作出表率。全面从严治党重在治吏,把"关键少数"这支骨干力量抓好,是实现政府清廉、政治清明、社会清朗的重要条件。

第三,必须树立正确权力观和正确政绩观。加强党风廉政建设、深入推进反腐败斗争的核心问题是解决好对待权力的态度。立党为公、执政为民,是党的性质宗旨决定的,党执掌权力不是用来谋取私利的,而是为了造福人民。坚持情为民所系、权为民所用、利为民所谋,做人民的公仆,把为人民创造更加美好的生活作为执政价值取向和目标诉求,是树立正确权力观的基本要求。加强长期执政的马克思主义政党建设,必须弄明白为谁执政、为谁用权、为谁谋利这个根本问题,以正确权力观为基础,坚决反对片面的、错误的政绩观,在执政实践中实现好、维护好、发展好广大人民的根本利益。

第四,必须扎紧制度笼子,筑牢反腐败的堤坝。把党的制度建设贯穿党风廉政建设,必须通过建章立制为深入推进反腐败斗争提供制度保证。构建按照制度法规惩治腐败、用制度管权管事管人的体制机制,是加强党风廉政建设和深入推进反腐败的一项重要任务。党风廉政建设一要靠教育,二要靠制度。腐败滋生既有理想信念动摇的根本原因,也有制度不严密留下空隙的诱发因素。织密反腐败斗争之网,必须健全和完善党风廉政建设制度体系,以严密的制度堵塞腐败的滋生。

第五,必须加强权力监督,构建一体推进不敢腐、不能腐、不想腐的反腐败斗争体制。深入推进反腐败斗争的预期目标是让党员干部因敬畏而"不敢"、因制度而"不能"、因觉悟而"不想"。"不敢腐""不能腐""不想腐"事实上不能分离,对权力的敬畏和对制度的遵守以理想信念坚定为前提,解决"不想腐"才能真正解决"不敢腐""不能腐"的问题。加强权力监督,完善党的层面、国家层面以及社会层面的权力监督机制,党内党外监督形成合力,对加强党风廉政建设和深入推进反腐败斗争具有重要意义。坚定反腐败斗争的自信,提高一体推进不敢腐、不能腐、不想腐的能力和水平,是全面打赢反腐败斗争的重大任务。

第六,必须始终保持高压态势,打赢反腐败斗争攻坚战持久战。腐败是人类社会的通病,古今中外社会发展中,腐败治理都是世界性的难题。公权力的存在就有谋私利的诱惑,从而埋下腐败的陷阱。中国共产党坚持不懈推进反腐败斗争,尤其是在新时代伟大实践中以零容忍的态度形成反腐败高压态势,打"老虎"、灭"苍蝇"、采取"猎狐"行动,对腐败形成强大威慑力。对中国共产党来说,反腐败斗争是一场输不起也决不能输的硬仗,也是一场攻坚战持久战。全面从严治党永远在路上,反腐败斗争永远没有休止符。在反腐败斗争上出现松懈思想,必将影响党和国家的长治久安。

四、深入推进反腐败斗争使命艰巨

习近平指出:"反对腐败、建设廉洁政治,保持党的肌体健康,始终是我们党一贯坚持的鲜明政治立场。党风廉政建设,是广大干部群众始终关注的重大政治问题。"①党的十九大、二十大把深入推进反腐败斗争作为新时代党的建设总要求进行部署,对加强党风廉政建设具有重大意义。

中国共产党治国理政的逻辑表明,腐败必然亡国,不坚决反对腐败必然自毁长城。不能有效遏制腐败,党就守不住长期执政的地位。让腐败滋生,对腐败姑息,就是党对人民犯下的最大罪过。必须认真汲取当代世界发展过程中一些国家因腐败严重而导致执政失败的教训,在反对腐败这个重大问题上必须警钟长鸣。党的十八大以来,习近平反复重提历史周期率的问题,强调"赶考远未结束",并在毛泽东提出"让人民来监督政府"答案的基础上,进一步把勇于自我革命作为第二个答案,为中国共产党跳出历史周期率找到了适应新时代要求的新路子。

深入推进反腐败斗争,打造了具有中国特色的反腐倡廉道路。党中央提出"坚持标本兼治、综合治理、惩防并举、注重预防的方针,扎实推进惩治和预防腐败体系建设,在坚决惩治腐败的同时,更加注重治本,更加注重预防,更加注重制度建设,拓展从源头上防治腐败工作领域",②明确规定"以完善惩治和预防腐败体系为重点加强反腐倡廉建设"。这"十六字方针""三个更加"和"一个重点"的框架思路和路径设计,鲜明地体现了反腐倡廉道路的中国特色,也为解决腐败治理的世界难题提供了中国方案、中国经验、中国智慧。

以习近平同志为核心的党中央深入推进反腐败斗争取得的卓著成效,深得党心民心,受到世界关注。据 2022 年国家统计局民意调查显示:人民群众对新时代

---

① 《习近平谈治国理政》(第一卷),外文出版社 2018 年版,第 16 页。
② 《十七大以来重要文献选编》(上),中央文献出版社 2009 年版,第 42 页。

全面从严治党、党风廉政建设和反腐败工作成效表示满意的达到 97.4%，比 2012 年提高了 22.4 个百分点。① 这个成绩极大地增强了反腐败斗争的信心，它表明，中国共产党完全有能力打赢反腐败斗争的攻坚战持久战。

深入推进反腐败斗争任重道远。反腐败斗争的长期性、复杂性、艰巨性要求把它作为一场攻坚战持久战来打。攻坚战就要破解难题，持久战就要保持韧劲。虽然新时代反腐败斗争取得压倒性胜利并得到巩固，但形势依然严峻复杂。现实中的大量事实表明，一些腐败分子即使在高压态势下依然不收敛不收手，顶风作案继续腐败，变换样式、玩弄花招逾越党纪国法的底线，严重玷污党的执政形象，严重破坏权力的公信力。充分利用好党领导反腐败斗争的经验，防止反腐败斗争出现懈怠，必须在党中央坚强领导和统一部署下坚定不移地把反腐败斗争进行到底。

本章思考题

1. 怎样理解党的建设伟大工程的系统性？
2. 党的政治建设和思想建设的内在机理是什么？
3. 加强党的组织建设的主要任务有哪些？
4. 为什么要把保持党同人民的血肉联系作为党的作风建设的重点？
5. 如何认识把党的纪律建设纳入党的建设总体布局的重要意义？
6. 党的制度建设对党的建设具有什么样的作用？
7. 中国共产党是怎样深入推进反腐败斗争的？

---

① 《中国共产党第二十次全国代表大会文件汇编》，人民出版社 2022 年版，第 152 页。

第五章

党的建设实践领域

党的领导核心作用决定了党的领导不是局限在某一地区或某一领域，而是广泛深入到中国社会的各个角落、各个领域。党的建设实践既在其自身组织范围内开展，又延伸至其他社会组织中去。在不同类型的社会组织中建立和发展党组织，是中国共产党落实党的领导、展开执政实践的建设要求。从这个意义上说，各种社会组织党的建设实践也是中国共产党加强自身建设的一个重要板块。在一定的地区、领域或单位承担与执行党的任务的地方和基层组织，基本覆盖全中国。2023 年 7 月中国共产党党内统计公报数据显示，截止 2022 年 12 月 31 日，中国共产党现有基层组织 506.5 万个。其中基层党委 28.9 万个，总支部 32 万个，支部445.6 万个。全国共有党的各级地方委员会 3 198 个。其中，省（区、市）委 31 个，市（州）委 397 个，县（市、区、旗）委 2 770 个。全国 9 062 个城市街道、29 619 个乡镇、116 831 个社区（居委会）、490 041 个行政村已建立党组织，覆盖率均超过99.9%。全国共有机关基层党组织 75.6 万个，事业单位基层党组织 97.7 万个，企业基层组织 157.1 万个，社会组织基层党组织 17.9 万个，基本实现应建尽建。①党的建设实践领域按照其性质不同，可以划分为国有企业党组织建设、机关基层党组织建设、城市社区党组织建设、农村基层党组织建设、学校基层党组织建设、科研院所党组织建设以及"两新"组织和新就业群体党组织建设。

---

① 《中国共产党党内统计公报》，《人民日报》2023 年 7 月 1 日。

第一节　国有企业基层党组织建设

一、国有企业基层党组织建设的基本要求

国有企业基层党组织是指党在国有资本和国有企业组织中建立的党的组织机构。国有企业是推进国家现代化、保障人民共同利益的重要支柱，是中国特色社会主义事业牢固物质基础的重要载体。国有企业必须坚持党的领导，离开了中国共产党的领导，企业也就不是国有企业。习近平在全国国有企业党的建设工作会议上指出，坚持党的领导、加强党的建设是国有企业的"根"和"魂"，是我国国有企业的独特优势。2019 年 12 月 30 日，中共中央出台了《中国共产党国有企业基层组织工作条例（试行）》（以下简称《条例》），成为全面加强国有企业党的建设的重要党内法规。

从新中国成立起，国有企业就始终在党的领导下建设和发展。进入新时代以来，党中央在加强国有企业党组织建设方面，探索和实施了许多具有创建性的政策。例如：2015 年 6 月，中央在全面深化改革领导小组第十三次会议上提出"党的建设与国有企业改革同步谋划、党的组织及工作机构同步设置""体制对接、机制对接、制度对接、工作对接"的相关部署，通过了《关于在深化国有企业改革中坚持党的领导加强党的建设的若干意见》；2016 年 10 月，在全国国企党建工作会议上，习近平提出了把党组织内嵌到公司治理结构之中的理念，重申了国有企业加强党建的重要意义；2017 年 12 月，中央经济工作会议要求加强国有企业党的领导和党的建设，推动国有企业完善现代企业制度，健全公司法人治理结构。由此可见，在新形势、新常态下，国有企业党组织占据更为重要的政治地位。

首先，贯彻国有企业党组织建设的宗旨。国有企业党组织必须高举中国特色社会主义伟大旗帜，以马克思列宁主义、毛泽东思想、邓小平理论、"三个代表"重要思想、科学发展观、习近平新时代中国特色社会主义思想为指导，坚持党的基本

理论、基本路线、基本方略，增强"四个意识"、坚定"四个自信"、做到"两个维护"，坚持和加强党的全面领导，坚持党要管党、全面从严治党，突出政治功能，提升组织力，强化使命意识和责任担当，推动国有企业深化改革，完善中国特色现代企业制度，增强国有经济竞争力、创新力、控制力、影响力、抗风险能力，为做强做优做大国有资本提供坚强政治和组织保证。国有企业党组织工作应当遵循以下原则：（一）坚持加强党的领导和完善公司治理相统一，把党的领导融入公司治理各环节。（二）坚持党建工作与生产经营深度融合，以企业改革发展成果检验党组织工作成效。（三）坚持党管干部、党管人才，培养高素质专业化企业领导队伍和人才队伍。（四）坚持抓基层打基础，突出党支部建设，增强基层党组织生机活力。（五）坚持全心全意依靠工人阶级，体现企业职工群众主人翁地位，巩固党执政的阶级基础。

其次，明确国有企业党组织设置的具体规范。《条例》要求，国有企业党员人数 100 人以上的，设立党的基层委员会（以下简称党委）。党员人数不足 100 人、确因工作需要的，经上级党组织批准，也可以设立党委。党员人数 50 人以上、100 人以下的，设立党的总支部委员会（以下简称党总支）。党员人数不足 50 人、确因工作需要的，经上级党组织批准，也可以设立党总支。正式党员 3 人以上的，成立党支部。正式党员 7 人以上的党支部，设立支部委员会。经党中央批准，中管企业一般设立党组，中管金融企业设立党组性质党委。国有企业党委由党员大会或者党员代表大会选举产生，每届任期一般为 5 年。党总支和支部委员会由党员大会选举产生，每届任期一般为 3 年。任期届满应当按期进行换届选举。根据党组织隶属关系和干部管理权限，上级党组织一般应当提前 6 个月提醒做好换届准备工作。中央企业直属企业（单位）党组织换届选举工作，以中央企业党委（党组）为主指导，审批程序按照党内有关规定办理。中央企业及其直属企业（单位）召开党员代表大会，可以对党组织隶属地方党组织的下一级企业（单位）分配代表名额。国有企业党委一般由 5 至 9 人组成，最多不超过 11 人，其中书记 1 人、副书记 1 至 2 人。设立常务委员会的，党委常务委员会委员一般 5 至 7 人，最多不超过 9 人，党委委员一般 15 至 21 人。党委委员一般应当有 3 年以上党龄，其中中央企业及其直属企业（单位）、省属国有企业的党委委员应当有 5 年以上党龄。国有企业党总支一般由 5 至 7 人组成，最多不超过 9 人；支部委员会由 3 至 5 人组成，一般不超过 7 人。正式党员不足 7 人的党支部,设 1 名书记,必要时可以设 1 名副书记。党支部(党总支)书记一般应当有 1 年以上党龄。国有企业党组织书记、副书记以及设立常务委员会的党委常务委员会委员,一般由本级委员会全体会议选举产生。选举结果报上级党组织批准。中央企业党委(党组)认为有必要时,可以调动或者指派直属企业(单位)党组织负责人。国有企业党委设立纪律检查委员会或者纪律检查委员,党总支和支部委员会设立纪律检查委员。

二、国有企业基层党组织的主要职责

党的二十大通过的党章第三十三条明确规定:国有企业党委(党组)发挥领导作用,把方向、管大局、保落实,依照规定讨论和决定企业重大事项。国有企业和集体企业中党的基层组织,围绕企业生产经营开展工作。保证监督党和国家的方针、政策在本企业的贯彻执行;支持股东会、董事会、监事会和经理(厂长)依法行使职权;全心全意依靠职工群众,支持职工代表大会开展工作;参与企业重大问题的决策;加强党组织的自身建设,领导思想政治工作、精神文明建设、统一战线工作和工会、共青团、妇女组织等群团组织。依据这一要求,《条例》对国有企业党组织应承担的基本职责作了具体阐释。

首先,国有企业党委(党组)发挥领导作用,把方向、管大局、保落实,依照规定讨论和决定企业重大事项。其主要职责是:(一)加强企业党的政治建设,坚持和落实中国特色社会主义根本制度、基本制度、重要制度,教育引导全体党员始终在政治立场、政治方向、政治原则、政治道路上同以习近平同志为核心的党中央保持高度一致。(二)深入学习和贯彻习近平新时代中国特色社会主义思想,学习宣传党的理论,贯彻执行党的路线方针政策,监督、保证党中央重大决策部署和上级党组织决议在本企业贯彻落实。(三)研究讨论企业重大经营管理事项,支持股东(大)会、董事会、监事会和经理层依法行使职权。(四)加强对企业选人用人的领导和把关,抓好企业领导班子建设和干部队伍、人才队伍建设。(五)履行企业党风廉政建设主体责任,领导、支持内设纪检组织履行监督执纪问责职责,严明政治纪律和政治规矩,推动全面从严治党向基层延伸。(六)加强基层党组织建设和党员队伍建设,团结带领职工群众积极投身企业改革发展。(七)领导企业思想政治工作、精神文明建设、统一战线工作，领导企业工会、共青团、妇女组织等群团组织。

其次，国有企业党支部（党总支）以及内设机构中设立的党委围绕生产经营开展工作，发挥战斗堡垒作用。其主要职责是：（一）学习宣传和贯彻落实党的理论和路线方针政策，宣传和执行党中央、上级党组织和本组织的决议，团结带领职工群众完成本单位各项任务。（二）按照规定参与本单位重大问题的决策，支持本单位负责人开展工作。（三）做好党员教育、管理、监督、服务和发展党员工作，严格党的组织生活，组织党员创先争优，充分发挥党员先锋模范作用。（四）密切联系职工群众，推动解决职工群众合理诉求，认真做好思想政治工作。领导本单位工会、共青团、妇女组织等群团组织，支持它们依照各自章程独立负责地开展工作。（五）监督党员、干部和企业其他工作人员严格遵守国家法律法规、企业财经人事制度，维护国家、集体和群众的利益。（六）实事求是对党的建设、党的工作提出意见建议，及时向上级党组织报告重要情况。按照规定向党员、群众通报党的工作情况。

三、加强国有企业基层党组织建设的重要意义

党的十八大以来，党中央提出全面从严治党的总要求，出台从严治党、制度治党、依规治党的系列重大举措，将思想建党和制度治党紧密结合、落到实处。同时，在经济发展新常态下，国有企业市场呈现新变化，企业经营发展面临着新形势、新任务、新挑战。只有坚持党要管党、从严治党，不断加强和改进党对国有企业的领导，充分发挥党组织在国有企业中的政治核心作用，把党的政治优势转化为企业的管理优势，国有企业才能更好地完成改革发展和转型升级任务。由此可见，加强国有企业党组织建设具有以下三个层面的重要意义。

首先，加强国有企业基层党组织建设能为深化国企改革提供坚强保障。习近平指出："党建工作始终是国有企业的独特政治资源，是企业核心竞争力的有机组成部分，是实现企业科学发展的关键因素，也是建立中国特色现代企业制度的一个本质特征。"党的十九届六中全会明确提出，支持国有资本和国有企业做强做优做大，建立中国特色现代企业制度，增强国有经济竞争力、创新力、控制力、影响

力、抗风险能力。在新形势下,落实好这一要求,国有企业基层党组织要注重抓实抓好国企基层党建工作,提升基层党组织的战斗力,以高质量党建引领企业高质量发展。党的建设是国有企业核心竞争力的重要组成部分,在国有企业改革发展中发挥着不可替代的重要作用:一方面,坚持党对国有企业的领导,发挥党组织的政治核心作用,这是我国国有企业的独特优势,是我国建设中国特色现代企业制度的本质要求,也是一个重大原则问题。第一,国企改革发展的深入需要党组织发挥党的思想政治和文化引领优势,将党员群众的认识统一到符合国企改革发展的正确方向上来。第二,提升公司现代化的组织生产能力需要党组织发挥党的组织动员优势。第三,实现企业和谐稳定发展需要党组织发挥党的密切联系群众优势和作风优势。另一方面,党的建设能为深化国企改革提供坚强保障。国企党建工作是确保国企经济、政治和社会职能依法正常履行的必要前提。国有企业与国家制度建设和党的领导之间存在着深刻的逻辑联系,而不是相对独立的营利主体,虽然改革开放后,国有企业融入了现代西方管理要素,但并不意味着其政治与社会职能可以削弱。国有企业党组织存在与发展并发挥政治影响保证了国有企业经济、政治和社会职能的正常履行,保证了党和国家在经济全球化大潮中能够有效地实现特定的经济调控与政治社会发展目标。同时,国企党组织是凝聚党员职工思想共识形成改革合力的重要枢纽。国企党建的重要内容之一就是对党员职工进行思想教育和组织动员,使之符合社会主义国企改革发展的基本方向。实践充分证明,只有把国企党建抓实抓好,才能确保国有企业在社会主义建设和改革开放大潮中,沿着正确方向破浪前行,只有始终坚持党建与发展两手抓,不断创新方式方法,才能为国企持续发展壮大注入不竭动力。

其次,加强国有企业基层党组织建设能够巩固党在企业的执政基础。企业是工人阶级最集中的地方,是国民经济最活跃的主体和社会最基本的单元。企业的工人阶级是党执政最重要最直接的阶级基础和依靠力量。国有企业是中国共产党实施党的领导的重要阵地,加强企业党的建设,有利于在企业中巩固党的政权基础和执政地位。加强国有企业党建,是我国基层党建总体格局构建的重要组成部分。国有企业党组织能够监督保障国企在生产经营活动中切实贯彻党和国家的政策路线;能够提高党委决策水平,不断完善决策机制。只有在国有企业党组织的引领下,国有企业才能始终坚持全心全意为人民服务,切实保障职工群众的基本权益，为其发挥主人翁作用奠定基础。强化党组织建设还能以强大的领导力引领党的各项工作，带领工团组织建设，巩固党在企业的执政基础。全国国有企业的从业人员已经成为当代中国一支举足轻重的社会力量，其政治影响力也日趋增强。

第三，加强国有企业基层党组织建设是全面从严治党的内在要求。随着国有企业进入全面深化改革的发展期，国企党建工作也面临着诸多挑战和压力：有的领导思想认识不到位，对做好新形势下党建工作重视程度不够，企业党组织在企业中无为、无位、无威，难以真正融入到企业生产经营中去，存在着重业务、轻党建现象，没有发挥好政治核心作用和监督保障作用；有的企业党员教育管理不到位，党内生活质量下降，一些制度成为摆设，党员的先进性不能有效发挥，缺乏吸引力和凝聚力等；有的党员干部党性意识淡薄、纪律松弛，对党组织交办的任务敷衍了事等。新形势下，落实党要管党、从严治党，推进党的建设新的伟大工程这一任务比以往任何时候都更为繁重、更为紧迫。在这样的大环境、大背景下，国有企业党组织如何面对新形势、新情况、新问题，准确定位，加强建设，发挥作用，实践"党要管党、从严治党"，是一个亟待解决的现实问题。在深化国有企业改革过程中，国有企业党组织承担、落实全面从严管党治党的主体责任，必须认真贯彻落实习近平总书记的重要指示和要求，将管党治党的要求转化为坚决的具体行动，从严从实加强党的领导和党的建设。要想真正解决好这些问题，充分发挥党支部的战斗堡垒作用和党员的先锋模范作用，就必须按照基层党支部工作"有制度、有标准、有考核、有提升"的工作思路，加强国有企业党组织建设。通过一系列有效举措不断提升党组织在企业中的凝聚力和战斗力，充分发挥党组织推动发展、服务群众、凝聚人心、促进和谐的战斗堡垒作用和广大党员牢记宗旨、心系职工、干事创业的先锋模范作用。

第二节　机关基层党组织建设

一、机关基层党组织建设的基本要求

机关基层党组织是指党设在党和国家各级机关中的基层组织。党政机关广义上包括党的机关、人大机关、行政机关、政协机关、监察机关、审判机关、检察机关,也包括各级党政机关派出机构、直属事业单位及工会、共青团、妇联等团体。各级党和国家机关是代表人民执掌政权、管理党和国家事务的重要阵地,也是党员最集中、执政骨干最集中、权力责任最集中的组织单位,在国家政权体系中处于重要的枢纽地位。机关基层党组织是按照民主集中制的原则,由机关党员组织起来的组织体系,是党在机关中的战斗堡垒。机关基层党组织建设是党的建设新的伟大工程的重要组成部分,在党的工作全局中具有重要地位和作用。2020 年 1月,中共中央印发《中国共产党党和国家机关基层组织工作条例》(以下简称《条例》),成为加强机关基层党组织建设的重要党内法规。

"政者,正也。子帅以正,孰敢不正?"党和国家各级机关地位重要,肩负的责任重大,机关基层党组织建设具有特殊重要性,是党的组织建设的"最初一公里",对其他领域党建起着表率和风向标作用。党的十八大以来,以习近平同志为核心的党中央高度重视机关基层党组织建设,作出一系列重要部署,推动机关党的建设取得显著成效。深化全面从严治党、进行自我革命,必须从党和国家机关严起,从机关基层党组织建设抓起,全面提高机关党的建设质量,建设让党中央放心、让人民群众满意的模范机关,为坚持和完善中国特色社会主义制度、推进国家治理体系和治理能力现代化服务。

首先,明确机关基层党组织建设的原则。《条例》要求机关基层党组织在上级党的委员会或者党的机关工作委员会和本单位党组(党委)(包括不设党组、党委的单位领导班子,下同)领导下,协助本单位负责人完成任务,改进工作,对包括本单位负责人在内的每个党员进行教育、管理、监督。机关基层党组织必须高举中国特色社会主义伟大旗帜，以马克思列宁主义、毛泽东思想、邓小平理论、"三个代表"重要思想、科学发展观、习近平新时代中国特色社会主义思想为指导，坚持党的基本理论、基本路线、基本方略，增强"四个意识"、坚定"四个自信"、做到"两个维护"，以党的政治建设为统领，以提升组织力为重点，以党支部建设为基础，全面提高机关党的建设质量。在深入学习贯彻习近平新时代中国特色社会主义思想上作表率，在始终同以习近平同志为核心的党中央保持高度一致上作表率，在坚决贯彻落实党中央各项决策部署上作表率，促进本单位各项工作任务的完成。机关基层党组织工作应当遵循以下原则：（一）坚持和加强党的全面领导，旗帜鲜明讲政治，把政治标准、政治要求贯彻到工作全过程和事业发展各方面。（二）坚持党要管党、全面从严治党，抓住"关键少数"、管好"绝大多数"，始终保持党的先进性和纯洁性。（三）坚持围绕中心、建设队伍、服务群众，推动党建工作与业务工作深度融合、相互促进。（四）坚持以上率下，发挥领导机关和领导干部示范引领作用。（五）坚持继承和创新相结合，增强机关党建工作实效。

其次，提出机关基层党组织设置的具体要求。《条例》要求机关党员 100 人以上的，设立党的基层委员会。党员不足 100 人的，因工作需要，经上级党组织批准，也可以设立党的基层委员会。党的基层委员会由党员大会或者党员代表大会选举产生，每届任期一般为 5 年。机关党的代表大会代表实行任期制。机关党员 50人以上、100 人以下的，设立党的总支部委员会。党员不足 50 人的，因工作需要，经上级党组织批准，也可以设立党的总支部委员会。党的总支部委员会由党员大会选举产生，每届任期一般为 3 年。机关正式党员 3 人以上的，成立党支部。正式党员 7 人以上的党支部，设立支部委员会；正式党员不足 7 人的党支部，设 1 名书记，必要时可以设 1 名副书记。党的支部委员会和不设支部委员会的支部书记、副书记，每届任期一般为 3 年。机关基层党组织应当严格执行任期制度，任期届满按期进行换届选举。书记、副书记选举产生后，报上级党组织批准。机关党的基层委员会和不设党的基层委员会的总支部委员会的书记，应当由本单位党员负责人担任。党员人数和直属单位较多的机关党的基层委员会，设专职副书记。党支部书记原则上由本单位党员主要负责人担任。书记、副书记在任期内职务变动，应当征得上级党组织同意。机关党的基层委员会应当设立机关党的纪律检查委员会。机关党的纪律检查委员会书记由机关党的基层委员会副书记担任。机关党的总支部委员会和支部委员会设立纪律检查委员。机关党的纪律检查委员会在同级机关党的基层委员会和上级机关纪检监察工作委员会双重领导下进行工作,接受派驻纪检监察组的业务指导和监督检查。

二、机关基层党组织的主要职责

党的二十大通过的党章第三十三条明确规定:各级党和国家机关中党的基层组织,协助行政负责人完成任务,改进工作,对包括行政负责人在内的每个党员进行教育、管理、监督,不领导本单位的业务工作。简单地说,机关基层党组织的职责就是协助、教育、管理和监督。机关基层党组织不领导本单位业务工作,不等于对机关业务工作不能发挥作用。履行好这一职责,机关基层党组织就要树立党的工作与业务工作同频共振、互为促进的工作理念,自觉把党的工作贯穿到业务工作的全过程。依据这一要求,《条例》对机关基层党组织应承担的职责作了具体规定。

首先,规定了机关党的基层委员会的基本职责。机关党的基层委员会(含不设党的基层委员会的总支部委员会、支部委员会)的基本职责是:(一)深入学习和贯彻习近平新时代中国特色社会主义思想,坚持和落实中国特色社会主义根本制度、基本制度、重要制度,宣传和执行党的路线、方针、政策,宣传和执行党中央、党的上级组织和本组织的决议,充分发挥党组织战斗堡垒作用和党员先锋模范作用,积极创先争优,团结、组织党内外干部和群众,努力完成本单位所担负的任务。(二)推进"两学一做"学习教育常态化制度化,组织党员深入学习党的创新理论,学习党的路线、方针、政策和决议,学习党的基本知识和党史、新中国史、改革开放史、社会主义发展史、中华民族发展史,学习党章党规党纪和国家法律法规,学习业务知识和经济、政治、文化、社会、生态文明等各方面知识。(三)对党员进行教育、管理、监督和服务,严格党的组织生活,维护和执行党的纪律,监督党员切实履行义务,保障党员权利不受侵犯。监督党员干部和其他任何工作人员严格遵守国家法律法规,加强党风廉政建设,坚决同各种违纪违法行为作斗争。(四)密切联系群众,经常了解群众对党员、党的工作的批评和建议,了解群众诉求,维护群众正当权利和利益。(五)对要求入党的积极分子进行教育、培养和考察,做好发展党员工作。(六)做好思想政治工作和意识形态工作,推进机关社会主义精神文明建设,培育和践行社会主义核心价值观。(七)协助党组(党委)管理机关基层党组织和群团组织的干部;配合组织人事部门对机关领导干部进行考察、考核和民主评议,对机关干部的选拔任用和奖惩提出意见。(八)领导机关工会、共青团、妇女组织等群团组织,支持这些组织依照各自的章程独立负责地开展工作。(九)按照党组织的隶属关系,领导直属单位党的工作。

其次,规定了机关党的纪律检查委员会的基本职责。机关党的纪律检查委员会的职责是监督、执纪、问责,主要包括:(一)维护党章和其他党内法规,经常对党员进行遵守纪律的教育,作出关于维护党纪的决定。(二)检查党组织和党员贯彻执行党的路线、方针、政策和决议的情况,对党组织和党员领导干部履行职责、行使权力进行监督。(三)协助机关党的基层委员会推进全面从严治党、加强党风建设和组织协调反腐败工作。(四)受理处置党员群众检举举报,开展谈话提醒、约谈函询。(五)按照有关规定,检查、处理党组织和党员违反党章和其他党内法规的案件,决定或者取消对这些案件中的党员的处分;进行问责或者提出责任追究的建议。(六)受理党员控告和申诉;保障党员权利。

三、加强机关基层党组织建设的重要意义

机关基层党组织是党和国家机关中相对独立的政治组织。党和国家机关是党员相对比较集中的单位,许多党员担任着各级领导职务。有的结合本地区、本系统、本单位的实际,具体贯彻落实党的方针政策;有的代表国家行使一定的权力,指挥一个地区、一个系统、一个单位的社会主义现代化建设;有的是党在青年、妇女和各界人士中开展群众工作的领导骨干;也有的作为中国共产党的代表和民主党派、爱国人士在一起,进行政治协商,实行共产党领导的多党合作。在群众心目中,机关的党员干部是党员中的优秀分子,是党和国家机关的形象代表。机关基层党组织的建设水平如何,党员队伍素质如何,直接关系到党政机关的工作水平、精神面貌、办事效率、服务质量,关系到能否以从严的要求改进作风、以务实的干劲来落实好各项改革发展稳定任务,进而直接关系到"四个全面"战略布局的协调推进,关系到中华民族伟大复兴中国梦的实现。机关基层党组织建设处于机关工作的核心位置,抓机

关党建，就是抓中心工作，就是服务大局。习近平指出："机关党建工作任务很多，核心是服务中心、建设队伍，促进本部门本单位各项任务的完成。把握好这个机关党建工作的定位，关键是要把机关党建工作与业务工作紧密结合起来，与发挥好部门的职能作用紧密结合起来，找准切入点和突破口。"因此，各级党和国家机关所处的地位和所承担的职责，决定了加强机关基层党组织建设具有特殊的重要意义。

首先，加强机关基层党组织建设就是为党和国家领导机关筑牢组织根基。中国共产党是执政党，是我国改革开放和社会主义现代化建设事业的领导核心。各级党和国家领导机关担负着国家经济、政治、文化和社会的宏观管理职能，在制定和贯彻执行党的路线方针政策和国家法律法规方面起着重要作用，在指导全国和各地区、各部门经济建设、改革开放的各项工作中负有重要责任。机关党的工作是党对各级机关实行政治领导的整个体系中一个必不可少的环节。机关基层党组织的这种地位和特点，是任何其他组织和工作部门所不能代替的。要抓好"最初一公里"，把中央和国家机关建设成为讲政治、守纪律、负责任、有效率的模范机关；抓好"中间段"，把地方党委建设成为坚决听从党中央指挥、管理严格、监督有力、班子团结、风气纯正的坚强组织；抓好"最后一公里"，实现党的组织和党的工作全面有效覆盖，把各领域基层党组织建设成为实现党的领导的坚强战斗堡垒。从这个意义上说，加强机关基层党组织建设就是从根本上为党和国家领导机关筑牢根基。

其次，加强机关基层党组织建设有助于锻炼党员、干部应对风险与挑战的能力。面对百年变局、世界进入新的动荡变革期的复杂局面，面对世所罕见、史所未遇的风险挑战，党员要经受统筹国内国际两个大局、统筹发展和安全所带来的多重考验，机关党建肩负重要责任。各级党政机关权力集中、责任集中、执政骨干集中，这使得机关基层党组织是党员干部最集中的党的基层组织。机关基层党组织的党员干部在党和国家机关中掌握着各方面的权力，他们政治上是否坚定，党性是否坚强，业务能力是否过硬，工作作风是否扎实，直接关系到党的路线方针政策的贯彻执行，关系到党和政府与人民群众的血肉联系。要改进培养选拔人才的方式方法，注重在基层一线和困难艰苦环境中培养锻炼干部、在重大任务和重大斗争一线发现使用干部，放眼各条战线、各个领域、各个行业选拔优秀干部，培养造就大批堪当时代重任的接班人。要从严管理监督，坚持真管真严、敢管敢严、长管长严，改进考核评价、强化日常管理、完善巡视巡察，让干部习惯于在严格管理中工作生活。要激励担当作为,旗帜鲜明地为政治坚定、敢抓敢管、不怕得罪人的干部撑腰鼓劲。要深入实施新时代人才强国战略,全方位培养、引进、用好人才,加快建设世界重要人才中心和创新高地。

最后,加强机关基层党组织对其他各领域党的基层组织建设工作具有表率、示范、引领和带动效应。通过总结党的基层组织建设的经验可知,在党的长期建设实践过程中,各方面工作都从领导机关抓起,从领导干部抓起,先机关后基层,然后再推广到全社会,这是党的建设的一个传统做法。这就要求机关基层党组织必须自觉把自身建设放到党的工作大局中去思考、去定位、去把握、去推进,时刻关注党中央在关心什么、强调什么,全面及时主动对标对表,牢牢把握正确政治方向。要努力使机关党的建设走在各领域党的建设前头,因为机关党的建设加强了,协助、教育、管理和监督作用突出了,必然促进机关作风的转变和领导干部表率作用的发挥,必然对企业、农村、事业单位等其他领域党的基层组织建设,对基层单位的党员和群众起到很好的表率、示范和引领、带动作用。从这个意义上看,把机关党建各项工作抓实、抓细、抓到位,就能够推动党的组织建设全面进步、全面过硬,推动机关党的建设始终走在前、作表率。

第三节　城市社区党组织建设

一、城市社区党组织建设的基本要求

城市基层党组织是党在城市全部工作和战斗力的基础。随着新型城镇化快速推进,城市社会结构、生产方式和组织形态深刻变化,人民对美好生活的需要日益增长,迫切要求充分发挥党的组织优势,不断提升党的城市工作水平。加强和改进城市基层党建工作,把城市基层党组织建设成为宣传党的主张、贯彻党的决定、领导基层治理、团结动员群众、推动改革发展的坚强战斗堡垒,对于坚持和加强党对城市工作的全面领导,夯实党在城市的执政基础,推进城市治理体系和治理能力现代化,具有重要意义。2019 年 5 月,中共中央印发《关于加强和改进城市基层党的建设工作的意见》,这是加强城市社区党组织建设的重要党内法规。

近年来,各地区各部门按照党中央要求,扎实推动城市基层党建工作,特别是全国城市基层党建工作经验交流座谈会召开以来,城市基层党组织覆盖面进一步扩大,各领域党建事务日趋融合,投入保障持续强化,推动发展、服务群众成效更加明显,城市基层党建工作得到创新发展。但工作推进中还存在不平衡问题,有的城市基层党组织软弱涣散,政治功能不强,领导作用发挥不充分;有的地方城市基层党建新理念还没有树立起来,仍然停留在单纯抓街道社区党建上;有的总体设计、系统推进不够,各自为战,工作碎片化;有的体制机制不适应城市治理和发展,街道社区统筹协调能力弱,共建共治共享未形成常态等,必须花大力气研究解决。

首先,贯彻城市社区党组织建设的宗旨。《中国共产党章程》要求:"凡有三名以上正式党员的社区,都要单独建立社区党组织。"社区党建工作的根本属性是服务。服务人民群众是中国共产党永远不变的根本宗旨。社区党组织在政治建设、思想建设、组织建设、作风建设、纪律建设和制度建设等经常性工作中,利用自身不断增强的政治影响力和凝聚力,推动公共服务进社区。社区党组织要发挥自身密切联系群众的优势,积极推动政府扩大公共服务职能,促进政府职能部门、街道办事处工作与社区工作无缝对接,在社区就业服务、流动人口管理服务、公益法律服务、治安服务和环境绿化美化服务等公共服务建设方面,助推政府加快公共服务全员覆盖社区的步伐。同时,社区党组织通过党建工作,积极协调有关组织和部门,提高社区服务的软硬件水平;领导社区居民自治组织在自我管理、自我教育、自我服务、自我监督等方面有所作为;领导驻社区的各种社团、行业组织和社会中介组织积极承接政府的"购买服务""合同外包""项目委托"等准公共产品项目;整合各种力量把社区建设成为管理有序、服务完善、文明祥和的社会生活共同体。

其次,不断创新城市社区党建工作的方式。随着党建工作的全面加强,党的组织建设也逐渐深入到社会的各个领域。在这个过程中,城市街道党的建设工作成效明显。随着建立社会主义市场经济体制的改革逐步深入,许多社会职能逐步向街道社区转移。2004 年 10 月,党中央就进一步加强和改进街道、社区党的建设工作,颁布了《中共中央组织部关于进一步加强和改进街道社区党的建设工作的意见》,提出"要重视及时在城市新区、开发区和新建居民区建立社区党组织的工作。在调整社区设置时,要同步调整、健全社区党组织","不断健全党的基层组织体系,扩大党的工作覆盖面,做到哪里有群众哪里就有党的工作,哪里有党员哪里就有党的组织,哪里有党的组织哪里就有健全的组织生活和坚强的战斗力"。经过长期的探索与发展,党的城市基层组织又产生了新的发展变化。例如,重心转移:城市基层党建重心开始从单位向社区过渡;组织覆盖:率先完成城市基层党组织的"点""线"连接;立体网络:城市社区党建工作应当向着组织系统网络化方向发展;柔性方式:推动社区党建工作社会化。① 社区党建有助于提升城市基层党建的质量和水平,关乎 21 世纪中国共产党城市基层党建格局的创新,关乎中国共产党城市基层党建工作机制的重新建构,关乎中国共产党在城市执政的群众基础和社会基础的巩固,具有重大的战略意义。

二、城市社区党组织的主要职责

城市社区党组织的职责,是指社区党组织对于城市基层社会的发展所具有的功效和能力,主要包含两个方面的内容:一是社区党组织本身应当具有的职责,这些职责来自《中国共产党章程》《关于新形势下党内政治生活的若干准则》《中国共产党党内监督条例》等党内法规的规定,具有权威性;二是社区党组织应当具备的能力。按照中共中央办公厅 2019 年 5 月印发的《关于加强和改进城市基层党的建设工作的意见》文件精神,社区党组织应当具备但不限于以下三种能力:统筹协调能力、资源调配能力、政治战斗力。从根本上讲,社区党建工作内容的核心是做好

---

① 参见任亮、袁铸主编:《城市社区党建工作创新研究》,人民出版社 2020 年版,第 134—136 页。

新形势下群众工作,扩大中国共产党在城市基层社会的政治影响力和凝聚力,夯实党在城市社区的组织基础和群众基础,不断巩固党执政的社会基础。

第一,社区党组织建设的职责。街道党(工)委和社区党支部(总支、党委)是党在街道、社区全部工作和战斗力的基础,是街道、社区各种组织和各项工作的领导核心。

街道党(工)委的主要职责是:(一)宣传和执行党的路线方针政策,宣传和执行党中央、上级党组织和本组织的决议,组织带领干部和群众,努力完成本单位所担负的任务。(二)讨论决定本街道城市管理、经济发展和社区建设中的重大问题。协调有关部门,动员各方力量,整合各类资源,服务社区群众,共同推进社区建设。(三)领导街道行政组织,支持和保证其依法充分行使职权;领导街道工会、共青团、妇联等群众组织,支持和保证其依照各自的章程开展工作;领导或指导在社区、驻区非公有制经济组织、社会团体和社会中介组织中开展党的工作。(四)领导本街道的思想政治工作、基层民主政治建设和精神文明建设,加强社会治安综合治理,协调利益关系,维护社会稳定。(五)加强街道党组织自身建设,领导以社区党组织为核心的社区组织体系建设。(六)按照干部管理权限,负责干部的教育、选拔、管理和监督工作。协调上级有关职能部门做好其派出机构及其负责人的管理和监督工作。

社区党支部(总支、党委)的主要职责是:(一)宣传和执行党的路线方针政策,宣传和执行党中央、上级党组织和本组织的决议,团结、组织干部和群众,努力完成社区各项任务。(二)讨论决定本社区建设、管理中的重要问题。(三)领导社区居民自治组织,支持和保证其依法充分行使职权,完善公开办事制度,推进社区居民自治;领导社区群众组织,支持和保证其依照各自的章程开展工作。(四)联系群众、服务群众,宣传群众、教育群众,反映群众的意见和要求,化解社会矛盾,维护社会稳定。(五)组织党员和群众参加社区建设。(六)加强社区党组织自身建设,做好党员的教育管理和发展党员工作。

第二,社区党组织应当具备的三种能力。(一)提升街道党(工)委统筹协调能力。深化街道管理体制改革,优化机构设置和职能配置,充分发挥街道党(工)委统筹协调各方、领导基层治理的作用。推动街道党(工)委聚焦主责主业,集中精力抓党建、抓治理、抓服务。按照重心下移、权责一致原则,赋予街道党(工)委相应职责职权。区(县、市、旗)职能部门派驻街道机构负责人的考核考察和选拔任用,应当征求街道党(工)委意见;城市规划制定实施中涉及街道的相关内容,应当听取街道党(工)委意见;涉及街道的公共事务,一般由街道党(工)委综合管理。有条件的地方,探索将派驻街道工作力量的指挥调度、考核监督等下放给街道。整合街道党政机构和力量,统筹设置基层党建、公共管理、公共服务、公共安全等综合性机构。除机构编制专项法律法规明确规定外,上级职能部门不得要求街道对口设立机构或加挂牌子。健全与职责相适应的考评体系,对街道的检查考核,由区(县、市、旗)党委和政府统筹安排,上级职能部门一般不对街道进行直接考核,确需开展的按一事一报原则报批。(二)确保社区党组织有资源有能力为群众服务。加强对社区的工作支持和资源保障,统筹上级部门支持社区的政策,整合资金、资源、项目等,以社区党组织为主渠道落实到位。采取向社会组织、市场主体、民办社工机构购买服务等方式,丰富社区服务供给,提升专业化服务水平。对社区内有关重要事项决定、资金使用等,要发挥社区党组织的主导作用。依法确定社区工作事项,上级部门不得把自己职责内的工作转嫁给社区,确需社区协助的,须经区(县、市、旗)党委和政府严格审核把关,并提供必要的经费和工作条件。推进社区减负增效,专项整治社区检查考核评比过多过滥问题,建立居民群众满意、驻区单位满意的服务评价制度。(三)增强街道社区党组织政治功能和战斗力。街道社区党组织应当教育引导党员干部旗帜鲜明讲政治,增强"四个意识"、坚定"四个自信"、做到"两个维护"。推进"两学一做"学习教育常态化制度化,推动习近平新时代中国特色社会主义思想进社区、进头脑。落实全面从严治党要求,加强基层党风廉政建设,营造干事创业良好环境。加强对基层各类组织的政治引领和对居民群众的教育引导,坚决抵御国内外敌对势力、邪教组织和非法宗教活动的影响渗透,坚决同削弱和反对党的领导、干扰和破坏城市社会稳定的行为作斗争。选优配强街道党(工)委书记、副书记,组织委员、纪(工)委书记等应当纳入上一级党委管理;整体优化提升社区党组织带头人队伍,规模较大的社区应当配备专职党务工作者协助书记抓党建。严肃党的组织生活,落实"三会一课"和党支部主题党日制度,持续整顿后进党支部,推进党支部标准化规范化建设。做好社区党组织按期换届工作。推行社区党员分类管理,定期排查流动党员,实行组织关系一方隶属、参加多重组织生活,注重发挥离退休党员作用。在抓重大任务落实中检验街道社区党组织战斗力，使街道社区党组织在推动城市改革发展、基层治理、民生改善、社会和谐中锻造提升。

三、加强城市社区党组织建设的重要意义

城市工作在党和国家工作全局中举足轻重，是各级党委工作的重要阵地。加强和改进城市基层党建，是夯实党在城市执政基础、推进城市治理体系和治理能力现代化的内在要求。必须提升城市基层党建整体效应，充分调动城市基层各类组织、各类群体积极性，整合各方面力量资源，为建设和谐宜居、富有活力、各具特色的现代化城市提供坚强组织保证。

首先，城市社区党组织建设对于城市社区的发展具有重要作用。新时代的中国城市社区成为中国共产党在基层执政的支撑点，各级政府关注民生、服务群众的落脚点，各种社会力量、社会矛盾的集聚点。中国城市社区通过培育基层社会的自我调节、自我控制、自我发展能力，向"小政府、大社会"的方向发展。党组织的引领，能够为城市社区发展提供强大的思想指引和组织支持。同时，政党所具有的政治属性，与基层治理的社区运行具有较强的契合性。加强基层党组织的建设，社区才能够规范社区中的行政力量，整合社区中的社会力量，只有这样，城市社会组织的发育空间和社会资源的参与才能实现发展和增长。

其次，城市社区党组织建设对实现党的领导方式和执政方式转变有关键意义。由于社会分化程度的提高，需要重新思考党的基层组织在城市社区的功能定位，要求改变基层党组织的领导方式和工作方式，更多地用法治的方式、民主的方式、协商沟通的方式、群众参与的方式，做好各项工作，主动适应社会的变化和时代的发展。社区党建是党的基层组织建设与体制转轨和社会转型相适应的结果，对于新时代城市基层政权建设和党在城市执政方式的革新来说，代表着一种方向和趋势。加强社区党组织建设，有助于在城市落实党的建设各方面的任务，拓宽全面开展城市社区建设的发展空间，夯实城市社区治理法治化基础，推动实现城市社区党建与城市社区自治良性互动。

第三，城市社区党组织建设是执政党组织社会、整合社会的重要基础。中国城市社区正在逐渐演变成为一个城市居民生活共同体，正在演变成为一个党和国

家政策在城市区域的出发点和落脚地,正在演变成为一个各种社会力量协同作战的阵地。构建文明祥和、休戚与共的城市共同家园,根基在社区。创新 21 世纪城市社区党建工作新格局,是新的历史条件下巩固中国共产党执政基础的迫切要求。社会转型期的各种问题、矛盾集中在社区,党面临的风险和考验也就在社区。党的领导地位在社会层面面临的挑战,使社区党建工作在新时代党的建设和发展中具有重要地位,关系党的领导能力和整合能力。

第四节　农村基层党组织建设

一、农村基层党组织建设的基本要求

农村基层党组织是党在农村基层组织中的战斗堡垒,是党在农村的全部工作的基础。以习近平同志为核心的党中央高度重视农村基层党组织建设。习近平多次作出重要指示,强调农村工作千头万绪,抓好农村基层组织建设是关键,无论农村社会结构如何变化,无论各类经济社会组织如何发育成长,农村基层党组织的领导地位不能动摇,战斗堡垒作用不能削弱;强调要从巩固党的执政基础的高度出发,坚持问题导向,进一步加强农村基层党组织建设,为农村改革发展稳定提供有力保障。2019 年 1 月,党中央颁布了《中国共产党农村基层组织工作条例》(以下简称《条例》),成为加强农村基层党组织建设的重要党内法规。

首先,明确农村基层党组织建设的宗旨。党的农村工作必须高举中国特色社会主义伟大旗帜,坚持以马克思列宁主义、毛泽东思想、邓小平理论、"三个代表"

重要思想、科学发展观、习近平新时代中国特色社会主义思想为指导,增强政治意识、大局意识、核心意识、看齐意识,坚定道路自信、理论自信、制度自信、文化自信,坚决维护习近平总书记党中央的核心、全党的核心地位,坚决维护党中央权威和集中统一领导,坚持稳中求进工作总基调,贯彻新发展理念,落实高质量发展要求,以实施乡村振兴战略为总抓手,健全党领导农村工作的组织体系、制度体系和工作机制,加快推进乡村治理体系和治理能力现代化,加快推进农业农村现代化,让广大农民过上更加美好的生活。农业农村农民问题是关系国计民生的根本性问题。坚持把解决好"三农"问题作为全党工作重中之重,把解决好吃饭问题作为治国安邦的头等大事,坚持农业农村优先发展,坚持多予少取放活,推动城乡融合发展,集中精力做好脱贫攻坚、防贫减贫工作,走共同富裕道路。

农村党建工作必须遵循以下原则:(一)坚持党对农村工作的全面领导,确保党在农村工作中总揽全局、协调各方,保证农村改革发展沿着正确的方向前进。(二)坚持以人民为中心,尊重农民主体地位和首创精神,切实保障农民物质利益和民主权利,把农民拥护不拥护、支持不支持作为制定党的农村政策的依据。(三)坚持巩固和完善农村基本经营制度,夯实党的农村政策基石。(四)坚持走中国特色社会主义乡村振兴道路,推进乡村产业振兴、人才振兴、文化振兴、生态振兴、组织振兴。(五)坚持教育引导农民听党话、感党恩、跟党走,把农民群众紧紧团结在党的周围,筑牢党在农村的执政基础。(六)坚持一切从实际出发,分类指导、循序渐进,不搞强迫命令、不刮风、不一刀切。

其次,明确农村基层党组织建设的目标和要求。农村基层组织建设总的指导思想是:(一)着眼于加强和改善党对农村工作的领导,密切党同农民群众的联系,加强工农联盟,带领农民致富治穷,坚定地走社会主义道路。(二)紧紧围绕经济建设这个中心,密切结合深化农村改革,加强物质、精神、政治建设来进行。(三)全面贯彻村民自治条例,以党支部建设为重点,同时健全完善村民委员会、村合作经济组织和团支部、妇联和民兵等组织的配套建设。

农村基层组织建设的基本目标是:(一)有一个健全得力的领导班子,即党支部、村委会和共青团、妇联会、民兵等组织。(二)村里的事情有人负责管理,工作能够有秩序地进行。(三)正确执行让一部分人先富起来的政策,带领群众共同致富,并使精神文明、政治文明建设得到加强。(四)党和政府规定农民和村承担的任务能够按期完成,从总体上提高全国村级组织建设的水平。

农村工作在党和国家事业全局中具有重要战略地位,是全党工作的重中之重。认真贯彻落实新时代党的建设总要求和新时代党的组织路线,坚持和加强党对农村工作的全面领导,深入实施乡村振兴战略,推动全面从严治党向基层延伸,提高党的农村基层组织建设质量,为新时代乡村全面振兴提供坚强政治和组织保证,是加强党的建设的重大战略任务。

二、农村基层党组织的主要职责

党的二十大通过的党章第三十三条明确规定:街道、乡、镇党的基层委员会和村、社区党组织,统一领导本地区基层各类组织和各项工作,加强基层社会治理,支持和保证行政组织、经济组织和群众性自治组织充分行使职权。依据这一要求,《条例》对农村基层党组织应承担的基本职责作了明确规定。

首先,加强党对农村经济建设的领导。巩固耕地红线,确保谷物基本自给、口粮绝对安全。深化农业供给侧结构性改革,构建现代农业产业体系、生产体系、经营体系,促进农村一二三产业融合发展,发展壮大农村集体经济,促进农民持续增收致富,巩固和扩大脱贫攻坚成果。加强党对农村社会主义民主政治建设的领导。完善基层民主制度,深化村民自治实践,健全村党组织领导的充满活力的村民自治机制,丰富基层民主协商形式,保证农民依法实行民主选举、民主协商、民主决策、民主管理、民主监督。严厉打击农村黑恶势力、宗族恶势力,严厉打击各类违法犯罪,严厉打击暴力恐怖活动,保障人民生命财产安全,促进农村社会公平正义。坚决取缔各类非法宗教传播活动,巩固农村基层政权。

第二,加强党对农村社会主义精神文明建设的领导。培育和践行社会主义核心价值观,在农民群众中深入开展习近平新时代中国特色社会主义思想宣传教育,建好用好新时代文明实践中心。加强农村思想道德建设,传承发展提升中华优秀传统文化,推进移风易俗。加强农村思想政治工作,广泛开展民主法治教育。深入开展农村群众性精神文明创建活动,丰富农民精神文化生活,提高农民科学文化素质和乡村社会文明程度。

第三,加强党对农村社会建设的领导。坚持保障和改善农村民生,大力发展教育、医疗卫生、养老、文化体育、社会保障等农村社会事业,加快改善农村公共基础设施和基本公共服务条件,提升农民生活质量。建立健全党委领导、政府负责、社会协同、公众参与、法治保障、科技支撑的现代乡村社会治理体制,健全党组织领导下的自治、法治、德治相结合的乡村治理体系,建设充满活力、和谐有序的乡村社会。

第四,加强党对农村生态文明建设的领导。牢固树立和践行绿水青山就是金山银山的发展理念,统筹山水林田湖草系统治理,促进农业绿色发展,加强农村生态环境保护,改善农村人居环境,建设生态宜居美丽乡村。

第五,加强农村基层党组织的建设。以提升组织力为重点,突出政治功能,把农村基层党组织建设成为宣传党的主张、贯彻党的决定、领导基层治理、团结动员群众、推动改革发展的坚强战斗堡垒,发挥党员先锋模范作用。坚持农村基层党组织领导地位不动摇,乡镇党委和村党组织全面领导乡镇、村的各类组织和各项工作。村党组织书记应当通过法定程序担任村民委员会主任和村级集体经济组织、合作经济组织负责人,推行村"两委"班子成员交叉任职。加强村党组织对共青团、妇联等群团组织的领导,发挥它们的积极作用。健全村党组织领导下的议事决策机制、监督机制,建立健全村务监督委员会,村级重大事项决策实行"四议两公开"。各级党委特别是县级党委应当认真履行农村基层党建主体责任,坚持抓乡促村,选优配强村党组织书记,整顿软弱涣散村党组织,加强党内激励关怀帮扶,健全以财政投入为主的稳定的村级组织运转经费保障制度,持续加强基本队伍、基本活动、基本阵地、基本制度、基本保障建设。各级党委应当推动全面从严治党向基层延伸,深入推进农村党风廉政建设,加强农村纪检监察工作,把落实农村政策情况作为巡视巡察重要内容,建立健全农村权力运行监督制度,持续整治侵害农民利益的不正之风和群众身边的腐败问题。

三、加强农村基层党组织建设的重要意义

农业农村农民问题是关系国计民生的根本性问题。没有农业农村农民的现代化,就没有国家的现代化。习近平反复强调,党管农村工作是我们党的传统。党对农村的坚强领导,是引领乡村走上富裕道路的最重要的保证。从历史上看,中国共产党始终把解决好"三农"问题作为全党工作的重中之重,不断加大强农惠

农富农政策力度，推进农业现代化和农村各领域改革步伐，同时重视解决农村贫困人口脱贫发展问题。农村基层党组织处在改革发展稳定的最前沿，他们的工作直接面对农村的各种具体矛盾和实际问题，不少基层干部还常常处于矛盾的焦点上，在维护群众利益、化解社会矛盾方面发挥着不可替代的作用。

首先，加强农村基层党组织建设，是巩固党在农村执政基础的内在要求。随着农村社会的发展，农村基层党组织对农村的领导核心作用面临两方面挑战：一方面，农村基层党组织的经济资源日益减少，基层组织对农村的领导方式发生变化。在计划经济时代，由于有集体经济作为依托，农村基层党组织不仅在人财物等各种经济资源方面拥有绝对的控制权和处置权，而且拥有上级组织提供的各种社会信息资源优势。随着计划经济向社会主义市场经济的转变，原来单一的所有制结构逐步被打破，大量非公有制经济迅速发展。与所有制结构变化相适应的必然是分配方式的变化，村基层组织在分配上不起再支配作用。这种所有制结构和分配方式的变化，使得农村基层党组织对于村级各种组织在经济资源方面的绝对配置权力日益缺失，其行政权威逐渐弱化。另一方面，随着社会主义民主政治在农村社会不断推进，村民自治在基层农村逐渐产生和日益壮大。村民自治是农民自我管理、自我教育和自我服务的全新的组织形式，它使得农村基层社会政治权力的来源发生了改变，以前自上而下的指令式权力赋予方式逐渐向自下而上的选举式权力授予转变。农村基层党组织如何驾驭农村社会的各种政治力量，既充分实现村民自治又充分发挥党支部的政治核心作用，这已经成为农村基层党组织建设必须面对的重大问题。与此同时，伴随着市场经济的发展，农村各种社会组织也不断应运而生，如近年来在各地农村涌现出的各种农民协会、农业合作组织、农产品营销组织等，它们在农民的经济生活和社会生活中发挥着重要的作用。农村基层党组织如何整合不断变化的社会力量和资源，发挥其领导作用，这对巩固党在农村的执政基础十分重要。加强农村党建的力度，不断创新工作内容，改变工作方式，善于在新形势下做好群众工作，用妥善的方法处理各种利益群体的矛盾，对扩大党在农村的阶级基础和群众基础具有重要意义。

其次，加强农村基层党组织建设，是推动乡村振兴的战略需要。农村基层党组织是党领导农村、联系农民的纽带，党在农村中的各项方针政策需要通过基层党组织具体贯彻落实。实现乡村振兴农民是主体，农民的主体作用不是自发产生的，需要农村基层党组织引导农民、教育农民、组织农民来调动和发挥。新时代振兴乡村任务的实现，关键在于加强和改进农村基层党组织的建设，充分发挥基层党组织的领导核心作用。因此要强化地方各级党委和政府在实施乡村振兴战略中的主体责任，推动各级干部主动担当作为。坚持工业农业一起抓、城市农村一起抓，把农业农村农民优先发展原则体现到各个方面。坚持乡村振兴重大事项、重要问题、重要工作由党组织讨论决定的机制，落实党政一把手是第一责任人、五级书记抓乡村振兴的工作要求。县委书记要当好乡村振兴"一线总指挥"，下大力气抓好"三农"工作。各地区要依照国家规划科学编制乡村振兴地方规划或方案，科学制定配套政策和配置公共资源，明确目标任务，细化实化政策措施，增强可操作性。各部门要各司其职、密切配合，抓紧制定专项规划或指导意见，细化落实并指导地方完成国家规划提出的主要目标任务。建立健全规划实施和工作推进机制，加强政策衔接和工作协调。培养造就一支懂农业、爱农村、爱农民的"三农"工作队伍，带领群众投身乡村振兴伟大事业。

最后，加强农村基层党组织建设，是建设社会主义现代化国家的重要保证。党中央指出："我们如期打赢了脱贫攻坚战，如期实现了全面建成小康社会目标，现在踏上了全面建设社会主义现代化国家的新征程。建设现代化国家离不开农业农村现代化，要继续巩固脱贫攻坚成果，扎实推进乡村振兴，让群众生活更上一层楼，在推进农业农村现代化中越走越有奔头。"①在新的形势下，进一步加强农村基层党组织建设，提高农村基层党组织的战斗力，对于推进农村的改革、促进农业的发展、加强农村社会主义物质文明建设和精神文明的建设，具有决定性的作用。只有加强农村基层组织建设，创新农村精神文明建设有效平台载体，突出实效改进乡村治理，加大政策保障和体制机制创新力度，坚持和加强党对"三农"工作的全面领导，举全党全社会之力，强化要素保障，才能加快实现农村农业的现代化，从而推进建设社会主义现代化强国的目标。

---

① 《中共中央国务院关于做好二〇二二年全面推进乡村振兴重点工作的意见》，人民出版社2022年版，第26页。

第五节　学校基层党组织建设

一、学校基层党组织建设的基本要求

学校基层党组织是党在学校的基层组织,包括学校党的基层委员会、总支部委员会、支部委员会。由于学校担负着培养德智体美劳全面发展的社会主义事业建设者和接班人的特殊重任,加强党对学校的领导,加强党组织的建设,对于坚持社会主义的办学方向,完成学校所担负的重要任务,就具有十分重要的意义。习近平对学校党建工作高度重视,提出大中小学校思想政治课一体化建设的要求,为加强学校党建工作提供了思想指南。学校党组织按照其类别不同又可以划分为中小学校党组织、高等学校党组织、民办学校党组织和中外合作办学高校党组织。

不同类型的学校党组织,其建设要求也不尽相同。以高等院校党组织为例,高等学校实行党委领导下的校长负责制,党委在学校中处于领导地位,发挥核心领导作用,统一领导学校工作。党委应以主要精力研究学校的重大方针、政策问题,加强党的建设和思想政治工作,同时要充分发挥校长的作用,尊重和支持行政领导独立负责地开展工作。实行党委领导下的校长负责制,一方面,要充分发挥党委集体领导的作用,凡属学校的重大问题都要由党委集体讨论决定,在讨论过程中,要充分发扬民主,广泛听取各方面的意见;另一方面,又要充分发挥校长在办学中的作用。校长在办好社会主义大学,保证学生德、智、体诸方面都得到发展,成为又红又专的社会主义事业建设者和接班人方面,起着至关重要的作用。校长要全面贯彻党的教育方针,坚持把德育放在学校各项工作的首位,认真执行党委的集体决定,对教学、科研、行政工作的组织实施全面负责。校长在职责范围内应当积极主动、独立负责地进行工作,结合各项业务工作做好思想政治工作。学校的发展规划、重大改革措施、师资队伍建设、重要机构设置和学年工作计划等重大问题,一般应由校长在广泛听取各方面意见的基础上提出方案,党委集体讨论决定,校长统一组织实施。中层行政干部经党委集体讨论决定,由校长按规定的程序任免。党委书记和校长应围绕办好社会主义大学这个共同目标,各司其职,各负其责,相互支持,密切配合。

2020年1月,中共中央办公厅印发《关于建立中小学校党组织领导的校长负责制的意见(试行)》,明确了中小学党的领导体制,要求从发挥中小学校党组织领导作用、支持和保证校长行使职权、建立健全议事决策制度、完善协调运行机制、加强组织领导五方面,落实党的领导。这对中小学党建工作提出了新的要求,需要认真贯彻落实,推动中小学校党组织领导的校长负责制发挥出更强更大效果。

二、学校基层党组织的主要职责

党的二十大通过的党章第三十三条明确规定:实行行政领导人负责制的事业单位中党的基层组织,发挥战斗堡垒作用。实行党委领导下的行政领导人负责制的事业单位中党的基层组织,对重大问题进行讨论和作出决定,同时保证行政领导人充分行使自己的职权。学校党组织依据这一要求划分自己的权职范围。按照学校类型的不同,各类型学校党组织的基本职责如下。

第一,中小学校党组织的主要职责。根据《关于加强中小学校党的建设工作的意见》,中小学校党组织发挥政治核心作用,全面负责学校党的思想、组织、作风、反腐倡廉和制度建设,把握学校发展方向,参与决定重大问题并监督实施,支持和保证校长依法行使职权,领导学校德育和思想政治工作,培育和践行社会主义核心价值观,维护各方合法权益,推动学校健康发展。(一)全面贯彻执行党的理论和路线方针政策,贯彻执行党的教育方针,引导监督学校遵守国家法律法规,依法治校、规范管理,确保正确办学方向。(二)参与讨论决定学校发展规划、重要改革、财务预决算和教学科研、招生录取、基本建设等方面的重大事项,以及涉及师生员工切身利益的重要问题。(三)坚持党管干部原则,在选人用人中发挥主导作用,负责学校内设机构负责人的教育培养和选拔任用,协助上级党组织做好学校领导人员的教育管理监督等工作。(四)坚持党管人才原则,参与讨论决定人才工作政策措施,会同有关方面做好各类人才培养、引进、使用、管理、服务和奖惩工作,对教职工聘用考评、职称评审等提出意见。(五)坚持立德树人、德育为先,做好思想政治工作和意识形态工作,开展社会主义核心价值观教育,加强学校文化和精神文明建设,推动形成良好校风教风学风。(六)完善学校党组织设置和工作机制,创建学习型服务型创新型党组织,扩大党内基层民主,严格党内组织生活,做好发展党员和党员教育管理服务工作。(七)领导学校党的纪律检查工作,落实党风廉政建设责任制,严格执行《中国共产党廉洁自律准则》《中国共产党纪律处分条例》等规定,加强对违纪违法问题的预防、监督和查处。(八)领导工会、共青团、少先队等群团组织和教职工大会(代表大会),做好统一战线工作。

第二,高等院校党组织的主要职责。《关于坚持和完善普通高等学校党委领导下的校长负责制的实施意见》(下文简称《意见》)指出,党委领导下的校长负责制是中国共产党对国家举办的普通高等学校领导的根本制度,是高等学校坚持社会主义办学方向的重要保证,必须毫不动摇、长期坚持并不断完善。根据《意见》,高等学校党的委员会是学校的领导核心,履行党章等规定的各项职责,把握学校发展方向,决定学校重大问题,监督重大决议执行,支持校长依法独立负责地行使职权,保证以人才培养为中心的各项任务完成。(一)全面贯彻执行党的路线方针政策,贯彻执行党的教育方针,坚持社会主义办学方向,坚持立德树人,依法治校,依靠全校师生员工推动学校科学发展,培养德智体美劳全面发展的中国特色社会主义事业合格建设者和可靠接班人。(二)讨论决定事关学校改革发展稳定及教学、科研、行政管理中的重大事项和基本管理制度。(三)坚持党管干部原则,按照干部管理权限负责干部的选拔、教育、培养、考核和监督,讨论决定学校内部组织机构的设置及其负责人的人选,依照有关程序推荐校级领导干部和后备干部人选。做好老干部工作。(四)坚持党管人才原则,讨论决定学校人才工作规划和重大人才政策,创新人才工作体制机制,优化人才成长环境,统筹推进学校各类人才队伍建设。(五)领导学校思想政治工作和德育工作,坚持用中国特色社会主义理论体系武装师生员工头脑,培育和践行社会主义核心价值观,牢牢掌握学校意识形态工作的领导权、管理权、话语权。维护学校安全稳定,促进和谐校园建设。(六)加强大学文化建设,发挥文化育人作用,培育良好校风学风教风。(七)加强对学校院(系)等基层党组织的领导,做好发展党员和党员教育、管理、服务工作,发展党内基层民主,充分发挥基层党组织的战斗堡垒作用和党员的先锋模范作用。加强学校党委自身建设。(八)领导学校党的纪律检查工作,落实党风廉政建设主体责任,推进惩治和预防腐败体系建设。(九)领导学校工会、共青团、学生会等群众组织和教职工代表大会。做好统一战线工作。(十)讨论决定其他事关师生员工切身利益的重要事项。根据党内有关规定,高等学校院(系)党组织发挥院(系)党委(党总支)的政治核心作用,通过院(系)党政联席会议讨论和决定本单位重要事项。

高等学校院(系)级单位党组织的主要职责是:(一)宣传、执行党的路线方针政策及学校各项决定,并为其贯彻落实发挥监督和保证作用。(二)通过党政联席会议,讨论和决定本单位重要事项。支持本单位行政领导班子和负责人在其职责范围内独立负责地开展工作。(三)加强党组织的思想建设、组织建设、作风建设、制度建设和反腐倡廉建设。具体指导党支部开展工作。(四)领导本单位的思想政治工作。(五)做好本单位党员干部的教育和管理工作。(六)领导本单位工会、共青团、学生会等群众组织和教职工代表大会。

第三,民办学校党组织的主要职责。根据《关于加强民办学校党的建设工作的意见(试行)》,民办学校党组织是党在民办学校中的战斗堡垒,其主要职责是:(一)保证政治方向。宣传执行党的理论和路线方针政策,宣传执行党中央、上级党组织和本组织的决议,引导学校全面贯彻党的教育方针,依法办学、规范办学、诚信办学,坚决反对否定和削弱党的领导,反对各种腐朽价值观念。(二)凝聚师生员工。把思想政治工作贯穿学校工作各方面,贯穿教育教学全过程,密切联系、热忱服务师生员工,关心和维护他们的正当权益,统一思想、凝聚人心、化解矛盾、增进感情,激发教职工主人翁意识和工作热情。(三)推动学校发展。支持学校董(理)事会和校长依章依法行使职权、开展工作,参与学校改革发展稳定和事关师生员工切身利益的重大事项决策,帮助学校健全章程和各项管理制度促进学校提高教育质量、培养合格人才。(四)引领校园文化。坚持用社会主义核心价值观塑造校园文化,加强社会公德、职业道德、家庭美德、个人品德教育,开展精神文明创建活动,组织丰富多彩的文化活动,推动形成良好校风教风学风。(五)参与人事管理和服务。参与学校各类人才选拔、培养和管理工作,在教职工考评、职称评聘等方面提出意见建议,主动联系、关心关爱,调动他们的积极性和创造性。(六)加强自身建设。完善组织设置和工作机制,加强党组织班子成员和党务干部管理,做好发展党员和党员教育管理监督服务工作,严格组织生活制度,认真贯彻民主集中制,强化党组织日常监督和党员民主监督,抓好党风廉政建设。领导学校工会、共青团等群团组织和教职工大会(代表大会),做好统一战线工作。

第四,中外合作办学高校党组织的主要职责。根据中央组织部、教育部党组《关于加强高校中外合作办学党的建设工作的通知》,中外合作办学机构党组织发挥政治核心作用,围绕办学治校、立德树人根本任务开展工作。其主要职责是:(一)保证监督党的理论和路线方针政策、国家法律法规贯彻执行,促进规范办学、依法管理,维护各方合法权益,确保正确办学方向。(二)支持董(理)事会、联合管理委员会和行政负责人依法依章行使职权、开展工作,参与讨论决定涉及本单位改革发展稳定和事关师生员工切身利益的重大事项。(三)做好中方师生员工思想政治工作,自觉抵御各种错误思潮和腐朽思想的侵蚀,最大限度团结凝聚外籍师生和管理人员,引导他们知华爱华友华。(四)加强党组织自身建设,严格党的组织生活,强化党组织日常监督特别是对中方管理人员的监督,注重发挥党支部主体作用,做好发展党员和党员教育管理服务监督工作,发挥党员先锋模范作用。(五)领导工会、共青团等群团组织和教职工大会(代表大会),完善党建带群建制度机制,做好统一战线工作。

三、加强学校基层党组织建设的重要意义

百年大计,教育为本。教育工作是党和国家事业发展的奠基性工程。同时,教育工作又有鲜明的政治性。我国高等学校作为培养社会主义物质文明建设和精神文明建设人才的重要基地,和工厂有所不同。工厂是经济组织,是企业,主要从事物质生产,为社会提供商品,对国家承担经济责任;高等学校是进行教育的机构,是国家的事业单位,主要从事精神生产,为社会提供具有坚定正确的政治方向、愿意为社会主义服务,德智体美劳全面发展的社会主义建设人才。因此,加强学校基层党组织建设意义十分重大。

第一,加强学校基层党组织建设是保持党的先进性、进一步夯实执政基础的迫切需要。学校肩负着培养社会主义建设者和接班人的重大责任,是输送大批合格知识分子和高素质劳动者的主要渠道。积极主动地创新学校基层党组织建设,建立一支充满生机与活力的学生党员队伍,有利于改善党员队伍结构,提升党员

队伍整体素质。大学生党员走上社会后,大多数将成为各行各业的骨干力量,可以影响和带动其他人员更好地为全面建设小康社会服务,从而扩大党的工作覆盖面,提高党在全社会的影响力和凝聚力,这对于更好地体现党的先进性、提高党的执政能力和执政水平有着非常重要的作用。

第二,加强学校基层党组织建设是新形势下教育事业快速发展对学生党建工作提出的重要任务。近几年来,我国教育快速发展,各个阶段教育的组织形式、课程体系建设、教学模式和人才培养方式等都发生了全新的变革。因此,学校基层党组织建设面临许多新的情况和特点,这对基层党组织对入党积极分子和新党员的教育培养与全面考察提出了更高要求。学校基层党组织建设必须坚持解放思想、实事求是,创新党的工作形式和内容,将优秀的教师、学生吸收到党的组织中来。通过调动学生党员、教师党员的积极性和创造性,打造出符合新时代发展要求的学校基层党组织。

第三,加强学校基层党组织建设是党员队伍自身建设的内在要求。当前,国际国内形势发生了重大而深刻的变化,科学技术迅猛发展,信息网络技术及传播手段发生重大革新,互联网已经成为高校青年学生获取知识和信息的重要渠道和表达思想、交流感情的重要场所,这些变化形成学校党建工作的崭新环境。加强学校党建工作,就是要引导学生党员和入党积极分子树立坚定的共产主义理想,站稳政治立场,端正政治方向,继承和发扬中华优秀传统文化和民族精神,提高鉴别真伪、善恶、美丑的能力,使正确、积极、健康的思想文化占领网络阵地,从而坚守社会主义主流意识形态阵地,弘扬社会主义核心价值观,不断提升党建工作的实效性。

第四,加强学校基层党组织建设是党建工作实现科学发展的重要保证。改革开放以来,学校基层党组织建设得到了长足的发展。但面对新形势、新任务和新要求,加强学校基层党组织建设还存在着很多不适应的方面,甚至出现老办法不管用,新办法不懂用的情况。比如,虽然党中央始终重申"围绕中心抓党建,抓好党建促中心",但在实际工作中还没有很好地解决党建工作如何贴近学校的中心工作、围绕中心、突出中心、服务中心的问题,就党建论党建,党建工作表层化、机械化、形式化的现象仍不同程度存在。这些问题在很大程度上制约着学校党建工作的发展,需要尽快切实解决。

第六节   科研院所党组织建设

一、科研院所党组织建设的基本要求

科研院所是实施科研、科学研究的研究院和研究所的统称,类型很多,层次不一,承担的任务也有差异。科研院所是科学研究和技术开发的基地,是培养高层次科技人才的基地,是促进高科技产业发展的基地。加强和改进科研院所党的建设工作,对于实施科教兴国战略、深化科技体制改革、促进科技事业发展具有重要意义。2000 年 6 月,中共中央组织部出台《关于加强和改进科研院所党的建设工作的意见》。党的十八大以来,习近平强调必须"坚持党对科技事业的全面领导"。[①] 党的十九大确立了到 2035 年跻身创新型国家前列的战略目标,党的十九届五中全会提出了坚持创新在我国现代化建设全局中的核心地位,把科技自立自强作为国家发展的战略支撑。加强科研院所党的建设是实现科技强国战略目标的必然要求。

当今社会是一个科学技术日新月异、处处充满科技含量的社会。尤其是近年来信息技术的高速发展,带动了 5G(第五代移动通信技术)、云服务、AI(人工智能)、VR(虚拟现实)、物联网、区块链等一系列新兴科技和相关产业发展,对人民生活方式产生了深刻影响。根据《人民日报》2020 年 11 月 17 日提供的数据,仅2019 年一年,中国就实施了 34 次航天发射,成功将 78 颗卫星发射入轨;以 5G 为代表的新型信息基础设施投资力度正在加大,截至 2020 年 9 月底,中国开通 5G基站超过 60 万个,用户达 1.5 亿,北京、上海、广州、杭州等城市实现 5G 网络城区连片覆盖;5 年间,中国科技进步贡献率从 55.3% 提升到 59.5%,在全球 131 个经

[①]   习近平:《在中国科学院第二十次院士大会、中国工程院第十五次院士大会、中国科协第十次全国代表大会上的讲话》,《人民日报》2021 年 5 月 28 日。

济体创新能力排名中升至第 14 位。这些情况突出体现了党建工作引领科技发展的要求，推进科技工作发展不是业务层面上单纯的技术工作，做好党建工作是推进科技发展的优势。

首先，贯彻落实科研院所党组织建设的宗旨。科研院所党的建设工作要紧紧围绕深化科技体制改革和促进科技发展，加强党的政治、思想、组织、作风、纪律和制度建设，充分发挥科研院所党委的政治核心作用、党支部的战斗堡垒作用和党员的先锋模范作用，为推进科研院所建设发展提供坚强的组织保证。充分发挥党组织的政治核心作用，坚持和完善院（所）长负责制，建立科学的科研院所管理体制。科研院所党的建设工作的目标是：（一）建设一个能够总揽全局，党政关系协调，锐意改革，廉洁奉公，得到群众拥护的领导班子。（二）走出一条符合党和国家科技发展战略，能够发挥自身优势，增强科技实力和提高效益的发展路子。（三）培育一支德才兼备，立志报效祖国、服务人民的高素质的科技队伍。（四）形成一套有利于党组织和党员发挥作用的工作制度。实现上述目标，是党组织和院（所）长的共同责任。党组织要支持院（所）长按科研院所特点和科学规律管理好科研院所，院（所）长要依靠党组织做好科研院所的各项工作。

其次，明确科研院所党组织设置的规范。科研院所党组织工作机构的设置和专职党务干部的配备，应按照精干、高效，有利于加强党的建设和思想政治工作，确定科研院所改革和发展的原则。规模较大的科研院所，可以设置组织、宣传、办公室等工作机构；规模较小的，可以设置一个机构，配备精干的专职党务干部，也可以与职能相近的行政部门合署办公。与行政部门合署办公的，必须明确党组织工作机构的名称，其主要负责人应由党员担任，同时配备一定数量的专、兼职党务干部。根据新形势、新任务的要求，大力培养既善于做党务工作，又熟悉科技工作，德才兼备、一专多能的复合型人才。要有组织、有计划地安排党务干部与行政、业务干部之间的双向交流。兼职党务干部要认真负责地履行党务工作职责。要保证他们做党务工作的时间，并把他们的党务工作同业务工作结合起来考核。要充分考虑党务工作的特点，注意解决好专、兼职党务工作人员的职级、职称、待遇等方面的问题。

充分发挥党支部的战斗堡垒作用和党员的先锋模范作用。适应科研院所改革和发展的需要，及时调整党支部设置，选配好党支部书记。党支部要围绕本单位中心工作开展党的活动。坚持组织生活会制度和民主评议党员制度。努力探索适应新形势要求的党员活动方式，积极开展党的活动，切实加强对党员的教育、管理和监督。按照"坚持标准、保证质量、改善结构、慎重发展"的方针，做好发展党员工作，注重在中青年科技人员中培养入党积极分子和发展党员。

二、科研院所党组织的主要职责

基层党组织是贯彻落实党中央决策部署的"最后一公里"，科研院所基层党组织是组织科研攻关的"前沿阵地"。党的十八大以来，习近平就坚持和加强党的全面领导、推进全面从严治党、实施创新驱动发展战略、强化国家战略科技力量等，作出一系列重要指示批示，这是科研院所加强党建工作、推进党建与科研深度融合的根本遵循。

首先，科研院所党组织发挥政治核心作用。根据《关于加强和改进科研院所党的建设工作的意见》，其主要职责是：（一）宣传贯彻党的路线、方针、政策和国家的法律、法规，执行上级党组织的决议、决定，保证监督党的方针、政策和国家的法律、法规在本单位的贯彻执行。（二）支持院（所）长依法行使职权，参与本单位重大问题的决策，保证和监督重大决策的实施，促进科研、生产、经营、管理工作的顺利进行。（三）坚持党管干部原则，保证党的干部路线、方针、政策在本单位的贯彻执行。按照干部管理权限和有关规定，与院（所）长共同做好干部的选拔、教育、培养、考核和监督工作。（四）加强领导班子建设和党组织的思想、组织、作风建设，做好党员的教育、管理和发展工作，发挥党员的先锋模范作用。（五）领导本单位的思想政治工作和精神文明建设，做好统战工作，充分发挥科技人员和干部职工的积极性、创造性。（六）领导工会、共青团等群众组织，支持他们依照国家的法律和各自的章程，独立自主地开展工作。

其次，党组织在干部管理工作中的主要职责是：坚持党管干部原则，坚持德才兼备、以德为先、五湖四海、任人唯贤；与院（所）长共同做好干部教育、培养、选拔、考核和监督工作；负责管理和任免本单位的党群干部；按照有关规定，积极推进人事制度改革。院所中层管理干部的任免（聘任、解聘），事先要经过组织人事部门考察，经过党政领导集体讨论后，由院（所）长依法任免（聘任、解聘）。集体讨论的形式可以是党委会或党政联席会议。多数人不赞成的干部不能提名，没有经过考察的不能提交会议讨论，没有经过集体讨论的不能任免。对意见分歧较大或者有重大问题尚未查清的干部，应暂缓决定任免(聘任、解聘)。

三、加强科研院所党组织建设的重要意义

科学技术是第一生产力。2018 年 1 月 19 日，国务院发布《国务院关于全面加强基础科学研究的若干意见》，提出推进国家重大科技基础设施建设。2019 年 7 月 30 日，科技部、教育部、发展改革委、财政部、人力资源社会保障部、中科院等 6 部门印发《关于扩大高校和科研院所科研相关自主权的若干意见》，指出高校和科研院所从事探索性、创造性科学研究活动，具有知识和人才独特优势，是实施创新驱动发展战略、建设创新型国家的重要力量。党的十九大以来，我国高质量发展平稳推进，国内生产总值接近 100 万亿元人民币，人均国民总收入迈上 1 万美元的台阶。尤其是庆祝新中国成立 70 周年大阅兵隆重举行，长征五号 B 运载火箭成功发射，北斗导航完成全球组网，嫦娥四号在人类历史上第一次登陆月球背面，5G 技术加速推进，这些科技成就彰显了科技创新工作的重要意义，极大地鼓舞了全党全国人民为实现中华民族伟大复兴的中国梦而奋斗的信心。统筹推进科研院所党建工作与科研工作协调、可持续发展，进一步加强科技创新能力，具有十分重要的现实意义。

首先，加强科研院所党组织建设有助于增强党对科研型人才的吸附能力。科研院所从事探索性、创造性科学研究活动，具有知识和人才独特优势，是实施创新驱动发展战略、建设创新型国家的重要力量。在新的历史的条件下，科技人员不可避免地接触各种社会思潮。在这样的环境下，要使科技人员坚持四项基本原则，具有对资产阶级腐朽思想和各种错误思潮的识别能力和抵御能力，就必须加强党对思想政治工作的领导，用先进思想武装科技人员的头脑。加强党组织建设有利于遵循科研工作规律，根据科技人员的特点，提高思想政治工作的针对性和实效性，把思想政治工作渗透到科技工作实践中去，做到群众最关心、最容易产生思想问题的环节中去。要重视发挥行政业务领导和学术带头人在思想政治工作中的特殊作用，将深入细致的思想政治工作同严格管理结合起来，同解决实际问

题结合起来,充分发挥思想政治工作的威力。科技人员是科研、生产和经营中的主力军,对他们要在政治上充分信任,在工作上放手使用,在生活上热情关心。要认真贯彻执行党的统一战线政策,做好民主党派成员和党外专家、学者的工作,加强与他们的联系,关心他们的思想、工作和生活,认真听取他们对科研院所改革和发展的意见。对非中共党员担任科研院所领导职务的,党组织要诚心诚意地支持他们的工作,帮助他们解决工作中的困难,充分发挥他们在物质文明和精神文明建设中的作用。

其次,加强科研院所党组织建设有助于推动科学研究事业健康发展。活跃教学、活跃学术研究,是党一贯坚持的方针。科研院所党组织通过正确的方针政策,通过自己的工作,调动广大科技工作者的积极性和创造性,从思想上、政治上给他们的工作以支持和鼓励。发扬社会主义民主是社会主义科研院所的一个重要特点,也是搞活科研工作的基础和关键。加强党对科研院所的领导,协调各个组织和行政领导之间的关系,协调各个组织之间的关系,帮助科研人员解决工作中的实际困难,能够促进科研院所的民主管理和民主监督,对活跃教学、活跃学术研究有很大的好处。改革开放40多年里,我国实现国内生产总值(GDP)年均增长9.5%,从封闭的农业国转变为全球最大的工业制造国,如今在从"中国制造"向"中国智造"迈进。2020年,党的十九届五中全会审议通过的《中共中央关于制定国民经济和社会发展第十四个五年规划和二〇三五年远景目标的建议》中提出,"坚持创新在我国现代化建设全局中的核心地位,把科技自立自强作为国家发展的战略支撑",并将其摆在各项规划任务的首位进行专章部署。这是党中央作出的重大部署。科研院所的党建工作不是脱离科研工作的单独存在,党建工作的目标要依靠单位科研业务去实现。检验工作是否有成效,最直接的还是在科研工作实践中考察党建成果,最终落脚点是通过科技创新推动经济社会持续健康稳定发展。只有党建工作落地生根,才能体现科技创新枝繁叶茂。

第七节　"两新"组织和新就业群体党组织建设

一、"两新"组织和新就业群体党组织建设的基本要求

　　"两新"组织是新经济组织、新社会组织的简称。新经济组织主要是指非公有制经济组织,包括私有、民营企业、个体工商户,以及独资、合资等企业。新社会组织主要指新建立的社团、协会、民间组织和非政府组织等。"两新"党组织是依据宪法和党章设立的政治组织。非公有制企业是发展社会主义市场经济的重要力量。随着社会主义市场经济的迅猛发展,新经济组织和新社会组织如雨后春笋般发展壮大,很多党员进入这些组织工作,甚至成为这些组织的管理者。把"两新"组织和新就业群体中的党员同志紧密团结在党的周围,是新时期党建工作的重要内容。加强和改进非公有制企业党的建设工作,是坚持和完善我国基本经济制度、引导非公有制经济健康发展、推动经济社会发展的需要,是加强和创新社会管理、构建和谐劳动关系、促进社会和谐的需要,是增强党的阶级基础、扩大党的群众基础、夯实党的执政基础的需要,是以改革创新精神提高党的基层组织建设科学化水平、全面推进党的建设新的伟大工程的需要。根据党章和公司法等有关法律法规,2012 年 3 月,党中央出台了《关于加强和改进非公有制企业党的建设工作的意见(试行)》,并召开全国非公有制企业党的建设工作会议,明确了非公有制企业党建工作的许多重大问题。

　　"两新"组织和新就业群体党组织建设是党的建设新的伟大工程的重要组成部分,是党的组织体系建设的重要内容,也是各级党委加强党建工作面临的崭新课题。2002 年 12 月,胡锦涛在全国组织工作会议上提出切实加强非公有制企业党建工作的新要求。2003 年 8 月,中央组织部召开非公有制企业党建工作经验交流会,明确提出:"今后五年,要切实做好在非公有制企业中发展党员和党员教育

管理工作,力争使绝大多数职工人数在 50 名以上的企业有党员,使所有在非公有制企业工作的党员都能纳入到党的一个基层组织中管理;要切实做好在非公有制企业中建立党组织工作,力争使有 3 名以上正式党员的企业都能建立党组织,使绝大多数职工人数在 100 名以上的企业有党组织。"会后不久,中央组织部要求试行向非公有制企业下派党建工作指导员、联系员制度,充实非公有制企业党建工作力量。到 2006 年底,全国已建立党组织的规模以上非公有制企业有 12.2 万户,占规模以上非公有制企业总数的 67%。2009 年 9 月,十七届四中全会提出了非公有制企业党建工作"实现党组织和党的工作全社会覆盖"的要求,为全面加强非公有制企业党建工作指明了方向,使非公有制企业党建工作进入了整体推进阶段。各地各部门各行业按照中央精神,积极推动非公有制企业党建工作,到 2010 年底,符合组建条件的非公有制企业中有 99.6%建立了党组织,规模以上非公有制企业中有 96%建立了党组织。全国涌现出一大批党建强、发展强、社会形象好的非公有制企业先进典型。2012 年 3 月,党中央印发《关于加强和改进非公有制企业党的建设工作的意见(试行)》,并召开全国非公有制企业党的建设工作会议,总结了我国非公有制企业党建工作的实践经验,明确了非公有制企业党建工作的许多重大问题。习近平在会见全国非公有制企业党的建设工作会议代表时指出,非公有制企业党建工作要着重抓好三个方面工作:一是抓好"两个覆盖",即非公有制企业党的组织覆盖和工作覆盖;二是发挥好非公有制企业党组织的"两个作用",即非公有制企业党组织要在职工群众中发挥政治核心作用,在企业发展中发挥政治引领作用;三是加强"两支队伍"建设,即加强非公有制企业党组织书记和党建工作指导员队伍建设。这次会议的召开,标志着非公有制企业党建工作进入一个新阶段。

首先,贯彻"两新"组织和新就业群体党组织建设的宗旨。新经济组织中的党组织是党在企业中的战斗堡垒,在企业职工群众中发挥政治核心作用,在企业发展中发挥政治引领作用。新社会组织中的党组织同样具有政治核心的作用,但严格地说,这种政治核心是"新社会组织单位员工中的政治核心",而非"新社会组织单位的核心",党的工作主要作用是把党的影响力覆盖到新社会组织。"两新"组织和新就业群体党组织的建立应按照企业需要、党员欢迎、职工赞成的原则,注意取得非公有制企业出资人理解和支持,把党组织活动与企业生产经营管理紧密结合起来,实现目标同向、互促共进。新时代"两新"组织和新就业群体党的建设要进一步扩大组织覆盖、扩大党员队伍,选优配强党组织书记,建立健全非公有制企业党建工作领导体制和工作机制,加大经费投入和阵地建设力度,广泛开展"双强双好"党组织创建活动,积极探索党组织发挥政治核心作用和政治引领作用的有效途径和方法,促进非公有制企业健康发展。

其次,加强"两新"组织和新就业群体党组织设置的规范。(一)领导和管理体系。县以上地方党委一般要有非公有制企业党建工作机构,统筹负责非公有制企业党建工作。具备条件的,可单独为实体工作机构,并内设纪检机构;不具备条件的,可依托或挂靠有关职能部门,做到有人员编制,有经费保障,建立健全沟通协调、督促检查、考核评价等制度。非公有制企业相对集中的各类开发区(园区),应设立企业党委或综合党委,负责非公有制企业党建工作。对大量分散的规模以下企业,要充分发挥乡镇(街道)、村(社区)党组织作用,实行区域化、网格化管理。对专业性、行业性较强的企业,可依托相关管理部门或行业协会(商会)建立党组织,实行归口管理。对规模以上非公有制企业党组织,在不改变党组织隶属关系的情况下,可由县以上地方党委组织部门或非公有制企业党建工作机构直接联系,重点指导党组织领导班子思想政治建设、党组织书记培养选拔和教育培训。对一些社会影响大、党员数量多的大型企业党组织,可改变隶属关系,由县以上党组织直接管理。(二)组织建立的要求。加大工作力度,努力实现职工50人以上的非公有制企业有党员;具备建立党组织条件的企业,实现党的组织覆盖;因条件暂不具备尚未建立党组织的企业,实现党的工作覆盖。按照保持党员队伍先进性和纯洁性的要求,严格把关,注重质量,加大在非公有制企业生产一线职工、专业技术骨干及经营管理人员中发展党员的工作力度,重视在农民工中发展党员,注意培养发展符合条件的企业出资人入党。企业规模和社会影响较大的出资人,可由县以上党组织做好教育、引导和培养工作,吸收入党时,应征求同级党委统战部门意见。引导和督促流动党员及时转接组织关系。有3名以上正式党员、条件成熟的,要单独建立党组织。暂不具备单独组建条件的,要以开发区(园区)、乡镇(街道)、村(社区)、专业市场、商业街区、商务楼宇等为单位,组建区域性党组织,或依托行业协会(商会)、个体私营企业协会和龙头企业、专业经济合作组织组建行业性党组织。联合党组织中具备单独组建条件的,要及时单独建立党组织。发挥党群服务中心、党建工作站"孵化器"作用,为建立党组织创造条件。对未建立党组织的非公有制企业,可通过选派党建工作指导员、确定党建工作联络员、建立工会和共青团组织等方式,积极开展党的工作,推动企业建立党组织。对兼并重组的企业,注意保持党的工作连续性,妥善做好职工群众的分流安置和思想稳定工作。积极协调有关职能部门,推动党的政策进企业、政府服务进企业、先进文化进企业。

二、"两新"组织和新就业群体党的建设的主要职责

党的二十大通过的党章第三十三条明确规定:非公有制经济组织中党的基层组织,贯彻党的方针政策,引导和监督企业遵守国家的法律法规,领导工会、共青团等群团组织,团结凝聚职工群众,维护各方的合法权益,促进企业健康发展。社会组织中党的基层组织,宣传和执行党的路线、方针、政策,领导工会、共青团等群团组织,教育管理党员,引领服务群众,推动事业发展。中办印发的《关于加强和改进非公有制企业党的建设工作的意见(试行)》明确了非公有制企业党组织的主要职责:"(1)宣传贯彻党的路线方针政策。组织党员深入学习马克思列宁主义、毛泽东思想、邓小平理论和'三个代表'重要思想,认真贯彻落实科学发展观,宣传贯彻执行党的路线方针政策、上级党组织和本组织的决议,教育党员和职工群众自觉遵守国家法律法规和有关规章制度,引导和监督企业合法经营,自觉履行社会责任。(2)团结凝聚职工群众。加强和改进思想政治工作,密切联系群众,注重人文关怀和心理疏导,主动关心、热忱服务党员和职工群众,帮助解决实际困难,把广大职工群众团结在党组织周围。(3)维护各方合法权益。积极反映群众诉求,畅通和拓宽表达渠道,依法维护职工群众合法权益,协调各方利益关系,及时化解矛盾纠纷,构建和谐劳动关系,促进企业和社会稳定。(4)建设先进企业文化。坚持用社会主义核心价值体系引领企业文化建设,组织开展丰富多彩的企业文化活动,塑造积极向上的企业精神,树立高尚的职业道德,促使企业诚信经营。(5)促进企业健康发展。组织带领党员和职工群众围绕企业发展创先争优,发挥党组织和党员先进模范作用,促进生产经营。(6)加强自身建设。完善组织设置,健全工作制度,推进学习型党组织建设,坚持党的组织生活,做好发展党员和教

育、管理、监督、服务工作,充分发挥纪检组织在维护和执行党的纪律中的职能作用,提高党务工作者素质,领导工会、共青团等群众组织,支持和带动群众组织发挥作用,进一步增强党组织的创造力、凝聚力、战斗力。"依据以上职能可知,"两新"组织和新就业群体党组织主要肩负政治功能、服务功能和协调功能。

首先,政治功能。作为党的建设重要组成部分,"两新"组织和新就业群体党组织的首要功能是政治功能,它在整体功能体系中处于基础和核心地位。"两新"组织和新就业群体党组织不同于一般的社会组织,它是政治组织在新经济、新社会组织领域的具体细化,全面认识"两新"组织和新就业群体党建的功能体系,需要从其政治功能角度展开。在经济新常态的形势下,"两新"组织和新就业群体党建的政治功能体现在其党组织要自觉宣传贯彻中央和地方的具体路线、方针、政策及有关决定、决议,保持"两新"组织和新就业群体发展的正确方向。发挥党组织政治功能,要求更多地体现凝聚力,促进党员形成正确的价值认同,增强党性观念、提高党性修养。通过加强党的建设形成向心力,"两新"组织和新就业群体中的党员能坚决拥护中国共产党的领导核心,坚决贯彻落实党中央的路线方针政策。

其次,服务功能。全心全意为人民服务是中国共产党的根本宗旨,服务功能必然是"两新"组织和新就业群体党建工作的重要功能之一,它是整体功能得以发挥的重要动力。随着全面深化改革的不断深入,党的基层组织在充分发挥政治功能的同时,必须密切联系群众,发挥好服务功能。服务是基层党组织发挥作用的载体和方法,根本目标是提升基层党组织的凝聚力和战斗力。党的十八届三中全会强调"加强基层服务型党组织建设",根据党中央《关于加强基层服务型党组织建设的意见》,建设基层服务型党组织的要求是坚持服务改革、服务发展、服务民生、服务群众、服务党员。新经济组织党建工作的主要任务是要围绕促进生产经营、维护各方合法权益搞好服务,在职工群众中发挥政治核心作用,在企业发展中发挥政治引领作用。新社会组织党组织的主要任务是围绕凝聚群众、激发活力、促进发展搞好服务,引领社会组织坚持正确政治方向,发挥提供服务、反映诉求、规范行为的作用。

最后,协调功能。基层党组织的协调功能,是指在生产、生活中对群众政治、经济、文化等方面的关系进行协调。中国特色社会主义事业总体布局包括经济建设、政治建设、文化建设、社会建设和生态文明建设，在党的事业整体推进过程中，需要始终发挥好基层党组织的协调功能，"两新"组织和新就业群体党建工作的协调功能在整个功能体系中处于重要地位。在我国经济结构和社会结构社会发生深刻变化、各种矛盾叠加多发、社会各阶层的利益诉求多元复杂的情况下，"两新"组织和新就业群体本身具有发展迅速且多变、流动、分散等特点，迫切需要通过加强党建工作发挥好协调功能的作用。协调功能主要体现在"两新"组织和新就业群体党建工作促进基层政府各方面利益关系的妥善协调、人民内部矛盾和其他社会矛盾的正确处理、社会公平和正义的切实维护和实现，从而为确保经济快速发展和社会长期稳定作出贡献。

三、加强"两新"组织和新就业群体党组织建设的重要意义

在中国特色社会主义进入新时代、中华民族伟大复兴进入不可逆转历史进程的背景下，做好"两新"组织和新就业群体党建工作，有利于进一步发挥党组织在"两新"组织和新就业群体中的战斗堡垒作用，进一步加强党对"两新"组织和新就业群体的领导，是党团结带领中国人民奋力谱写全面建设社会主义现代化国家崭新篇章的内在要求。

首先，党组织对"两新"组织和新就业群体的经营、活动和发展起帮助、促进、监督和协调作用。在"两新"组织和新就业群体发展的过程中，党组织能够通过宣传贯彻党的路线方针政策，引导"两新"组织和新就业群体在生产经营过程中始终遵守国家的法律规定。同时，当"两新"组织和新就业群体在生产经营过程中遇到难题时，党组织还能通过支持和帮助业主对生产经营和事务管理行使职权，并对重大问题提出有益的意见和建议。此外，"两新"组织和新就业群体中的党员职工能够充分发挥模范带头作用，从而充分调动职工群众的工作积极性和生产热情，建设一支有理想、有道德、有文化、有纪律的职工队伍。更为重要的是，党组织作为其他各类组织的领导核心，能够领导企业工会、共青团等群众组织，支持他们依照法律和各自的章程独立自主地开展工作。各级党委组织部门和非公有制企业党建工作机构可直接联系一批知名度较高、社会反映好的非公有制企业，经常听取他们对加强党建工作的意见建议。有关方面和职能部门在

研究制定相关经济社会发展政策法规时,要注意听取企业出资人意见,帮助企业解决在发展中遇到的难题。对企业出资人的评先选优、政治安排,要事先征求企业党组织和非公有制企业党建工作机构、地方工会组织的意见,党委统战、组织部门要严格审查把关,重点考察其思想政治表现、遵纪守法、道德品质、履行社会责任、支持党建工作等方面情况。对政治方向有偏差、履行社会责任不积极、社会评价不良的企业出资人,要批评教育;对违纪违法的,有关部门和单位要依纪依法进行查处。

其次,加强"两新"组织和新就业群体党组织建设有助于形成全社会关注、支持非公有制企业党建工作的良好氛围。自2000年以来,作为党拓展工作领域、提升执政能力的重要抓手,"两新"组织和新就业群体党建工作日益成为党的建设伟大工程不可缺少的部分,备受关注。非公有制企业的数量和作用决定了非公有制企业党建工作在整个党建工作中越来越重要,必须以更大的工作力度扎扎实实抓好。加强和改进"两新"组织和新就业群体党建工作,发挥好"两新"组织和新就业群体党组织的战斗堡垒作用,是增强党的阶级基础、扩大党的群众基础、促进社会和谐稳定的必然要求。开展"两新"组织和新就业群体党的建设工作,需要在党委的统一领导下抓紧做好在非公有制企业和新社会组织中建立党组织的工作。地方各级党委要把新经济组织和新社会组织党建工作纳入本地区党的建设总体布局,并作为市、县委书记履行基层党建工作责任制专项述职和相关部门领导班子考核评价的重要内容,建立健全目标管理、定期研究、情况通报、领导干部联系点等制度。党委组织部门要加强统筹协调和工作指导,纪检机关和统战、工商、财政、商务、工商联等部门和单位要结合各自职能,协同做好有关工作。区别不同类型企业和机构,加强分类指导,不断研究新情况,探索解决新问题。采取多种形式,大力宣传"两新"组织和新就业群体党建工作的典型,定期评选表彰先进,形成全社会关注、支持"两新"组织和新就业群体党建工作的良好氛围。

最后,加强"两新"组织和新就业群体党组织建设是党的工作覆盖新阶层、新就业群体的要求。全面深化改革为"两新"组织和新就业群体发展扫清了外部障碍,同时"两新"组织和新就业群体也应该加强自身建设与"全面深化改革"相呼应。在这个过程中,"两新"组织和新就业群体可以在借鉴吸收现代企业制度的同时,不断进行创新探索,形成"现代企业制度＋企业党建＋社会责任"发展格局,以避免西方现代企业制度在对待国家利益、公众利益上存在的明显缺陷。这一模式中，非公有制经济"现代企业制度"是基础，通过健全法人治理结构，协调所有者、经营者、劳动者的关系，规范企业行为，激发内在动力。"党的建设"是灵魂，通过党建工作形成非公有制经济企业独特竞争优势，推动非公有制经济企业利益与国家、社会利益高度统一；"社会责任"是使命，通过加强和创新社会管理，优化发展环境，促进稳定和谐。把党的建设嵌入现代企业制度，是中国特色非公有制经济现代企业制度的关键。把社会责任融入现代企业制度，体现了社会主义属性和共同富裕观。这种三位一体的制度模式较好地协调了非公有制经济企业内外部利益关系，实现了效率与公平的双赢，在非公有制经济企业微观层面呼应了"社会主义"与"市场经济"的有机融合，是更适合中国国情、比西方现代企业制度更优越、更持续的中国特色现代企业制度。

💬 本章思考题

1. 党中央对加强国有企业党的建设提出了哪些要求？
2. 加强城市社区党建工作有何重要意义？
3. 为什么必须高度重视农村基层党组织建设？
4. 学校党建工作的基本原则和要求是什么？
5. 如何认识"两新"组织和新就业群体党的建设工作？

第六章

党的建设文献资料

党的建设的科学性体现为它的学理性,党的建设实践正确开展在科学理论的指导下才具有思想保证。党的建设作为一门学科,具有很强的理论性,学习这门课程无疑必须全面了解党的建设发展的实践,但只有具备党的建设理论知识,才能深刻认识党的建设是怎样进行的、是依据什么样的原则发展的、体现了什么样的规律。要做到这一点,就必须认真读一些马克思主义经典作家的著作,读一些中国共产党历史文献和党中央领导人的著作。这些文献之所以被称为"经典",是因为其中论述的思想理论具有权威性,是党的建设的行动指南。党中央一再倡导要读原著、学原文、悟原理,就是要求把理论基础打扎实。习近平指出:"学习就必须求真学问,求真理、悟道理、明事理,不能满足于碎片化的信息、快餐化的知识。要通过学习知识,掌握事物发展规律,通晓天下道理,丰富学识,增长见识。"学好党的建设课程必须与阅读经典文献相结合,要在党的建设文献资料学习和研究上下功夫,练好把握党的建设理论的看家本领。

第一节 马克思主义经典著作择要简介

1.《共产党宣言》

《共产党宣言》又译《共产主义宣言》，是马克思恩格斯为共产主义者同盟起草的纲领，是国际共产主义运动的第一个纲领性文献。1848 年 2 月 21 日在英国伦敦第一次以单行本问世，同年 2 月 24 日正式出版。

《共产党宣言》包括引言和正文四章内容，全面系统阐明马克思主义的基本原理，特别是历史唯物主义和科学社会主义的基本原理。运用辩证唯物主义和历史唯物主义分析生产力与生产关系、经济基础与上层建筑的矛盾，分析阶级和阶级斗争，特别是资本主义社会阶级斗争的产生、发展过程，论证资本主义必然灭亡和社会主义必然胜利的客观规律，以及作为资本主义掘墓人的无产阶级肩负的历史使命。《共产党宣言》还阐述了作为无产阶级先进队伍的共产党的性质、特点和斗争策略，指出为党的目标而奋斗与争取实现共产主义终极目标之间的联系。

《共产党宣言》是马克思主义的百科全书，是马克思主义哲学、政治经济学、科学社会主义、党的建设思想的集中体现。它的问世标志着马克思主义的诞生，自此开辟了国际工人运动和社会主义运动的新局面，为无产阶级和全人类打开通向未来的大门，更为人的全面发展和全人类解放指明路径，成为世界无产阶级的思想武器。在世界现代文明进程中，《共产党宣言》是对人类社会变革和思想革命影响最深远的著作之一，先后被译成 200 多种文字，出版数千个版本，成为世界上发行量最大的书籍，2016 年被评为最具影响力的 20 本学术书籍之一。1920 年，《共产党宣言》在问世 72 年后，由陈望道译成中文出版，直接推动了中国新民主主义革命的发展进程，并深深影响了中国共产党一百多年推进革命、建设、改革和新时代实践的全部历程。

2.《路易·波拿巴的雾月十八日》

《路易·波拿巴的雾月十八日》是马克思运用唯物史观评述 1851 年 12 月 2 日

路易·波拿巴政变、总结法国 1848 年革命经验的重要著作,1852 年作为不定期杂志《革命》的第 1 期(也是唯一的一期)发表的著作在纽约出版。

1848 年二月革命后,法国社会主义者和小资产阶级民主派等有着明确利益背景的各种政治力量围绕各自的阶级利益展开了错综复杂的斗争。1851 年 12 月 2日,拿破仑的侄子路易·波拿巴发动政变并掌权,次年 12 月 2 日,废除共和国的形式正式称帝。这一政变影响巨大。在这种情况下,马克思应约·魏德迈的《革命》期刊约稿而写下这部著作。该书对 1848 年二月革命到 1851 年路易·波拿巴的政变作了生动描述,对法国阶级斗争的局势、条件与波拿巴的政变进行了分析,对二月革命到波拿巴政变时期法国阶级斗争历史经验作了深刻总结。其主要思想内容有:一、剖析了法国 1848 年二月革命的性质、特征和失败的根源;二、揭露了资产阶级惧怕群众的阶级局限性和虚伪性;三、阐述了马克思主义的国家学说和无产阶级专政理论,提出了无产阶级必须打碎资产阶级国家机器这一"马克思主义国家学说中主要的基本的东西";四、考察了农民阶级的两重性,即革命性与保守性。五、论证了无产阶级必须与农民结成联盟和成为联盟领导者的重要性。

在这部著作中,马克思首次提出了关于胜利的无产阶级打碎资产阶级国家机器必要性的论点。历史唯物主义的基本原理,阶级斗争和无产阶级革命的理论,无产阶级专政的学说,也在分析法国 1848—1851 年的革命事件的基础上得到了进一步的发展。

3.《法兰西内战》

《法兰西内战》是马克思全面总结巴黎公社的战斗历程和历史经验,阐释马克思主义关于阶级斗争、国家、无产阶级革命和无产阶级专政学说的重要著作,首次出版于 1871 年 6 月 13 日。

1891 年,柏林《前进报》出版社出版《法兰西内战》德文版第三版(纪念版)时,恩格斯重新校订了德文译文,并撰写了导言,还将马克思写的国际工人协会总委员会关于普法战争的两篇宣言收入。此后,《法兰西内战》均由导言、两篇宣言和正文三个部分组成。导言对后两部分作了总的介绍和高度评价,并对正文部分进行了一些补充和发挥。两篇宣言中,第一篇宣言指明无产阶级应该坚决反对掠夺性的战争,说明只有在全世界消灭剥削制度以后才能根绝一切战争,实现人类的持久和平;第二篇宣言指出普法战争的性质发生了变化,号召全世界工人阶级团结起来,发扬无产阶级国际主义精神,反对侵略战争。正文共有四章,第一章叙述了普法战争所引起的法国政局的变化,第二章记述了梯也尔政府发动内战和三月十八日巴黎工人阶级武装起义的经过,第三章论述了无产阶级革命必须用暴力打碎资产阶级国家机器,第四章阐明了巴黎公社的历史意义。

《法兰西内战》分析了巴黎公社的发展过程,总结了巴黎公社的经验教训,提出了巴黎公社的原则即建设无产阶级政党、无产阶级军队、无产阶级专政和无产阶级政权的一系列思想。总体可概括为以下五个方面:一、建设好无产阶级政党,坚持党领导革命武装;二、以科学社会主义为指导,彻底打碎旧的国家机器;三、广泛结成革命统一战线,实行无产阶级专政;四、坚持人民主体地位,组织建设廉价政府;五、实践社会公仆理念,严格管控国家权力。

4.《哥达纲领批判》

《哥达纲领批判》是马克思于 1875 年创作的重要著作,1891 年首次发表于《新时代》,是科学共产主义的纲领性文献之一。

《哥达纲领批判》的创作源于对德国拉萨尔派错误思想的批判。19 世纪 60—70 年代,德国工人运动中存在着相互对立的拉萨尔派和爱森纳赫派,两派在一系列理论问题和政治问题上存在着原则分歧。爱森纳赫派坚持无产阶级革命和无产阶级专政,反对普鲁士的统治。拉萨尔派主张通过普选权和国家帮助建立生产合作社,走和平过渡的“国家社会主义”道路,并轻视农民的地位和作用,反对工农联盟,为资产阶级剥削辩护。1871 年,在普法战争中实现了国家统一的德国需要两派的沟通与联合,至 1875 年,爱森纳赫派和拉萨尔派经过谈判拟定合并的纲领草案——《德国工人党纲领》。但爱森纳赫派的领导人没有利用自己相对于拉萨尔派的有利地位,在合并基础、合并条件等问题上放弃了自己的原则。为了坚持切实捍卫科学社会主义的根本原则,清算拉萨尔主义的错误思想,使爱森纳赫派认清革命形势,马克思于 1875 年 4—5 月写下这部著作,主要思想内容包括:一、提出共产主义社会发展两个阶段即初级阶段和高级阶段的理论,以及其主要特征;二、指出农民是无产阶级的可靠同盟军,强调加强无产阶级的国际主义;三、阐明工人阶级只有消灭雇佣劳动制度,才能摆脱贫困和被剥削的地位;四、论述了无产阶级实现社会主义的正确途径,只有通过社会的革命转变过程彻底变革现存的生产条件,才能真正实现社会主义;五、阐述了过渡时期和无产阶级专政的理论。

《哥达纲领批判》的重要意义在于全面深刻地批判了拉萨尔主义,同时对无产阶级实现社会主义的路径、未来新社会的发展阶段、国家制度等都作了系统阐释,捍卫和发展了科学社会主义理论。

5.《怎么办?(我们运动中的迫切问题)》

《怎么办?(我们运动中的迫切问题)》是列宁于1901—1902年撰写的批判俄国经济派观点、阐明新型无产阶级政党学说的重要著作,于1902年3月正式出版。

列宁在该书中阐明了马克思主义革命理论的重要意义,揭露了欧洲工人运动中机会主义者鼓吹的"批评自由"的实质和危害性,还揭露了俄国经济派是国际机会主义的变种,借口"批评自由"攻击马克思主义的革命理论,贬低马克思主义理论对工人运动和工人阶级政党建设的指导意义。列宁针对经济派崇拜工人运动的自发性的错误,分析了自发性和自觉性的相互关系,指出社会主义学说不是自发地产生的,而是从学识丰富的知识分子创造的哲学、历史和经济的理论中产生的。工人阶级单靠自己的力量只能产生出工联主义意识,工人的社会主义意识只能从外面输入。为把社会主义灌输到工人运动中去,必须同资产阶级意识形态进行不调和的斗争。列宁还批驳了经济派迷恋组织工作中的手工业方式、反对建立一个能够领导无产阶级解放斗争的革命家组织的机会主义观点,论证了建立一个集中统一的马克思主义政党的必要性。

该书的理论贡献在于明确表示反对伯恩施坦的修正主义,批评党内的"经济派"路线,认为落后群体应接受先进群体的领导,要求把党建设成一个以"职业革命家"为先锋核心、有着严密组织纪律的机构,并建立民主集中制。

6.《进一步,退两步》

《进一步,退两步》是列宁批判孟什维克在党的组织问题上的机会主义、阐发无产阶级政党的组织原则和马克思主义的无产阶级政党学说的重要著作,首次出版于1904年。

其创作背景是:1903年7—8月俄国社会民主工党召开了第二次代表大会,通过了统一的纲领和章程,建立了中央机关。在这次会议上,因为组织原则上的尖锐分歧,形成了以列宁为首的布尔什维克派(即多数派)和以马尔托夫为首的孟什维克派(即少数派)。会后,孟什维克篡夺了《火星报》编辑部的领导权,集中攻击列宁所主张的党的组织原则,妄图使党重新回到涣散状态中去,列宁用"进一步、退两步"来形容当时党内的严重危机。为了有效应对党内危机,列宁在研究了1904年1月发表的俄国社会民主工党第二次代表大会会议记录和决议,每个代表的发言,代表大会上所形成的各政治派别、党中央委员会和总委员会的各种文件的基础上写成这一著作。

其主要思想内容有:一、叙述俄国社会民主工党第二次代表大会的准备过程,强调了党的组织原则;二、分析社会民主工党在代表大会期间的派别划分及其政治倾向,划分为火星报多数派、火星报少数派、"中派"和反火星派四个集团;三、阐述无产阶级政党的组织原则,具体包括党是无产阶级的先锋队、党的组织形式、坚持党的领导、集中制原则等方面。列宁还总结了党代表大会上和大会以后党内斗争的发展趋势,指出尽管党内机会主义派暂时占优势,但革命的社会民主工党的原则、无产阶级的组织和党的组织纪律必定获得完全的胜利。

7.《党的组织和党的出版物》

《党的组织和党的出版物》是列宁于全俄大罢工关键时期写下的文章,发表于1905年11月13日《新生活报》第12号。

文章首先提出"文学应当成为党的文学"的主张,划清了党的文学同资产阶级文学的界限。其次,指出无产阶级文学的功能,即应当成为开动社会民主主义的"齿轮和螺丝钉",应当成为有组织、有计划、统一的社会民主工党的一个组成部分。再次,文章驳斥了资产阶级宣扬的创作的绝对自由的主张,指出资产阶级个人主义者鼓吹的绝对自由的言论不过是一种伪善,是资产阶级或无政府主义的空话,真正自由的文学应当怀有社会主义思想和对劳动人民的同情关切,应当为千千万万的劳动人民,为这些国家的精华、国家的力量、国家的未来服务;应当要使未来的经验和现在的经验之间经常发生相互作用。最后强调,党的文学应该受党的监督,提倡言论自由,但不允许利用党的招牌来鼓吹反党的观点,党纲、党的策略决议和党章是确定党的观点和反党观点的界限。列宁还提出要对一切报纸、杂志、出版社等进行改组工作,使它们根据这些或那些原则完全加入党组织,只有这样,才会有真正的社会民主主义的文学,它才能在资产阶级社会范围内摆脱资产阶级的奴役,同真正现今的彻底的革命的阶级的运动汇合起来。

这篇著作首次提出了文学的党性原则,为社会主义文学的发展奠定了基础,是列宁在文学这门学科中最重要的贡献,更将整个马克思主义美学提高到了一个新的阶段。斯大林所规定的关于社会主义现实主义的原则和毛泽东同志所提出的文艺为工农兵服务的方向,就是从列宁的文学的党性原则出发的。

8.《论党的改组》

《论党的改组》是列宁1905年11月初从国外回到俄国以后为《新生活报》写的第一篇文章,先后载于1905年11月10、15、16日《新生活报》第9、13、14号。

列宁一回到俄国便立即开展了火热的革命行动,领导布尔什维克党中央委员会和彼得堡委员会的工作。回国的第二天(11月9日),他就主持《新生活报》编辑部布尔什维克编辑人员和党的积极分子会议,确定了新的编辑部成员,并制定了报纸的最近纲领。到12月3日,列宁主持该报的编辑工作,该报实际上成为党的机关报。《论党的改组》是列宁为该报撰写的第一篇文章,由三部分组成。第一部分,列宁阐述了根据党的活动条件发生的变化,坚决而大胆地改组党的工作,在保存党的秘密机关的同时,发展新的、公开的机关,最广泛地利用工人阶级在10月总罢工中争得的自由。列宁指出,在秘密工作的条件下,彻底实行党内民主化是不可能的。但在新的条件下,党内必须转而采用选举制原则。第二部分,列宁谈了组织任务,建立真正的无产阶级政党,利用一切可利用的条件,到民间去,把革命的口号散布到全国全体无产阶级群众中去。列宁还指出,必须关心建立工人地方经济地点。第三部分列宁着重论述了党的统一问题,指出工人社会民主工党在党的统一中的重大作用。

这篇文章是1905年12月在塔墨尔福斯召开的俄国社会民主工党第一次代表会议所通过的《党的改组》决议的基础。文章的第一部分还转载于格鲁吉亚社会民主党机关报《旅行家》杂志1905年第41期。

9.《苏维埃政权的当前任务》

《苏维埃政权的当前任务》首次出版于1918年,是列宁论述社会主义建设的经典文献。在该书中,列宁最早论述了无产阶级夺取政权后的根本任务是进行经济建设和创造比资本主义更高的劳动生产率,强调必须利用资本主义文明成果。

列宁在文中驳斥了左派社会革命党人对苏维埃同资产阶级妥协调和、改良主义的责难,系统阐释了苏维埃政权在历史转折时期面临的问题、新的任务及措施。具体的思想内容如下:一、阐明苏维埃共和国面临的国际环境和社会主义革命的基本任务：必须利用和约带来的喘息时机,医治战争创伤,发展国民经济。二、提出解决当前任务的总口号：精打细算,节俭办事,不偷懒,不盗窃,遵守严格的劳动纪律。三、指出同资产阶级的斗争已经到了新阶段,即建立社会主义经济基础,造成使资产阶级既不能存在也不能再产生的条件。在资本主义已经达到的基础上向更高的劳动生产率迈进,加快向社会主义过渡。四、阐明全民计算和监督是一场具有全世界历史意义的斗争,是社会主义反对资产阶级无政府主义自发性的斗争。五、把创造高于资本主义社会的劳动生产率的根本任务提到首要地位。六、指明组织社会主义竞赛是提高劳动生产率的重要途径。各生产消费公社经济上的竞赛比政治方面的竞赛更重要,竞赛的方法包括表报制度和公开报道的方法。七、强调从资本主义向社会主义过渡,必须实行无产阶级专政,在社会主义建设过程中,应该把群众民主精神同劳动时的铁的纪律结合起来。八、阐明苏维埃民主制即无产阶级民主制的社会主义性质和特征：选举人是被剥削的劳动群众,排除了资产阶级;废除了选举上一切官僚主义手续和限制,群众自己决定选举的程序和日期,并且有罢免当选人的完全自由;建立了劳动者先锋队即大工业无产阶级的最优良的群众组织,领导最广大群众学习和参与国家的经济社会管理和政治生活。这种民主制是区别于资产阶级民主制的更高类型的民主制,是向社会主义民主制和使国家能开始消亡的条件的过渡。

10.《共产主义运动中的"左派"幼稚病》

　　《共产主义运动中的"左派"幼稚病》是列宁论述无产阶级革命政党的战略和策略问题的重要著作,首次出版于1920年。书中阐述的主要论点在共产国际第二次代表大会通过的文件中得到了体现、发挥和补充,成为各国共产党的行动纲领。

　　列宁领导创建共产国际后,世界无产阶级革命运动进入了新阶段,对成熟的无产阶级政党的领导这一需要尤显迫切。但许多刚刚成立的共产党缺乏理论修养和政治锻炼,未能灵活运用马克思主义战略策略思想,盲目照搬布尔什维克党的斗争经验,把小资产阶级的革命狂热性表现和无政府主义思想带进了革命队伍,实行脱离群众的战略和策略,严重阻碍了革命运动的发展。为了教育和引导各国年轻的共产党结合本国革命的具体实践,正确地吸取布尔什维克党成功的历史经验,克服"左派"幼稚病,建设一个真正的马克思主义政党。同时也为了通过总结俄国革命的经验,进一步加强布尔什维克党的领导,巩固俄国无产阶级专政,顺利进行社会主义建设,列宁撰写了此书。

全书共十章,另加增补五章,总体上阐述了俄国十月革命经验的国际意义,具体思想内容有:一、总结了布尔什维克党关于党的建设的基本经验,包括思想理论建设、政治建设、组织纪律建设三个方面。二、指出无产阶级政党的战略策略就是善于掌握一切斗争形式,同时把原则的坚定性和策略的灵活性相结合。三、论证了为争取群众而斗争的理论与策略,无产阶级要想在斗争中取得胜利,必须把广大群众,首先是工人阶级,而后是非无产阶级劳动群众,争取到自己方面来。同时,列宁还驳斥了"左派"共产党人笼统否定一切妥协的错误观点,希望各国共产党人自觉地进行反对右倾机会主义和"左"倾教条主义的斗争,清醒地注意到整个工人阶级的、全体劳动群众的觉悟和修养,科学地分析当时所处的历史环境。

第二节　中国共产党领导人党建著述介绍

1.《关于纠正党内的错误思想》

《关于纠正党内的错误思想》是 1929 年毛泽东起草的著名的古田会议决议的第一部分,是在党最困难的时期里指导革命力量重新发展起来的一份重要文件,在党的建设史上具有重要地位。

毛泽东在文中列举了党内存在的一些错误认识,如极端民主化、非组织观点、绝对平均主义、主观主义、个人主义、流寇思想以及盲动主义残余,并针对性地总结了纠正错误思想的具体方式。全文的核心思想是如何用无产阶级思想建设中国共产党和人民军队,在此基础上阐述了建党建军的核心原则。毛泽东强调要用无产阶级思想建党建军,肃清党内军内的各种非无产阶级思想。在党的建设方面,着重强调加强党的思想建设的重要性,并从红四军党组织的实际出发,全面地指出党内各种非无产阶级思想的表现、来源及其纠正的办法。同时,又指出必须加强党的组织建设,必须坚持民主集中制,反对极端民主化、非组织观点等错误倾向;强调要开展党内批评;重申了党的纪律,并且提出了注意提高党员质量,加强各级党组织的工作等要求。

毛泽东以马克思主义为指导,认真总结了红军成立以来的丰富经验,分析了错误思想的来源并提出了纠正办法,系统完整地回应了如何按照马克思列宁主义的原理建立起一支革命的人民军队,解决了如何建立一个能够领导革命斗争使之走向胜利前途的布尔什维克化的共产党的问题。文章肃清了党内军内的各种非无产阶级思想,使党保持一种稳定和谐的政治局面,成为中国共产党及其领导的人民军队加强建设的纲领性文献,至今仍有重要的现实意义。

2.《反对本本主义》

《反对本本主义》原篇名为《调查工作》,是 1930 年 5 月毛泽东为反对当时红军中的教条主义思想所写。文章总结了过往的调查研究经验,回应了当时党内和红四军内存在的一些错误思想认识,进一步肃清了党内军内的错误倾向。该文一度遗失,至 20 世纪 60 年代初期被重新发现,毛泽东作了部分文字的修订和内容上的补充,题目改为《反对本本主义》。

该文共有七部分,分别为:没有调查,没有发言权;调查就是解决问题;反对本本主义;离开实际调查就要产生唯心的阶级估量和唯心的工作指导,那么,它的结果,不是机会主义,便是盲动主义;社会经济调查,是为了得到正确的阶级估量,接着定出正确的斗争策略;中国革命斗争的胜利要靠中国同志了解中国情况;调查的技术。没有调查就没有发言权是文章的核心思想,毛泽东在文中提出"调查就像'十月怀胎',解决问题就像'一朝分娩'。调查就是解决问题"的经典论断。文章认为,要纠正以为写进书里的就是对的本本主义倾向,只有对实际情况作调查。文章还指明了如何正确对待马克思主义"本本"的问题,指出"马克思主义的'本本'是要学习的,但是必须同我国的实际情况相结合。我们需要'本本',但是一定要纠正脱离实际情况的本本主义"。号召"到群众中作实际调查去"。文章最后提出如何作好调查的具体原则：实事求是、群众路线、独立自主。

《反对本本主义》明确了党的一个重要的工作方法，就是开展深入实际的调查研究，进而通过对社会现实的调查研究来制定正确的革命策略，不断推动中国革命道路的发展。同时，文章体现了以毛泽东同志为主要代表的中国共产党人坚持实事求是的思想路线，坚持群众路线的工作方法，坚持独立自主的根本政治原则，为中国革命、建设和改革事业的发展奠定了坚实基础。这是一篇党建发展史上体现马克思主义中国化思想意识的早期文献。

3. 《〈共产党人〉发刊词》

抗日战争全面爆发后，随着抗日民族统一战线的建立和不断扩大，中国共产党的影响日益增强，迅速"变成了全国性的大党"。在此背景下，为了进一步加强党的建设，中共中央于 1939 年 10 月 4 日出版了《共产党人》杂志，并由毛泽东撰写发刊词。这是毛泽东在抗日战争时期运用马克思主义立场、观点、方法，总结中国革命的历史经验，结合中国革命的具体实际，对党的建设伟大工程进行思考和总结的理论成果。

文章联系党的历史、党的十八年的斗争史所经历的三个阶段，提出统一战线、武装斗争、党的建设是党的三大法宝。文章的核心要义主要有两方面内容。一是回答了"建设什么样的党，如何建设党"的重大历史性问题。文章指出，我们需要"建立一个全国范围的、广大群众性的、思想上政治上组织上完全巩固的布尔什维克化的中国共产党"。党在自身建设中对于问题的发现和提出都是实践和认识不断深入的结果，党的建设发展始终需要以马克思主义理论为指导，并结合具体的实际情况来应对复杂性、艰巨性、长期性的挑战，将党的建设中存在的矛盾转化为前进的动力。二是强调了政治建设在党的建设中的重要地位和作用。文章提出，党的建设要与党的政治路线相联系，要掌握正确的政治路线和组织路线，把马克思列宁主义的理论和中国革命的实践相结合。文章强调，我们党要在思想上、政治上、组织上建设一个完全巩固的执政党，党员应以更高的政治标准要求自己，党组织要以制度加以规范，政治建设在党的建设不同发展阶段中始终要占据重要地位。

《〈共产党人〉发刊词》在总结党的历史实践基础上，概括出党的建设三大法宝，在党的建设史上具有重要的意义。统一战线、武装斗争、党的建设三大法宝不仅揭示了中国新民主主义革命成功的基本经验,而且构成了毛泽东思想体系不可或缺的重要方面,影响深远。

4.《整顿党的作风》

《整顿党的作风》是毛泽东于 1942 年 2 月 1 日在延安中共中央党校开学典礼上发表的一篇重要演说,原题为《整顿学风党风文风》。其目标是系统解决当时党内存在的不良倾向——思想上的主观主义、组织上的宗派主义及其表现形式上的党八股。文章提出要整顿学风、党风、文风,是加强党的作风建设的光辉文献。

文章阐述了整顿党的作风的重要性,提出整风的任务是反对主观主义以整顿学风,反对宗派主义以整顿党风,反对党八股以整顿文风。文章指出,主观主义有两种表现形式,一种是教条主义,另一种是经验主义,它们都是只看到片面,没有看到全面。毛泽东认为这两种主观主义中,在我们党内还是教条主义更为危险。因为它装出马克思主义的面孔吓唬、俘虏工农干部和天真烂漫的青年。文章还进一步分析了党内宗派主义的残余,认为一切宗派主义思想都是主观主义的,都和革命的实际需要不相符合,所以反对宗派主义和反对主观主义的斗争,应当同时并进。文章认为党八股是藏垢纳污的东西,是主观主义和宗派主义的一种表现形式,必须肃清它。

《整顿党的作风》一文着重回应了如何解决党内思想分歧,提出的一系列思想和方针是延安整风运动形成的党的建设创造性经验不仅在新民主主义革命时期对党的作风建设起到重要的规范作用,更对新时代持之以恒狠抓党的作风建设,不断推进党的建设新的伟大工程,具有重要的指导意义。

5.《为人民服务》

《为人民服务》是毛泽东于 1944 年 9 月 8 日在张思德同志追悼会上的演讲稿,经整理后以《为人民服务》为题,发表在延安《解放日报》和国民党统治区《新华日报》等报纸上,1953 年收录于《毛泽东选集》第三卷。

张思德同志在陕西烧炭时,因炭窑倒塌而牺牲。当时,抗日战争正处在十分艰苦的阶段,有许多困难需要克服。毛泽东针对这一情况,讲述为人民服务的道理,号召大家学习张思德同志完全彻底为人民服务的精神,团结起来,打败日本侵略者。文章主要包含五方面内容:一、共产党的宗旨就是为人民的利益而奋斗;二、树立为人民利益而死,就比泰山还重的生死观;三、正确对待批评,树立为人民利益坚持好的、改正错误的精神；四、互相关心，互相爱护，互相帮助；五、用开追悼会的方式使整个人民团结在一起。

《为人民服务》一文的思想影响很大。文中多次提及的"为人民服务"成为共产主义道德的基本特征和规范之一，确立起党的根本宗旨，也是中国共产党党员和中华人民共和国国家机关及其工作人员的法定义务，更是中国共产党人践行初心使命的根本遵循。

6.《在中国共产党第七届中央委员会第二次全体会议上的报告》

《在中国共产党第七届中央委员会第二次全体会议上的报告》是毛泽东于1949年3月5日在西柏坡召开的中国共产党第七届中央委员会第二次全体会议上所作的报告，1960年收录于《毛泽东选集》第四卷，2011年收录于《建党以来重要文献选编》第二十六册。

《报告》共有十部分内容：一、分析了平津战役中的三种方式，要求各野战军领导同志要注意和学会和平解决的斗争方式；二、人民解放军永远是一个战斗队，又是一个工作队；三、工作重心从乡村移到城市，由城市领导乡村；四、在城市工作中的依靠力量是工人阶级，必须学会管理城市的各项工作；五、党的工作在南北两方是不同的，中心工作是恢复和发展生产；六、对党的经济政策要有明确的认识和解决；七、正确处理好与帝国主义国家和其他资本主义国家的关系；八、召开政治协商会议和成立民主联合政府问题；九、人民民主专政问题；十、如何对待胜利的问题。《报告》最后指出，夺取全国胜利，这只是万里长征的第一步。中国的革命是伟大的，但革命以后的路程更长，工作更伟大、更艰苦。务必使同志们继续地保持谦虚、谨慎、不骄、不躁的作风，务必使同志们继续地保持艰苦奋斗的作风。

在中国革命转折关头召开的党的七届二中全会具有重大的历史意义。毛泽东发表的讲话为党迎接革命胜利、转变党的工作重心、建设新中国提供了全面的指导。尤其是提出"两个务必"——务必使同志们继续地保持谦虚、谨慎、不骄、不躁的作风，务必使同志们继续地保持艰苦奋斗的作风，成为应对全面执政条件下党面对考验的强大思想武器，对加强党的建设具有永恒意义。

7.《关于正确处理人民内部矛盾的问题》

《关于正确处理人民内部矛盾的问题》是在毛泽东1957年2月27日在最高国

务会议第十一次(扩大)会议上的讲话的基础上,经过多次整理、修改和补充而成的文章,于同年 6 月 19 日在《人民日报》上公开发表。

1956 年,随着生产资料所有制社会主义改造任务基本完成,党领导人民开始全面建设社会主义。在广泛而深刻的社会变革中,党面临着复杂的国际国内形势,一些社会矛盾突出地表现出来,许多党员干部缺乏思想准备,一些干部习惯用类似处理敌我矛盾的办法处理罢工、罢课事件,造成矛盾激化。如何借鉴苏联和波匈事件的经验教训,正确认识和处理社会主义社会的矛盾,成为全党和毛泽东高度重视和不断探索的课题。1957 年 2 月 27 日,毛泽东在最高国务会议上发表处理人民内部矛盾问题的讲话。主要内容有:一、明确系统地论述社会主义社会的基本矛盾及其特点;二、提出了社会主义社会的矛盾反映在政治上可以划分为敌我矛盾和人民内部矛盾两类;三、把正确处理人民内部矛盾明确规定为国家政治生活的主题,并制定出解决人民内部矛盾的一系列方针,如"团结—批评—团结""百花齐放、百家争鸣""长期共存、互相监督"等。

《关于正确处理人民内部矛盾的问题》丰富和发展了科学社会主义理论,为中国共产党正确认识中国国情,制定建设社会主义的正确路线奠定了理论基础,对党和社会主义建设事业具有长远的指导意义。

8.《党和国家领导制度的改革》

《党和国家领导制度的改革》是邓小平 1980 年 8 月 18 日在中央政治局扩大会议上的讲话,收录于《邓小平文选》第二卷。

讲话包括五个方面的内容:一、国务院领导成员的变动,是要解决国务院领导成员权力过分集中,兼职、副职过多,党政不分、以党代政和交接班的问题。二、改革党和国家领导制度及其他制度,以发挥社会主义制度的优越性,加速现代化建设事业的发展。三、党和国家的领导制度、干部制度方面,主要的弊端就是广泛存在官僚主义现象、权力过分集中的现象、家长制现象、干部领导职务终身制现象和形形色色的特权现象。四、要肃清封建主义残余和资本主义、资产阶级思想的影响。五、现在正在考虑逐步进行的重大改革还有:中央向五届人大三次会议提出修改宪法的建议;正在考虑设立一个顾问委员会;真正建立从国务院到地方各级政府从上到下的强有力的工作系统;有准备有步骤地改变党委领导下的厂长负责制,分别实行工厂管理委员会、公司董事会、经济联合体的联合委员会领导和监督下的厂长负责制、经理负责制;各企业事业单位普遍成立职工代表大会或职工代表会议;各级党委要真正实行集体领导和个人分工负责相结合的制度。讲话指出,改革党和国家的领导制度,不是要削弱党的领导,涣散党的纪律,而正是为了坚持和加强党的领导,坚持和加强党的纪律。邓小平强调,改革并完善党和国家的领导制度,我们这一代人也许不能全部完成。但是,至少我们有责任为它的完成奠定巩固的基础,确立正确的方向。

《党和国家领导制度的改革》立足于实施四个现代化重大战略,深入讨论了制度改革的有关问题,成为之后我国政治体制改革的纲领性文件。

9.《在武昌、深圳、珠海、上海等地的谈话要点》

《在武昌、深圳、珠海、上海等地的谈话要点》也称"南方谈话",是邓小平于1992年1月18日至2月21日,在视察武昌、深圳、珠海、上海等地时沿途发表的重要谈话,收录于《邓小平文选》第三卷。

谈话要点共有六个方面的内容,贯穿其中的一个核心问题,就是要坚持党的基本路线不动摇。具体内容包括:一、坚持党的"一个中心、两个基本点"的基本路线,一百年不动摇。二、加快改革开放的步伐,大胆地试,大胆地闯。要害是姓"资"还是姓"社"的问题,判断的标准,应该主要看是否有利于发展社会主义社会的生产力,是否有利于增强社会主义国家的综合国力,是否有利于提高人民的生活水平。三、抓住有利时机,集中精力把经济建设搞上去,同时强调科技和教育在经济发展中的作用,科学技术是第一生产力。四、坚持两手抓,两手都要硬。一手抓改革开放,一手抓打击各种犯罪活动。五、正确的政治路线要靠正确的组织路线来保证,要按照"革命化、年轻化、知识化、专业化"的标准,选拔德才兼备的人进班子。六、坚定社会主义信念,要在建设有中国特色的社会主义道路上继续前进。

邓小平发表谈话时,改革开放已推进十余年,旧的计划经济体制逐渐解体,新的市场经济体制因素迅速成长。由于受国际上社会主义阵营发生剧变和西方思潮的影响,国内对改革开放产生了两种截然不同的看法,一是用传统社会主义观点衡量改革,对党中央实施改革开放产生怀疑和动摇而持否定态度;二是用新的社会主义观点看待改革,肯定改革开放的观点。在这样的关键时期,邓小平的谈话明确回答了"今后世界向何处去? 社会主义命运将会如何? 中国今后怎么办?"等长期困扰和束缚人们思想的重大认识问题,重申了深化改革、加快发展的必要性和重要性,并从中国实际出发,站在时代的高度,科学总结了党的十一届三中全会以来的实践探索和基本经验,表明将建设有中国特色社会主义向前推进的坚定决心。这个重要讲话,是把改革开放和现代化建设推向新阶段的又一个解放思想、实事求是的宣言书,不仅对即将召开的党的十四大具有重要的指导意义,而且对中国整个社会主义现代化建设事业具有深远意义。

10.《在庆祝中国共产党成立八十周年大会上的讲话》

《在庆祝中国共产党成立八十周年大会上的讲话》是 2001 年 7 月 1 日江泽民在庆祝中国共产党成立八十周年大会上发表的重要讲话,收录于《江泽民文选》第三卷。

《讲话》共四个部分:一、中国共产党八十年的奋斗业绩和基本经验;二、正确认识和全面贯彻"三个代表"要求;三、按照"三个代表"要求加强和改进党的建设;四、继续为实现党的基本路线和历史任务而奋斗。《讲话》指出,"三个代表"要求,是我们党的立党之本、执政之基、力量之源,也是在新世纪全面推进党的建设,不断推进理论创新、制度创新和科技创新,不断夺取中国特色社会主义事业新胜利的根本要求。党的理论、路线、纲领、方针、政策和各项工作,必须始终代表中国先进社会生产力的发展要求、中国先进文化的前进方向和中国最广大人民的根本利益。"三个代表"是统一的整体,相互联系,相互促进。要按照"三个代表"要求加强和改进党的建设。必须坚持党的解放思想、实事求是的思想路线,大力发扬求真务实、勇于创新的精神,创造性地推进党和国家的各项工作,在实践中不断丰富和发展马克思主义;必须坚持党的工人阶级先锋队的性质,始终保持党的先进性,同时要根据经济发展和社会进步的实际,不断加强党的阶级基础和扩大党的群众基础,不断提高党的社会影响力;必须坚持民主集中制,建立健全科学的领导体制和工作机制,充分发扬党内民主,坚决维护党的集中统一,保持并不断增强党的活力;必须全面贯彻干部队伍革命化、年轻化、知识化、专业化的方针和德才兼备的原则,深化干部人事制度改革,努力建设一支高素质、能够担当重任、经得起风浪考验的干部队伍;必须坚持党要管党的原则和从严治党的方针,各级党组织必须对党员干部严格要求、严格教育、严格管理、严格监督,坚决克服党内存在的消极腐败现象。

《讲话》就新世纪建设什么样的党、怎样建设党等一系列重大问题,提出了新的要求和新的任务,是新时期党建工作的指导性文献,也是新时期党建工作的行动纲领,丰富和发展了马克思主义党建思想。

11.《始终做到"三个代表"是我们党的立党之本、执政之基、力量之源》

《始终做到"三个代表"是我们党的立党之本、执政之基、力量之源》是2000年5月14日江泽民在上海主持召开江苏、浙江、上海党建工作座谈会时的讲话。讲话联系实际情况及潜在问题,对加强新时期党的建设提出了建设性意见。

讲话开篇首先点明加强新时期党的建设是极端重要且十分紧迫的任务。因此必须要按照"三个代表"的要求切实加强党的建设,尤其强调要把"三个代表"要求贯彻落实到党的基层组织建设的各项工作中去。具体涉及推进国有企业改革和发展加强企业党组织建设;助力农村基层党组织适应经济发展新变化;抓紧开展非公有制经济组织中党的建设工作;加强街道社区党的建设等。讲话还强调党的各项工作都要坚持、体现和贯彻"三个代表"要求。第一,要坚持把"三个代表"要求落实到坚定正确地执行党的路线方针政策中去。第二,要坚持把"三个代表"要求落实到党的各项工作中去。看看采取的措施、所做的工作是不是符合"三个代表"要求,符合的就毫不动摇地坚持,不完全符合、需要调整补充的就积极调整补充,不符合的就实事求是地纠正。第三,要坚持把"三个代表"要求落实到建设一支高素质的干部队伍中去,建设一支能够适应新形势新任务要求的高素质领导干部队伍,特别是要培养选拔好新世纪担当重任的一批接班人。第四,要坚持把"三个代表"要求落实到从严治党中去。讲话最后还强调,加强新时期党的建设,落实"三个代表"要求,要重视深入群众、调查研究,这是党的建设的基本功。

12.《在党的群众路线教育实践活动总结大会上的讲话》

《在党的群众路线教育实践活动总结大会上的讲话》是习近平于2014年10月8日在党的群众路线教育实践活动总结大会上发表的讲话。习近平在讲话中对党的群众路线教育实践活动进行了总结,对巩固和拓展教育实践活动成果、加强党的作风建设、全面推进从严治党进行了部署。

《讲话》首先指出,全党开展以为民、务实、清廉为主要内容的党的群众路线教育实践活动,是党的十八大作出的战略决策。《讲话》回顾了2013年6月以来教育实践活动开展的基本情况和取得的五个方面的成绩,以及通过这次活动对新形势下如何开展党内集中教育六个方面的认识,进一步肯定了教育活动取得的成果。

《讲话》中也指出了一些存在的问题,对如何坚持从严治党提出了八点要求:第一,落实从严治党责任;第二,坚持思想建党和制度治党紧密结合;第三,严肃党内政治生活;第四,坚持从严管理干部;第五,持续深入改进作风;第六,严明党的纪律;第七,发挥人民监督作用;第八,深入把握从严治党规律。《讲话》最后指出,党的群众路线教育实践活动基本结束,但贯彻党的群众路线,保持党同人民群众血肉联系的历史进程永远不会结束,要继续打好党风建设这场硬仗。

13. 《习近平关于全面从严治党论述摘编》(2016 年版和 2021 年版)

《习近平关于全面从严治党论述摘编》于 2016 年 12 月由中央文献出版社首次出版发行。该书收录习近平围绕全面从严治党发表的一系列重要论述,共 371 段,摘自习近平 2012 年 11 月 15 日至 2016 年 10 月 27 日期间的讲话、文章等 80 多篇重要文献。其中许多论述是第一次公开发表。2022 年 6 月,中共中央党史和文献研究院在此基础上编辑出版了《习近平关于全面从严治党论述摘编(2021 年版)》。

党的十八大以来,以习近平同志为核心的党中央着眼于"四个全面"战略布局的整体设计,身体力行、率先垂范,坚定推进全面从严治党,坚持思想建党和制度治党紧密结合,集中整饬党风,严厉惩治腐败,净化党内政治生态,党内政治生活展现新气象,赢得了党心民心,为开创党和国家事业新局面提供了重要保证,同时形成了大量的理论集萃。2016 年版《摘编》共有 10 个专题:全面从严治党,确保党始终成为中国特色社会主义事业的坚强领导核心;党要管党首先要从党内政治生活管起,从严治党首先要从党内政治生活严起;坚定理想信念,补足精神之钙;牢固树立"四个意识",坚决维护党中央权威;坚持把纪律挺在前面,严明政治纪律和政治规矩;从严治吏,培养选拔党和人民需要的好干部;作风建设永远在路上;以零容忍态度惩治腐败;加强党内监督,发挥巡视利剑作用;落实全面从严治党主体责任。

2021 年版《摘编》的内容摘自习近平 2012 年 11 月 15 日至 2021 年 4 月 27 日期间的报告、讲话、文章、指示等 220 多篇重要文献,分 12 个专题:坚定不移全面从严治党,把党建设得更加坚强有力;毫不动摇坚持和加强党的全面领导;把党的政治建设摆在首位,坚定做到"两个维护";坚定理想信念,补足精神之钙;坚持用马克思主义及其中国化创新理论武装全党;抓好党的组织体系建设,夯实党的组织基础；坚持党管干部、党管人才，抓好执政骨干队伍和人才队伍建设；持之以恒正风肃纪，坚决纠正"四风"；以零容忍态度惩治腐败，一体推进不敢腐、不能腐、不想腐；完善党和国家监督体系，规范制约权力运行；坚持制度治党、依规治党，全方位抓紧制度笼子；落实全面从严治党主体责任。与 2016 年版相比，2021 年版一是时间跨度延伸，把 2016 年以来的重要论述完整收入，体现了新时代十年的系统性；二是在专题编辑上作了重要调整，更加全面地反映习近平全面从严治党重要论述的体系性架构。

习近平关于全面从严治党的重要论述相互联系、相互贯通，构成了一个逻辑严密、系统完备的有机整体，深刻回答了新形势下管党治党的一系列重大理论和实践问题，深化了共产党人对共产党执政规律、社会主义建设规律、人类社会发展规律的认识，开拓了马克思主义党建理论新境界。

14.《习近平关于严明党的纪律和规矩论述摘编》

《习近平关于严明党的纪律和规矩论述摘编》收录了习近平围绕党的纪律与规矩发表的一系列重要论述，摘自习近平 2012 年 11 月 16 日至 2015 年 10 月 29 日期间的讲话、文章等 40 多篇重要文献，分 7 个专题，共计 200 段论述，其中部分论述是第一次公开发表。《摘编》于 2016 年 1 月 1 日公开出版发行。

党的十八大以来，习近平高度重视全面从严治党，站在党和国家全局的高度，围绕严明党的纪律和规矩，发表了一系列重要论述，为加强党的建设，深入推进党风廉政建设和反腐败斗争提供了思想指导和行动指南。《摘编》共有 7 个专题：加强纪律建设是全面从严治党的治本之策；严明党的纪律，首要的就是严明政治纪律；严明党的组织纪律，增强组织纪律性；创新党内法规制度，把各项纪律和规矩立起来；使纪律真正成为带电的高压线；抓住领导干部这个"关键少数"；落实管党治党责任，强化监督执纪问责。

这些重要论述内涵丰富、思想深刻、要求明确，对于深刻认识加强党的纪律建设的极端重要性，准确把握纪律建设的基本要求，牢固树立党章党规党纪意识，坚定不移推进全面从严治党，具有十分重要的政治意义、理论意义和实践指导意义。

15.《论坚持党对一切工作的领导》

《论坚持党对一切工作的领导》是由中共中央党史和文献研究院编辑、中央文献出版社出版的习近平专题文集,2019年10月1日在全国范围内发行。文集以2012年11月17日习近平主持中共十八届中央政治局第一次集体学习时的讲话为开卷篇,以2019年7月9日习近平在中央和国家机关党的建设工作会议上的讲话为收卷篇,收入习近平论述坚持党对一切工作的领导的重要文稿70篇,约14万字,其中部分文稿是第一次公开发表。

较有代表性的思想内容有:

我们党担负着团结带领人民全面建成小康社会、推进社会主义现代化、实现中华民族伟大复兴的重任。党坚强有力,党同人民保持血肉联系,国家就繁荣稳定,人民就幸福安康。全党要增强紧迫感和责任感,不断提高党的领导水平和执政水平,使我们党在世界形势深刻变化的历史进程中始终走在时代前列,在应对国内外各种风险和考验的历史进程中始终成为全国人民的主心骨,在坚持和发展中国特色社会主义的历史进程中始终成为坚强领导核心。

维护党中央权威和集中统一领导,是我国革命、建设、改革的重要经验,是一个成熟的马克思主义执政党的重大建党原则。坚持党的领导,首先是坚持党中央权威和集中统一领导,这是党的领导的最高原则。坚持党中央集中统一领导,确立和维护党的领导核心,是全党全国各族人民的共同愿望,是推进全面从严治党、提高党的创造力凝聚力战斗力的迫切要求,是保持党和国家事业发展正确方向的根本保证。对党忠诚,就要增强"四个意识"、坚定"四个自信"、做到"两个维护",严守党的政治纪律和政治规矩,始终在政治立场、政治方向、政治原则、政治道路上同党中央保持高度一致。

坚持和加强党的全面领导,坚持党要管党、全面从严治党,以加强党的长期执政能力建设、先进性和纯洁性建设为主线,以党的政治建设为统领,以坚定理想信念宗旨为根基,以调动全党积极性、主动性、创造性为着力点,全面推进党的政治建设、思想建设、组织建设、作风建设、纪律建设,把制度建设贯穿其中,深入推进反腐败斗争,不断提高党的建设质量,把党建设成为始终走在时代前列、人民衷心拥护、勇于自我革命、经得起各种风浪考验、朝气蓬勃的马克思主义执政党。

第三节　党中央重要文件资料介绍

1.《建党以来重要文献选编(一九二一——一九四九)》

《建党以来重要文献选编(一九二一——一九四九)》是由中共中央文献研究室、中央档案馆编辑出版的历史资料,2011 年 5 月首次出版。全套共计 26 册,收录中国共产党成立以后至新中国成立以前党在各个历史时期形成的重要文献,包括中国共产党历次代表大会、中央全会等重要会议的文件,中共中央的重要决议、决定、宣言、通知、通告、指示,中央领导人的重要报告、讲话、文章、电报等。全书约 1 350 多万字,收入各类文献 3 600 多篇,其中 300 余篇为首次公开发表。这部文献集所收入的文献,主要来源于由权威部门编辑出版的选集、文集、专题文集、历史资料集等,还有一部分是依据当时公开发表的或内部公布的文献版本刊印的。首次公开发表的文献,主要根据中央档案馆保存的档案刊印。文献的版本和发表情况,均在刊印说明或题解中作了注释。所有文献均按时间顺序编排,分册出版。反映马克思主义在中国传播和筹建中国共产党的代表性文献,以"附编"收入第一册中。这些重要文献,比较全面地反映了中国共产党领导人民进行新民主主义革命、创建中华人民共和国,以及推进马克思主义中国化、形成和发展毛泽东思想的历史进程及其基本经验。

2.《关于若干历史问题的决议》

1945 年 4 月 20 日,中国共产党第六届中央委员会扩大的第七次全体会议通过了《关于若干历史问题的决议》。

《决议》共有七个部分:第一部分明确指出中国共产党成立以来,就以马克思列宁主义普遍真理和中国革命的具体实践相结合为自己一切工作的指针,毛泽东关于中国革命的理论和实践是此种结合的代表。第二部分对大革命时期、土地革命战争时期党内发生的问题和总结经验进行了简要阐述,指出了取得的成绩和存在的问题,认为为了学习中国革命的历史教训,"对于这十年内若干党内历史问题,尤其是六届四中全会至遵义会议期间中央的领导路线问题,作出正式的结论,是有益的和必要的"。第三部分论述了从 1927 年以来到遵义会议党内的"左"、右倾错误,特别对以王明为代表的"左"倾路线错误产生的思想根源作了深刻的分析,指出遵义会议后,党中央在毛泽东领导下的政治路线是完全正确的。第四、第五部分,论述了党内"左"倾路线错误在政治上、军事上、组织上、思想上的表现及发展过程、主要内容、社会根源及给中国革命所造成的严重危害。第六部分,结合党的历史上与"左"、右倾错误的斗争,指出"我们党关于党内历史问题的一切分析、批判、争论,是应该从团结出发,而又达到团结的,如果违背了这个原则,那就是不正确的"。《决议》最后充分肯定了中国革命在中国共产党领导下取得的伟大成绩和宝贵经验,高度评价了毛泽东运用马克思列宁主义的思想解决中国革命问题所作出的杰出贡献,指出了在全党确立毛泽东领导地位的重大意义。

《决议》的制定和通过统一了全党的认识,增强了全党在毛泽东思想基础上的团结,促进了人民革命事业的迅速发展,为党的七大的胜利召开创造了充分的思想条件,是党的历史上第一个具有承前启后、继往开来意义的重要决议。

3.《关于建国以来党的若干历史问题的决议》

1981 年 6 月 27 日,中国共产党十一届六中全会通过了《关于建国以来党的若干历史问题的决议》。《决议》从 1979 年 11 月开始起草,在中央政治局、书记处领导下,由邓小平、胡耀邦主持进行,经长时间讨论和修改,集中全党智慧形成,是中国共产党历史上具有深远意义和重大影响的重要文件。

《决议》共有八个部分,分别为:建党以前二十八年历史的回顾;建国三十二年历史的基本估计;基本完成社会主义改造的七年;开始全面建设社会主义的十年;"文化大革命"的十年;历史的伟大转折;毛泽东同志的历史地位和毛泽东思想;团结起来,为建设社会主义现代化强国而奋斗。全文的核心内容可概括为三个方面:第一,对新中国成立 32 年来中国共产党的历史进行了科学的分析和正确的总结,实事求是地评价了新中国成立以来的重大历史事件,分清了功过是非;第二,实事求是地评价了毛泽东在中国革命中的历史地位,科学地论述了毛泽东思想的基本内容和作为党的指导思想的伟大意义;第三,肯定了中共十一届三中全会以来逐步确立的适合中国国情的建设社会主义现代化国家的正确道路,进一步指明了中国社会主义事业和党的工作继续前进的方向。

《决议》对新中国成立以来党的重大历史问题特别是"文化大革命"、毛泽东的历史地位及功过是非和毛泽东思想基本内容与指导意义作了总结和评价,澄清了一些模糊认识,统一了全党思想,积累了总结经验、汲取教训的智慧,对坚定改革开放的决心,具有重大意义。

4.《中共中央关于党的百年奋斗重大成就和历史经验的决议》

2021年11月11日,中国共产党第十九届中央委员会第六次全体会议审议通过了《中共中央关于党的百年奋斗重大成就和历史经验的决议》。

《决议》除序言和结束语之外,共有七个部分。

第一部分"夺取新民主主义革命伟大胜利"。这一时期党面临的主要任务是,反对帝国主义、封建主义、官僚资本主义,争取民族独立、人民解放,为实现中华民族伟大复兴创造根本社会条件。分析党诞生的历史背景,总结党领导人民在建党之初和大革命时期、土地革命战争时期、抗日战争时期、解放战争时期进行革命斗争的历史进程和创造的伟大成就,以及创立毛泽东思想、实施和推进党的建设伟大工程的重大成就。

第二部分"完成社会主义革命和推进社会主义建设"。这一时期党的主要任务是,实现从新民主主义到社会主义的转变,进行社会主义革命,推进社会主义建设,为实现中华民族伟大复兴奠定根本政治前提和制度基础。总结新中国成立后党领导人民战胜一系列严峻挑战、巩固新生政权,成功完成社会主义改造、建立社会主义制度,开展全面的大规模的社会主义建设,打开对外工作新局面的历史进程和创造的伟大成就。总结党加强执政党建设所作的努力和积累的初步经验,并对毛泽东思想进行科学评价。

第三部分"进行改革开放和社会主义现代化建设"。这一时期党的主要任务是,继续探索中国建设社会主义的正确道路,解放和发展社会生产力,使人民摆脱贫困、尽快富裕起来,为实现中华民族伟大复兴提供充满新的活力的体制保证和快速发展的物质条件。强调党的十一届三中全会的历史意义,总结以邓小平同志为主要代表的中国共产党人、以江泽民同志为主要代表的中国共产党人、以胡锦涛同志为主要代表的中国共产党人,对开创、坚持、推进中国特色社会主义事业作出的历史贡献。

第四部分"开创中国特色社会主义新时代"。这一时期党的主要任务是,实现全面建成小康社会的第一个百年奋斗目标,开启全面建成社会主义现代化强国的第二个百年奋斗目标新征程,朝着实现中华民族伟大复兴的宏伟目标继续前进。阐述中国特色社会主义新时代这一我国发展新的历史方位,概括了党的十八大以来党的理论创新成果,总结新时代党和国家事业取得的历史性成就、发生的历史性变革,重点总结以习近平同志为核心的党中央治国理政实践的原创性思想、变革性实践、突破性进展、标志性成果。

第五部分"中国共产党百年奋斗的历史意义"。在全面回顾总结党的百年奋斗历程和重大成就基础上,以更广阔的视角总结党的百年奋斗的历史意义,即党的百年奋斗从根本上改变了中国人民的前途命运、开辟了实现中华民族伟大复兴的正确道路、展示了马克思主义的强大生命力、深刻影响了世界历史进程、锻造了走在时代前列的中国共产党,阐述党对中国人民、对中华民族、对马克思主义、对人类进步事业、对马克思主义政党建设所作的历史性贡献。

第六部分"中国共产党百年奋斗的历史经验"。概括了具有根本性和长远指导意义的十条历史经验,即坚持党的领导、坚持人民至上、坚持理论创新、坚持独立自主、坚持中国道路、坚持胸怀天下、坚持开拓创新、坚持敢于斗争、坚持统一战线、坚持自我革命。

第七部分"新时代的中国共产党"。围绕实现第二个百年奋斗目标,强调全党要以咬定青山不放松的执着奋斗实现既定目标,以行百里者半九十的清醒不懈推进中华民族伟大复兴;坚持党的基本理论、基本路线、基本方略,立足新发展阶段、贯彻新发展理念、构建新发展格局、推动高质量发展,协同推进人民富裕、国家强盛、中国美丽;永远保持同人民群众的血肉联系,不断实现好、维护好、发展好最广大人民的根本利益;铭记生于忧患、死于安乐,常怀远虑、居安思危,继续推进新时代党的建设新的伟大工程;抓好后继有人这个根本大计。

《决议》是在建党百年的重要时刻全面审视党整个奋斗历程的全景式回顾,是在开启新征程的重要节点上继往开来、砥砺奋进的政治宣示和行动指南。认真领悟和深刻把握党中央总结概括百年奋斗重大成就、历史经验、历史意义的精神,对党团结带领中国人民走好新时代新征程上新的赶考之路具有重大意义。

5.《中共中央关于加强党的执政能力建设的决定》

2004年9月19日,中国共产党第十六届中央委员会第四次全体会议通过了《中共中央关于加强党的执政能力建设的决定》。

《决定》指出，中国共产党成为执政党，是历史的选择、人民的选择。在我国改革发展的关键时期，我们党必须大力加强执政能力建设。这是关系中国社会主义事业兴衰成败、关系党的生死存亡和国家长治久安的重大战略课题。《决定》总结了55年来党执政的主要经验，提出了加强党的执政能力建设的指导思想、总体目标和主要任务，并强调：坚持把发展作为党执政兴国的第一要务，不断提高驾驭社会主义市场经济的能力；坚持党的领导、人民当家作主和依法治国的有机统一，不断提高发展社会主义民主政治的能力；坚持马克思主义在意识形态领域的指导地位，不断提高建设社会主义先进文化的能力；坚持最广泛最充分地调动一切积极因素，不断提高构建社会主义和谐社会的能力；坚持独立自主的和平外交政策，不断提高应对国际局势和处理国际事务的能力；以提高党的执政能力为重点，全面推进党的建设新的伟大工程。

《决定》深刻阐述了加强党的执政能力建设的重要性和紧迫性，全面总结了半个多世纪以来党执政的主要经验，明确提出了加强党的执政能力建设的指导思想、总体目标和主要任务，是加强党的执政能力建设的重要纲领。

6.《中共中央关于加强和改进新形势下党的建设若干重大问题的决定》

2009年9月18日，中国共产党第十七届中央委员会第四次全体会议通过了《中共中央关于加强和改进新形势下党的建设若干重大问题的决定》。

《决定》分析了党的建设面临的复杂形势和存在的诸多问题，总结了党在长期执政实践中形成的基本经验，提出了加强和改进新形势下党的建设的基本思路：建设马克思主义学习型政党，提高全党思想政治水平；坚持和健全民主集中制，积极发展党内民主；深化干部人事制度改革，建设善于推动科学发展、促进社会和谐的高素质干部队伍；做好抓基层打基础工作，夯实党执政的组织基础；弘扬党的优良作风，保持党同人民群众的血肉联系；加快推进惩治和预防腐败体系建设，深入开展反腐败斗争。《决定》指出，加强和改进新形势下党的建设，是全党的重大政治责任。各级党组织要认真贯彻本《决定》精神，坚持党要管党、从严治党，全面落实党建工作责任制，建立健全党建工作长效机制，确保党的建设各项部署落到实处。

《决定》深刻分析党的建设面临的新形势新任务，认真总结党执政60年来加强自身建设的基本经验，提出加强和改进党的建设的总体要求、目标任务、重要举措，对加强和改进新形势下党的建设作出战略部署，是指导当前和今后一个时期党的建设的纲领性文献。

7.《关于新形势下党内政治生活的若干准则》

为了更好地进行具有许多新的历史特点的伟大斗争,推进党的建设新的伟大工程,推进中国特色社会主义伟大事业,经受"四大考验",克服"四种危险",2016年10月27日,中国共产党第十八届中央委员会第六次全体会议通过了《关于新形势下党内政治生活的若干准则》,自2016年11月2日全文发布实行。

《准则》由三大部分、十二个小点构成。第一部分序言也是总论,集中阐述党内政治生活的重大作用和历史经验、存在的突出问题、面临的形势任务以及新形势下加强和规范党内政治生活的重要性、紧迫性,提出加强和规范党内政治生活的目标要求。第二部分是全文的主体内容,围绕坚定理想信念、坚持党的基本路线、坚决维护党中央权威等十二个方面分别提出明确要求、作出具体规定。第三部分是结束语,指出要加强组织领导和督促检查、高级干部带头示范,确保各项任务落到实处。《准则》的核心思想为:一、提高领导干部特别是高级领导干部的政治素养;二、牢固树立"四个意识",即政治意识、大局意识、核心意识、看齐意识,自觉在思想上政治上行动上同党中央保持高度一致;三、严肃党的政治纪律;四、牢固树立公仆意识,用好手中公权力;五、建设廉洁政治,坚决反对腐败。

中国特色社会主义进入新时代,党中央把严肃党内政治生活、净化党内政治生态摆在更加突出的位置来抓,严厉惩治腐败,完善党内法规,扎紧制度笼子。面对新的情况、新的问题,《准则》的颁布不仅有助于巩固和强化党内政治生活出现的许多新气象,建设更好的党内政治生态环境,而且有助于形成干部清正、政府清廉、政治清明的良好态势。

8.《中共中央关于加强党的政治建设的意见》

为深入贯彻落实习近平新时代中国特色社会主义思想和党的十九大精神,切实加强党的政治建设,坚持和加强党的全面领导,推进全面从严治党向纵深发展,不断提高党的执政能力和领导水平,确保全党统一意志、统一行动、步调一致向前进,中共中央办公厅于2019年1月31日印发实施《中共中央关于加强党的政治建设的意见》。

《意见》首先提出加强党的政治建设的总体要求,目的是坚定政治信仰,强化政治领导,提高政治能力,净化政治生态,实现全党团结统一、行动一致。着眼于这一目标要求,《意见》围绕加强党的政治建设主要作了四方面重点部署。一是坚定政治信仰。着眼夯实党的政治建设思想根基,强调坚持用党的科学理论武装头脑,最重要的就是用习近平新时代中国特色社会主义思想武装全党、教育人民,牢固树立共产主义远大理想和中国特色社会主义共同理想,坚定"四个自信",坚定执行党的政治路线,坚决站稳政治立场,牢记初心使命,凝聚起同心共筑中国梦的磅礴力量。二是强化政治领导。抓住党的政治领导这个根本要求,就坚持和加强党的全面领导特别是坚决做到"两个维护"、完善党的领导体制、改进党的领导方式提出了明确要求。三是提高政治能力。着眼于提高各级各类组织和党员、干部的政治能力,针对不同主体分别提出要求。强调进一步增强党组织政治功能,彰显国家机关政治属性,发挥群团组织政治作用,强化国有企事业单位政治导向,不断提高党员干部特别是领导干部的政治本领。四是净化政治生态。提出要把营造风清气正的政治生态作为基础性、经常性工作,着力增强党内政治生活的政治性、时代性、原则性、战斗性,严明党的政治纪律和政治规矩,发展积极健康的党内政治文化,突出政治标准选人用人,永葆共产党人清正廉洁的政治本色,推动实现正气充盈、政治清明。

《意见》对新形势下党的政治建设各方面工作进行了部署,对于更好地以党的政治建设为统领,全面推进党的各项建设,确保党始终成为中国特色社会主义事业的坚强领导核心,具有重要而深远的意义。

💬 本章思考题

1. 阅读马克思主义党建经典著作有什么意义?

2. 学习党的建设理论为什么要读原著、悟原理?

3. 怎样认识党的文献资料对学习掌握党的建设理论的重要性?

4. 党的建设发展史上通过了哪几个历史决议? 其主要内容和意义是什么?

5. 党的十九届六中全会审议通过的历史决议对党的百年奋斗实践作出了哪些总结?

第七章

谱写党的建设崭新篇章

2022年10月,党的二十大胜利召开。这是在全党全国各族人民迈上全面建设社会主义现代化国家新征程、向第二个百年奋斗目标进军的关键时刻召开的一次十分重要的大会,对激励和动员全党全国各族人民坚持和发展中国特色社会主义、全面建设社会主义现代化国家、全面推进中华民族伟大复兴具有重大意义。大会高举中国特色社会主义伟大旗帜,发出奋力谱写全面建设社会主义现代化国家崭新篇章的号召,对迈进新征程、建功新时代作出全面部署。习近平在二十大报告中指出:"全面建设社会主义现代化国家、全面推进中华民族伟大复兴,关键在党。"[1]奋力谱写全面建设社会主义现代化国家崭新篇章,必须奋力谱写加强党的建设崭新篇章。

---

① 《习近平著作选读》(第一卷),人民出版社 2023 年版,第 52 页。

第一节　打铁必须自身硬

钢铁是在烈火淬炼中锻造出来的,马克思主义政党的坚强有力意味着必须像钢铁一样刚硬。马克思主义建党思想中常用共产党员是用特殊材料制成的人作出表达,其含义就是指共产党员具有钢铁般的意志。加强党的建设就是要淬炼一支具有钢铁般意志的党员队伍,就是要像淬炼钢铁那样从严管党治党。

从严管党在中国共产党创建时首先的表现就是以严格的纪律约束党员,党的一大通过的章程和决议中就对纪律作出了明确规定,党的二大通过的首部党章第四章"纪律"中列出了九条十五则规定。形成严明纪律既是当时党处于秘密状态的要求,更是马克思主义政党的建党原则。在深入发展的实践中,党始终要求全体党员遵守党章,执行各项党的各项纪律,并根据党的队伍中出现的各种情况,对违反党的纪律的党员、干部作出处理,把不合格的党员清理出党的队伍。在党的建设整个实践中,从严管党得到长期的坚持。

为什么要从严管党?因为中国共产党不是松散的"俱乐部",不是可以自由出入的"大车店",不是想怎么吆喝就怎么吆喝的"大卖场"。懒懒散散、松松垮垮就管不好党。从严管党不只是体现为纪律要求,更是贯彻党的意志的全面性治理,即政治上、思想上、组织上、作风上、制度上都要体现严格的要求。从严管党才能保证党的凝聚力、战斗力、创造力。党的组织规模小的时候需从严管党,党的组织规模大的情况下,从严治党显得尤其重要。"实践使我们越来越深刻地认识到,管党治党不仅关系党的前途命运,而且关系国家和民族的前途命运,必须以更大的决心、更大的气力、更大的勇气抓紧抓好。"①党的建设持续推进,从严管党治党永远在路上。

中国特色社会主义进入新时代,党的建设新的伟大工程形成新要求,全面从

---

① 《习近平关于全面从严治党论述摘编(2021年版)》,中央文献出版社2021年版,第16页。

严治党是新时代党中央抓党的建设鲜明主题。党的十八大后，党中央首先从重点转变党的作风入手，把从严要求贯彻到党的建设各个方面。以习近平同志为核心的党中央以巨大的政治勇气和果敢的斗争魄力开创全面从严治党新局面，以一系列严要求、严标准、严举措解决党内存在的各种问题，实现了管党治党从宽松软向严紧硬的转变。通过全面从严治党，在解决党员、干部理想信念动摇、组织涣散、作风不廉不正不实、制度执行力不强以及腐败滋生等方面的问题上取得显著成就，使党变得越来越坚强有力。

"打铁必须自身硬"，是习近平关于全面从严治党提出的总原则。"我们党要始终成为时代先锋、民族脊梁，始终成为马克思主义执政党，自身必须始终过硬。"[1]习近平用"打铁"比喻从严管党治党，寓意着必须把党锻造成为一把坚硬无比的铁锤。没有这样一把铁锤就打不成铁，没有坚强有力的党，就建设不成具有战斗力的党。治国必先治党，治党务必从严，党自身不过硬，党内问题一大堆，就治理不好国家。"全面从严治党是党永葆生机活力、走好新的赶考之路的必由之路。"[2]迈进新征程、建功新时代，奋力谱写党的建设崭新篇章，必须坚决按照"打铁必须自身硬"的总原则，不断把全面从严治党向纵深推进。

中国共产党这样一个大党，在一个大国长期执政和领导社会主义建设，全面从严治党是一件非同小可的事情，懈怠管党治党将犯严重的战略性错误。党中央对此保持着清醒的头脑，习近平作出一系列重要论述，指导新时代全面从严治党取得了卓著成效。习近平指出："我们党取得了举世瞩目的成就，现在更需要'愈大愈惧，愈强愈恐'的态度，切不可在管党治党上有丝毫松懈。""党和人民事业发展到什么阶段，全面从严治党就要跟进到什么阶段，坚持严字当头，把严的要求贯穿管党治党全过程，以自我革命的政治勇气着力解决党内存在的突出问题，做到管党有方、治党有力、建党有效。"[3]这些重要论述，为贯彻"打铁必须自身硬"总原则，推进全面从严治党深入发展提供了强大思想武器。

---

① 习近平：《论中国共产党历史》，中央文献出版社 2021 年版，第 182 页。
② 《习近平谈治国理政》(第四卷)，外文出版社 2022 年版，第 35 页。
③ 《习近平关于全面从严治党论述摘编(2021 年版)》，中央文献出版社 2021 年版，第 10、12 页。

第二节　党的建设历史经验

及时总结经验是中国共产党的历史传统,也是党的建设不断向前推进的重要原因。经验体现智慧,是把实践中成功的做法提升为理性认知的思想结晶,以理论构建反映实践的经验价值。习近平指出:"我们党抓党的建设,很重要的一条经验就是要不断总结我们党长期以来形成的历史经验和成功做法,并结合新的形势任务和实践要求加以创新。"①"我们党一步步走过来,很重要的一条就是不断总结经验、提高本领,不断提高应对风险、迎接挑战、化险为夷的能力水平。"②学习党的建设理论,需要加深对历史经验的认识和把握,把历史经验作为宝贵精神财富坚持好、利用好、发挥好,并不断创造新鲜经验,从而提高把党建设得更加坚强有力的政治自觉、思想自觉、行动自觉。

党的十九届六中全会总结党的百年奋斗十条历史经验,即坚持党的领导、坚持人民至上、坚持理论创新、坚持独立自主、坚持中国道路、坚持胸怀天下、坚持开拓创新、坚持敢于斗争、坚持统一战线、坚持自我革命。这十条经验是党长期奋斗尤其是治国理政长期实践积累的重要经验,具有全面性、系统性、整体性,其中大多数经验都与党的建设有关。从党的建设思想和实践出发,要进一步从以下八个方面加强对历史经验的认识。

一、坚持党的全面领导。中国共产党诞生后,中国人民和中华民族的前途命运就与她紧紧相联系,党的兴旺发达直接关系到中国的发展进步。近代中国历史演进的轨迹表明,中国人民迎来中华民族伟大复兴历史征程上一个又一个伟大胜利,根本原因就是有了中国共产党的领导。鸦片战争后,先进的中国人探索救国救民的道路,找到了很多方案,进行了不懈的抗争,但都先后失败了,主要原因就

---

① 《十八大以来重要文献选编》(下),中央文献出版社2018年版,第407页。
② 《习近平谈治国理政》(第四卷),外文出版社2022年版,第512—513页。

是缺乏科学思想理论的指导和强有力的政党领导。中国人民在历史实践的比较和事实的验证中接受了中国共产党的领导,中国人民历史选择的必然性体现历史发展的意志,因此,中国人民一旦选择了接受中国共产党的领导就从来没有改变过。中国共产党没有辜负人民,没有辜负历史,以领导人民创造新民主主义革命伟大胜利、社会主义革命和建设伟大胜利、改革开放和社会主义现代化建设伟大胜利、新时代中国特色社会主义伟大胜利的优异成绩,对中国人民形成的历史选择作出了回报。坚持党的领导是加强党的建设最重要的经验,党的各方面建设都在党的领导下开展,坚持党的全面领导的理论是党的建设理论中最重要的内容。深刻认识坚持党的全面领导的经验,才能把握好马克思主义政党建设中的核心问题。

二、坚持党的性质宗旨。党的建设受党的性质宗旨制约,世界各国政党建设的差异就是由党的性质宗旨决定的。毛泽东揭示理论联系实际、和人民群众紧密联系在一起、批评与自我批评三大作风是中国共产党区别于其他政党的显著标志,习近平进一步把勇于自我革命作为与其他政党相区别的标志,都是从党的性质宗旨上作出的结论。中国共产党是无产阶级性质的政党,是以马克思主义为思想武装的先进政党,由此确立的全心全意为人民服务的根本宗旨,坚持立党为公、执政为民,是加强党的建设的圭臬。党的性质宗旨决定了中国共产党人为中国人民谋幸福、为中华民族谋复兴的初心使命,形成了激励中国共产党人不断前进的根本动力。党的性质宗旨决定了我们党是什么、要干什么和为谁执政、为谁用权、为谁谋利两个根本问题的答案。加强党的建设根本目的就是提高党性觉悟,坚持党性的集中体现就是坚守党的性质宗旨。贯彻坚持党的性质宗旨是加强党的建设的根本要求。

三、坚持思想理论创新。实践永无止境,理论发展永不停滞,要求党的建设在思想理论创新中发展。党的建设是历史的、具体的、实际的,各种任务的提出和任何问题的形成都有着特定的历史条件和社会环境。党的建设不是一成不变的,也不可能一劳永逸。党的建设实践每一步发展都伴随着思想理论创新,马克思主义党建思想始终是加强党的建设的强大思想武器,中国共产党人在实践深入发展中不断讲出老祖宗没有讲过的新话,坚持以丰富发展的思想理论指导党的建设不断向前推进。党的建设发展中,理论来源于实践,而实践的生命力又取决于理论的生命力。思想理论一旦僵化了、停滞了、枯萎了,党的建设实践也就呆板和僵硬起来,难以迈出新的步伐。实践只有在正确的思想理论指导下才能顺利发展,思想理论只有在实践运用的事实检验中才显示正确性。坚持思想理论创新的历史经验,对推动党的建设深入发展具有重大意义。

四、坚持党性与人民性相统一。党性反映党的立场,马克思主义关于人民创造历史的唯物史观是无产阶级政党坚守立场的思想归循和理论依据。中国共产党人的理想信念建立在为最广大人民谋利益的崇高价值的基础上,始终做到代表中国最广大人民的根本利益,形成中国共产党人党性与人民性的统一。"党的根基在人民、血脉在人民、力量在人民。"①中国共产党除了人民利益没有任何自己的特殊利益,从来不代表任何利益集团、任何权势团体、任何特权阶层的利益,这是党立于不败之地的根本所在。始终牢记江山就是人民、人民就是江山,坚持一切为了人民、一切依靠人民,坚持为人民执政、靠人民执政,坚持发展为了人民、发展依靠人民、发展成果由人民共享,是坚持党性与人民性相统一的集中体现。党的建设实践中坚持人民至上,决不允许把党性与人民性割裂和对立起来,更不允许做损害人民群众利益的事。不为人民办好事办实事,不为人民谋利益,就是党性立场的丧失,就是对党的形象的玷污。

五、坚持党的建设协调发展。事物内部存在错综复杂的关系,协调处理才能推动事物发展。作为一项伟大工程,党的建设形成方方面面构成的内部结构,各方面的建设只有协调发展才能确保党的建设健康和顺利发展。在历史实践中,党中央之所以在工作部署中形成和丰富党的建设布局,目的就是通过合理布局形成全面部署,促进党的各方面建设协调发展。协调就是统筹各方面的关系,就是保持各方面的平衡。党的建设是政治建设、思想建设、组织建设、作风建设、纪律建设和制度建设、反腐败斗争的统一体,任何一方面的缺失、弱化都会影响其他方面建设的开展。在党的建设实践中,党中央坚持把突出重点与整体推进相结合,坚持把阶段性任务与长远目标相统一,坚持把集中教育活动与建立长效机制相联系,积累的就是坚持党的建设协调发展的历史经验。把这条经验坚持好运用好就能使党的各方面建设同向发力,形成合力作用的效果。

六、坚持永远站在时代前列。历史潮流浩浩荡荡,时代在不以人的意志为转移的变化中向前发展。逆历史潮流而动,必然被时代淘汰出局。中国共产党的诞

---

① 《中共中央关于党的百年奋斗重大成就和历史经验的决议》,人民出版社 2021 年版,第 66 页。

生、新中国的成立、改革开放的实施、新时代中国特色社会主义的创新,都是党把握历史大势、顺应时代要求的结果。中国共产党的百年奋斗深刻影响了世界历史进程,从落后于世界的历史被动到大踏步赶上时代的历史主动,使中国成为推动人类社会发展进步的重要力量,中国人民和中华民族前途命运的根本扭转归因于党始终站在时代前列引领中国发展进步。在历史实践中,党坚持胸怀天下,制定路线方针政策、提出工作任务、揭示前进目标、作出部署安排,都建立在深刻洞察世界变局、把握历史大势、回应时代要求的基础上。马克思主义政党的先进性包含时代性,不能紧跟时代前进的步伐,共产党就不成其为先进政党。因此,在党的建设目标中,"始终走在时代前列"是长期的诉求。坚持永远走在时代前列,党的建设就要始终从倾听时代呼声、加强时代关切、推动时代发展出发,登高望远、居安思危,勇于变革、勇于创新,永不僵化、永不停滞,建设一个符合时代要求和引领时代发展的马克思主义先进政党。

七、坚持弘扬党的伟大精神。精神是政党的一面旗帜,伟大政党必须具有伟大精神。精神是无穷的力量,是物质力量不可替代的。中国共产党人在长期实践中形成丰富的革命精神,构建起中国共产党革命精神谱系。习近平在庆祝建党百年华诞时发表重要讲话,提出"伟大建党精神"重大概念并揭示其内涵。伟大建党精神贯穿于党的全部历史实践,为各种中国共产党人的革命精神提供了滋养。形成伟大建党精神、构建中国共产党人革命精神谱系,是党的建设发展中结出的成果。发扬光大伟大建党精神、彰显中国共产党人革命精神的光辉,是保持中国共产党鲜红的底色、传承党的红色基因、弘扬党的光荣传统、赓续党的革命血脉的任务和使命。维护好、守护好、建设好党团结带领人民打下的红色江山,必须把坚持弘扬党的伟大精神贯彻到党的建设之中。

八、坚持永葆党的先进性和纯洁性。保持党的先进性和纯洁性是党的建设的永恒主题,也是贯穿党的建设的主线。"先进性和纯洁性是马克思主义政党的本质属性,我们加强党的建设,就是要同一切弱化先进性、损害纯洁性的问题作斗争,祛病疗伤,激浊扬清。"①马克思主义政党体现先进性不是一时一刻的事情;马克思主义政党保持纯洁性也不是某个历史时段的任务。历史上的先进不等于

---

① 习近平:《论中国共产党历史》,中央文献出版社 2021 年版,第 133 页。

现实中的先进,曾经的纯洁不等于今天和未来的纯洁。永葆党的先进性和纯洁性就是确保党不变质、不变色、不变味,新鲜的东西不加以保护就会变质变色变味,不与各种不正之风和不良习气作斗争,先进政党也会腐化蜕变。中国共产党不是生活在真空中,没有世外桃源,在国内外形势深刻变化和党的工作深入推进中,不注重党的先进性和纯洁性建设,就会破坏马克思主义政党的先进本质。党的建设发展表明,影响党的先进性、弱化党的纯洁性的因素始终存在,党的健康肌体被各种病毒侵染的可能性始终存在,党的发展面临被瓦解、被腐化的危险始终存在。党中央之所以不断开展整党整风运动,就是要达到永葆党的先进性和纯洁性的目的。坚持永葆党的先进性和纯洁性的历史经验,必须始终保持忧患意识,对党内出现的问题保持高度警觉,并不断采取措施提高防腐拒变的能力,保证党永远成为先进和纯洁的马克思主义政党。

第三节　深刻把握党的建设规律

党的建设的科学性表现为符合客观实际的规律性,深刻认识和加深把握党的建设规律,才能在加强党的建设的实践中增强思想自觉和精神主动。党中央领导人对党的建设把握规律有很多论述,他们指出:"领导要能够适合客观发展的规律。如果领导得好一些,适合客观规律好一些,缺点错误就少一些,工作也就好一些。"①"我们的革命导师马克思、列宁、毛泽东同志历来重视具体的历史条件,重视

---

① 《毛泽东文集》(第六卷),人民出版社 1996 年版,第 500—501 页。

从研究历史和现状中找出规律性的东西来指导革命。"①"一个政党不善于从总结历史中认识和把握社会发展的规律,不可能成为顺应历史潮流的自觉的政党。"②"能否坚持实事求是,能否按客观规律办事,这是决定我们的工作特别是领导工作有无主动权和得失成败的关键所在。"③这些重要论述突出强调了遵循和把握规律的要求。

党的建设历史实践证明,什么时候按照客观规律加强党的建设,党的事业就顺利发展,什么时候违背客观规律,就会因党的建设遭遇挫折而阻碍党的事业发展。要把党建设好,有很多规律必须遵循,党中央从宏观上提出要求,集中概括为深刻认识和把握好三大规律:共产党执政规律、社会主义建设规律、人类社会发展规律。

一、把握共产党执政规律

马克思恩格斯以解放全人类为崇高价值诉求揭示无产阶级政党的使命,提出粉碎旧的国家机器、建立无产阶级政权的目标,成为世界各国共产党的任务。科学社会主义创立后的实践中,1871 年 3 月,巴黎公社起义胜利后,巴黎人民立即开始了建立无产阶级政权的尝试,但是巴黎公社仅存了 72 天。马克思高度评价巴黎公社的意义,认为公社的原则是永存的。1917 年列宁领导俄国十月革命取得胜利,创造了苏维埃政权的经验,共产党第一次实现了掌握政权的目标,为探索共产党执政规律提供了实践启迪。

中国共产党从建立起就担当起马克思恩格斯揭示的无产阶级历史使命,在第一个纲领中提出了"推翻资本家阶级的政权"的奋斗目标。在领导新民主主义革命的实践中,中国共产党进行彻底的反帝反封建斗争,团结带领中国人民为推翻反动政权统治而不懈努力,赢得了领导中国革命的伟大胜利。在半殖民地半封建社会国情下,中国共产党摸索形成了以农村包围城市、武装夺取政权的革命道路,

---

① 《邓小平文选》(第二卷),人民出版社 1994 年版,第 121 页。
② 《江泽民文选》(第二卷),人民出版社 2006 年版,第 301 页。
③ 习近平:《坚持实事求是的思想路线》,《学习时报》2012 年 5 月 28 日。

通过不断加强党的建设,为完成推翻旧国家机器的革命任务提供了保证。

1949 年中华人民共和国的成立,标志着无产阶级政权的建立,中国共产党走上全面掌握国家政权的道路。通过确立社会主义制度,领导社会主义建设,党的执政积累了治国理政的丰富经验,彰显了中国共产党建设新世界的强大能力。在起步阶段,由于对共产党如何执政缺乏经验,在相当长一段时间里学习和照搬苏联经验,影响了对共产党执政规律的探索,并在实践中遭遇了挫折。党的十一届三中全会后,党在改革开放的创新实践中加强党的建设,深化对共产党执政规律的探索,形成了丰富的思想,认识不断得到深化。

从历史上看,共产党执政至今还是一个新鲜事物,时间不长,许多规律还有待进一步展开和摸索。国际共产主义运动中发生的东欧剧变和苏联解体留下了共产党执政失败的深刻教训,其中的成败得失需要从规律上加以认真总结和深刻把握。中国共产党虽然在成功的实践中不断加深执政规律的认识,但还有许多尚未深入展开的规律需要进一步探索,还有许多共产党执政规律的"必然王国"有待去进一步认识。随着党长期执政的时间延伸,把握共产党执政规律的要求就越高,不断加深认识和把握共产党执政规律,是把党的建设不断向前推进的重大任务。

二、把握社会主义建设规律

从社会主义发展史认识党的建设,把握社会主义建设规律是内在的要求。中国共产党以实现共产主义为崇高目标,必须首先解决如何建设社会主义的问题。马克思主义者是坚持远大理想和现实目标相结合、历史必然性和发展阶段性相统一的统一论者,坚信人类社会必然走向共产主义,但实现这一崇高目标必然要经历若干历史阶段。社会主义是共产主义的初级阶段,根据这个定位开展社会主义建设必须遵循客观规律。

社会主义已经有五百年发展的历史,但共产党进行社会主义建设的实践是从苏联共产党才开始的。苏联共产党执政了 74 年,搞社会主义建设积累了很多经验,也创造出很多和很大的成绩,但最后却因丧失执政地位而夭折了。世界上还有其他共产党领导社会主义建设的实践,如原先东欧的一些国家也纷纷放弃了社会主义。这些失败的教训为深刻认识社会主义建设规律提供了训诫,中国共产党对这样的经验教训作出了深刻反省,有益于在实践探索中加深对社会主义建设规律的把握。

中国共产党执政的基本事实是在一个经济文化落后的条件下领导社会主义建设,社会主义还处于初级阶段。对于世界各国共产党来说,建设社会主义的共同使命必然有普遍规律可循,但具体的探索还需要结合本国实际来进行。党始终强调,中国的问题要靠中国共产党自己来解决。习近平指出:"当代中国的伟大社会变革,不是简单延续我国历史文化的母版,不是简单套用马克思主义经典作家设想的模板,不是其他国家社会主义实践的再版,也不是国外现代化发展的翻版。"[1]中国特色社会主义是靠党团结带领中国人民自己干出来的,不断加深认识和把握社会主义建设规律,才能把党和国家事业更好地向前推进。

三、把握人类社会发展规律

人类历史现已有数百万年的记录,从古至今的变迁构成一部人类发展史。社会作为一个有机体,像任何事物一样,都是按照客观的规律发展的。从一个阶段发展到另一个阶段,人类生存状态、物质条件、精神需求的变化轨迹有规律可循。作为无产阶级政党,执政也好,搞社会主义建设也好,都是在一定条件下的社会中开展,深刻把握人类社会发展规律,是共产党执好政、建设好社会主义的必然要求。

人类社会发展既在物质层面向前推进,又在精神层面延伸发展。人们不仅要改造客观世界,也要改造主观世界,在这个过程中创造的物质文明和精神文明推动着人类社会发展进步。政党的产生本身就是人类文明发展进步的产物,是人们在政治生活中优化国家运行的重要发明。政党在世界进入近代历史阶段后产生,在政权规范管理、人民政治参与、社会意愿表达、国内外政策制定等方面的作用得到充分体现。当今世界,政党政治已经成为人类社会生活中不可缺少的重要部分。研究政党建设规律必须与人类社会发展规律相结合,深刻认识政党对推动人

---

① 《十九大以来重要文献选编》(上),中央文献出版社 2019 年版,第 434 页。

类社会发展进步的重要价值。

马克思主义政党深刻认识和把握人类社会发展规律是其具有先进性的集中体现。马克思恩格斯创立的科学社会主义,深刻揭示了人类社会发展规律,社会主义必然取代资本主义,就是他们从把握历史规律出发提出的重大结论。社会主义是人类社会发展进步中的一个实践阶段,共产党进行的伟大事业是人类社会生活的重要部分。政党担负起推动人类社会发展进步的责任,必须在深刻把握人类社会发展规律的基础上形成高度的历史自觉和发扬主动精神。

中国共产党在历史实践中,始终坚持主观与客观相一致的马克思主义方法论思想,遵循客观规律的意识包括不断深化人类社会发展规律的认识。党在领导社会主义建设的探索过程中,也曾经因为违背客观规律而产生了一些失误,但正是在反省和总结教训中深化了思想认识,提高了遵循规律的自觉性。党提出的一切从实际出发、搞社会主义建设不能脱离中国国情、要按规律办事以及提出社会主义初级阶段理论等,都体现了把认识党的建设规律与把握人类社会发展规律相统一。党团结带领中国人民创造人类社会发展的奇迹,正是中国共产党遵循客观规律引领中国发展进步的有力证明。

正确认识和自觉运用共产党执政规律、社会主义建设规律和人类社会发展规律,对党的发展壮大和中国特色社会主义事业的兴旺发达具有决定性意义。这"三大规律"是具有内在逻辑的统一体。中国共产党是在人类社会发展中建设社会主义,把党建设得坚强有力,才能建设好社会主义,才能推动人类社会发展进步。在人类社会发展进步中搞好社会主义建设,必须有坚强有力的领导核心,加强党的建设,是建设好社会主义、推动人类社会发展进步的重要保证。以建设好社会主义推动人类社会发展进步,发挥好共产党的作用是关键,把党建设好才能对推动人类社会发展进步作出贡献。中国共产党人把共产党执政规律、社会主义建设规律和人类社会发展规律相统一,在长期执政和全面领导的治国理政实践中始终保持高度的自觉,全面提高党的建设科学化水平得到了充分体现。

第四节　建设世界上最强大的政党

习近平指出："我们党是世界上最大的政党，大就要有大的样子，同时大也有大的难处。把这么大的一个党管好很不容易，把这么大的一个党建设成为坚强的马克思主义执政党更不容易。"①这个重要论述为质量强党奠定了思想基础。

从词义上说，"大"是数量意义上的概念，"强"是质量意义上的概念，大党不等强党。大党未必强，小党未必弱，党的组织规模大和小与力量强和弱不是绝对等同的。建立团体性的政治组织，政党规模大小无疑对其发挥战斗力具有重要意义，中国共产党始终十分重视扩大党的队伍，壮大组织规模。然而，一个政党组织的战斗力又不是以规模大小来衡量的。中国共产党建立时规模很小，即使在后来的革命实践中壮大起来，但在组织规模上仍然小于旧中国掌握国家政权的国民党，结果还是中国共产党取得了胜利，这是以党的质量胜出的结果。苏联共产党拥有 20 万党员时夺取了政权，拥有 200 万党员时打败了希特勒，而拥有 2 000 万党员时却丧失了政权。这些事实足以说明党的发展质量重于数量，片面地追求数量，不注重质量，党的组织规模再大也难以发挥作用，甚至可能出现在超大规模的情况下反而失败的结果。

党的十九大坚持质量强党的战略思维，明确提出"不断提高党的建设质量"的要求，作出全面从严治党的部署，都着眼于提高党的建设质量。保证党经久不衰，不在于组织规模的增减，而在于党永葆先进性本质。夺取中国特色社会主义伟大胜利，不在于党员人数多少，而在于党的凝聚力、战斗力、创造力的充分发挥。在近现代中国发展过程中，中国共产党的先进性和纯洁性已经得到社会的广泛认同，各个群体中的先进分子都把加入党组织作为政治诉求，党的组织规模对党来说不是问题，关键是怎样保证党的质量。"一个松松垮垮、稀稀拉拉的组织是不能

---

① 《习近平关于全面从严治党论述摘编（2021 年版）》，中央文献出版社 2021 年版，第 175 页。

干事、也干不成事的。如果党组织像个大车店、大卖场一样,想来就来,想走就走,那还能有什么核心力量?"①历史事实表明,中国共产党领导革命、建设、改革和新时代伟大实践取得一个又一个伟大胜利,都不是因为她的组织规模大,而是由党的质量不断优化决定的。立足质量建设党,才能保证党在各种风险挑战中战无不胜,才能保证党在风雨来袭时成为人民最可靠的主心骨。

相对而言,质量强党比壮大党的组织规模任务更加困难和艰巨。俗话说,林子大了什么样的鸟都有。管理一个规模庞大的政党显然比管理一个小规模的政党要难得多。中国共产党拥有近亿党员是党的组织优势,然而要把这个优势最大限度地发挥出来,着眼点不是规模上的人数而是党员和干部的质量。政党发展有客观存在的普遍规律,大党治理又有不同于小党管理的特殊规律。党员人数众多、干部层级纵横、机构建制庞大、组织规模超常,是中国共产党最大的党情,带来管党治党不同于规模较小政党的特殊困难。治理好一个大党的突出问题表现为如何统一思想、集中统一、维护团结、纯洁组织、管理队伍、永葆先进和自我革命上。解决好这些问题,是建设世界上最强大的政党的必然要求。

世界各国政党林林总总,面貌各异。中国共产党在当今世界以庞大组织规模成为最大的马克思主义执政党,在国际社会产生重大影响。然而,塑造中国共产党的世界形象,不能满足于组织规模超大型的呈现。以建设世界上最强大的政党为要求,必须注重并不断提高党的建设质量。强党要强在质量上,加强党的建设必须落实在质量提升上。组织规模大不能保证党始终立于不败之地,优质的强党才能使中国共产党在大风大浪的考验中战无不胜。

党的二十大报告指出:"我们党作为世界上最大的马克思主义执政党,要始终赢得人民拥护、巩固长期执政地位,必须时刻保持解决大党独有难题的清醒和坚定。"②提出解决大党独有难题的要求,是奋斗新时代新征程的一项重大任务,推进新时代党的建设新的伟大工程,需要在以下一些方面着力破解大党独有难题。第一,如何始终不忘初心、牢记使命。解决好这个独有难题,是坚持党的性质宗旨的题中应有之义,是确保党不变质、不变色、不变味的必然要求。第二,如何始终统

---

① 《十八大以来重要文献选编》(上),中央文献出版社 2014 年版,第 766 页。
② 《习近平著作选读》(第一卷),人民出版社 2023 年版,第 52 页。

一思想、统一意志、统一行动。解决好这个独有难题,对全党全国各族人民紧密团结在党中央周围,凝聚起共同奋斗的磅礴力量具有重大意义。第三,如何始终具备强大的执政能力和领导水平。解决好这个独有难题,是落实党领导一切和巩固长期执政地位的重要保证,是推动中国特色社会主义巍巍巨轮乘风破浪、行稳致远的战略大计。第四,如何始终保持干事创业精神状态。解决好这个独有难题,是对奋斗新时代新征程务必谦虚谨慎、艰苦奋斗提出的新要求,为党员干部勇于担当、敢于作为提供力量支撑。第五,如何始终能够及时发现和解决自身存在的问题。解决好这个独有难题,是不断清洗和清除侵蚀党健康肌体各种病毒的长期任务,体现"打铁必须自身硬"的全面从严治党原则。第六,如何始终保持风清气正的政治生态。解决好这个独有难题,与党的政治建设作为根本性建设的定位相契合,体现党的政治建设对党各方面建设的统领作用。解决大党独有难题,是实现新时代新征程党的使命任务必须迈过的一道坎,是全面从严治党适应新形势新要求必须啃下的硬骨头。

建设世界上最强大的政党,是党团结带领中国人民奋力谱写全面建设社会主义现代化国家崭新篇章的重大任务。习近平指出:"站在新的历史起点上,我们的事业崇高而神圣,我们的责任重大而光荣。"①经过长期奋斗,党团结带领中国人民实现了全面建成小康社会的第一个百年奋斗目标,取得了脱贫攻坚战的伟大胜利,历史性解决了困扰中华民族几千年的绝对贫困问题,这为接续奋斗,实现永续发展创造了有利条件,夯实了厚实基础。奋力谱写中国特色社会主义更加绚丽华章的伟大实践将在中国共产党坚强有力的领导下向前推进,建设世界上最强大的政党是确保"中国号"这艘巨轮行稳致远,乘风破浪地朝着锚定的目标胜利到达光明彼岸的根本保证。

> **本章思考题**
>
> 1. 怎样认识"打铁必须自身硬"的全面从严治党总原则?
> 2. 如何坚持和运用好党的建设实践积累的历史经验?

---

① 习近平:《论中国共产党历史》,中央文献出版社 2021 年版,第 66 页。

3. 加强党的建设遵循客观规律有何意义？

4. 建设世界上最强大的政党的要求是什么？

5. 为什么要时刻保持解决大党独有难题的清醒和坚定？

后　记

持之以恒地推进党的建设，是中国共产党对保持马克思主义政党先进本质具有高度思想觉悟的集中体现。建党以来一百多年的历史实践积淀了党的建设的丰富理论，这是党和国家事业发展的宝贵财富。认真学习党的建设理论，是建构中国共产党历史认知的重要途径。通过学习党的建设理论，可以加深对党是什么样的党、党是靠坚持什么样的理想信念和秉持什么样的价值取向走到了今天，党的建设理论对引领中国发展进步具有什么样的意义的认识。为了系统地学习党的建设理论，我们编写了这部教程，以期对全面学习党的建设理论有所裨益。本教程写作分工如下。齐卫平：导论；陈冬冬：第一章；姜裕富：第二章；郑天骄：第三章；刘庆莹：第四章；田凯华：第五章；柴奕：第六章；樊士博：第七章。编写组经多次讨论研究，形成了本教程的框架。齐卫平对全书作了修改和统稿工作。中国共产党的建设理论形成内容丰富的体系，本教程只是精炼地作出概括性介绍。感谢华东师范大学马克思主义学院领导的精心组织和大力支持，感谢华东师范大学出版社领导和编辑的辛劳工作。由于能力和水平有限，本教程还存在不足之处，有待今后在使用过程中继续完善。

本教程编写组
2023 年 6 月